詹姆斯·伯克科学文明三部曲

双 轨
现代世界的意外起源

詹姆斯·伯克（James Burke） / 著

张大川 / 译

上海科技教育出版社

图书在版编目(CIP)数据

双轨:现代世界的意外起源/(英)詹姆斯·伯克著;张大川译. —上海:上海科技教育出版社,2020.7
(詹姆斯·伯克科学文明三部曲)
ISBN 978-7-5428-7225-8

Ⅰ.①双… Ⅱ.①詹… ②张… Ⅲ.①科学知识—普及读物 Ⅳ.①Z228

中国版本图书馆CIP数据核字(2020)第042132号

责任编辑　姚　宁　王世平　伍慧玲
装帧设计　杨　静

詹姆斯·伯克科学文明三部曲
双轨——现代世界的意外起源
詹姆斯·伯克　著
张大川　译

出版发行　上海科技教育出版社有限公司
　　　　　(上海市柳州路218号　邮政编码200235)
网　　址　www.sste.com　www.ewen.co
经　　销　各地新华书店
印　　刷　上海昌鑫龙印务有限公司
开　　本　720×1000　1/16
印　　张　20.5
版　　次　2020年7月第1版
印　　次　2020年7月第1次印刷
书　　号　ISBN 978-7-5428-7225-8/N·1083
图　　字　09-2020-646号
定　　价　68.00元

中文版序

我在过去的30年间写了一些书和电视节目的脚本，都是系列作品，主要内容是谈发明和发现是如何改变人类生活的。本书便是这一系列著述当中的一部，它着重向读者展示了科技领域的发明创造所蕴涵的偶然性，展示了这种偶然性如何让发明创造的社会效应具有意外性，展现了人们过去如何对待发明创造，今后又如何以全然不同的方式和态度来对待它们。

技术创新常有无法预料的效应，说到这种效应造成的惊奇，我们可以拿19世纪一位美国发明家作例子：他看见钢琴的音锤敲击琴弦，因而受到启发，发明了打字机。有一点是人们可以想到的：打字机的发明大大方便了商务管理；而另有一点是人们没有想到的：打字机让妇女走出厨房，坐进办公室，由此变革了婚姻、家庭，最后让离婚率一路飙升。

发明创造常常意味着"1+1=3"：发明本身就是一种意外，因为它往往比相关各部分加到一起多出点什么。德国工程师迈巴赫(Wilhelm Maybach)把喷香水的喷雾器和汽油搞在一起,发明了化油器,遂使现代汽车工业成为可能。有了汽车,接下去便有了郊区、大型购物中心等好多新东西。

有时候,发明创造完全是偶然的。16世纪,沃尔特·雷利爵士(Sir Walter Raleigh)等英国探险家靠中国人发明的指南针跨越大西洋来到北美海岸。到那里一看,指南针没指着北极星,于是慌了神:怎么不指北极星啦?为了解决这个问题,住在伦敦的一个叫威廉·吉尔伯特(William Gilbert)的实验师(女王的御医)搓了一个小硫磺球(当作小地球用)放在边上,让它把指针吸过去。吉尔伯特观察指针移到小球周围的不同位置时的指向。这个实验让他想到地球至少有一个磁极。另外,搓硫磺球的时候还弄出一些火花,吉尔伯特在一条脚注里描述了这个细节。不久,有一位德国科学家专门研究了火花现象,于是发现了电。

发明创造引发的后果是长期的,这就是所谓的"涟漪效应",而这类后果的意外性又常常令人难以预见或难以适应它。譬如,过去人们到处用石棉作耐火材料,用了一百多年才发现这东西会致癌。再譬如,冰箱的发明拯救了好些性命,因为冰箱可以给食品保鲜,但是用久了,人们又发现这东西竟然在咱们地球的臭氧层上"凿"了一个洞。

偶然性甚至一开始就影响着人们参与创新活动的方式。18世纪,苏格兰的几家威士忌酒厂委托一名叫布莱克(Joseph Black)的科学教授研究如何提高酒厂的蒸馏效率(也就是少用燃料多产酒)。布莱克仔细研究液体变成蒸汽所需的热量(这是蒸馏的基本工序),其间,他发现蒸汽贮藏了巨大的热量(布莱克称之为"潜热")。

事情就是这么巧:有一位机械师那时也在格拉斯哥大学工作,他正巧在绞尽脑汁想法改进教学演示用的蒸汽泵。机械师碰到的难题是蒸汽泵是靠一根装在汽缸里的活塞一上一下驱动的:先将蒸汽注入汽缸,再将冷水泼到汽缸上,使蒸汽受冷压缩,在汽缸内造成半真空状态,活塞头在外界大气的压力下向下运行,活塞杆被一根悬杆牵拉,使汽泵活塞向上运行。等活塞头回到原来的高位后,汽泵活塞再次向下运动,开始另一次往复循环。可是,每使用冷水冷却一次,汽缸的缸体就更凉一些,这样随着活塞的循环运动,蒸汽的压缩越来越不充分,真空态也越来越不够,最后致使汽缸过冷,未及泼冷水,蒸汽就已经冷了,从而使活塞的上下运动停止了。

布莱克获知蒸汽含有大量的潜热,于是提议把汽缸内的蒸汽导入一个汽罐内,汽罐连着汽缸,同时又浸在冰水里,这样蒸汽不是在汽缸里冷缩,而是专用一个冷却器,在冷却器和汽缸里制造真空的同时又不冷却汽缸。机械师采用这个办法造出了一台高效蒸汽泵。这位机械师名叫瓦特(James Watt),他造的新汽泵(就是"蒸汽机")吹响了工业革命的号角,这一切是因为他恰巧和布莱克同在一个大学,而那时布莱克又恰巧在为制造威士忌酒的酒商搞科研。

有时候,一项创新带来的效应和创新者的初衷恰好相反。古登堡(Johann Gutenberg)吸取中国人的妙招(活字印刷)设计出印刷机,本意是想为天主教会多印点礼仪经卷,好让宗教仪式更规范。可是,他的印刷机发明出来没几年,就被宗教改革派拿去用了——他们把支持脱离罗马天主教运动的百姓意见结集印刷出来。这就是清教运动,它最终打破罗马天主教的权力,另立了教廷。

偶然性无处不在。明天早上当你走出家门时,你没向左转,而是向右转,你这一天经历的事情就会不一样。这些事转而会影响你接触的(或未接触的)人,而你接触的人转而会影响其他人,你最初的选择所造成的后果就像涟漪一样一层一层地散开去。每个人每时每刻都在做抉择,制造涟漪。由此看来,人只要活着,一定会在某个地方产生影响。

可是就在不久前,由于种种原因,个人偶然抉择的影响还微不足道。在没有现成的交通运输手段的情况下,个人抉择的涟漪效应通常只在当时当地的人群中扩散,有时候受波及的人群非常之小,特别是因为在人类历史的大部分时间里,人口的绝大多数处于目不识丁的状态,除了用嗓子喊出去,人们再无其他手段来传播他们的抉择。

然而,纵观历史,确有一些极其重要、最初为局部发生的事件一点点扩散至广大的区域,造成深刻而重大的变化。这样的例子有人类首次使用石器、植物的种植和动物的驯养,以及最早的农业技术。

最偶然的技术在投入应用之后,经常造成永久性的变革,为人类社会更好地管理自身提供了新的手段。而创新的整个过程中的主要因素是引起变革和提供新手段的方式。石制的狩猎工具把人群分为两类,一类负责打猎捕食,另一类则留守于洞穴,备饭做菜、生儿育女、制造打猎工具。斧头不仅是狩猎成功的必要条件,它还造就了第一批领袖人物(以及直至今天人类还遵从的自上而下的统驭格局)。最早出现的书写,将生存必需的消费资料(如谷物或稻米)分门别类,为组织消费资料的供应和分配提供了条件,为制定出保障供应分配程序、惩戒违法者的法律法规提供了条件。进而,识句读、知书写又将社会权力赋予了负责维护这个供应与分配体系的少数人。

由于没有足量的技术传播四方,古代的埃及、美索不达米亚、印度北部以及中国,大多数人目不识丁,被排斥在上述的统驭结构之外,从而遵照一种"稀缺文化"(culture of scarcity)生活着。这种文化一直延续到现代。在这种文化里,由于技术短缺,只有个别人有条件获得工具,有条件开展对于某个社群的生存和辉煌至关重要的实践活动。早期,这些重要实践都是运用该社群拥有的也许是最强大的工具实施的,比如,萨满教祭司用来控制或预测事件的神秘器物。这些器物包括神器,用来画壁画的颜料,还有雕成各种形态的石头和鹿角(以具有32 000年历史的蒙高迪石柱为例,那上面常刻着月亮的盈亏变化,还刻着不同季节出现的植物和动物,萨满的祭司凭这些预告春天到来这样的大事)。

在一种稀缺文化里,稀缺技术(scarce technology)的产物(不管是石器、泥板文书,还是后来的冶金、纺织,再后来的表达手段、行政管理、产品的标准化,以及最后的科学发现等等),每样产物都生成了各种各样的结构和规程,继而这些结构和规程设定了一个个大家都接受和遵从的标准和样板。从这个角度看,从人类首次制造石器、确定了外出打猎和在家做饭的劳动分工那个时间起,科技就深刻地影响着所有社会形态的结构和行为。文字的出现为第一批新石器时代城市的形成创造了条件;中国的船尾方向舵在中世纪传到西方,再配上埃及人造的能逆风航行的三角帆,让世界走进了殖民时代;16世纪欧洲的印刷机使用本地文字成百上千份地印制官方文件,摆脱了拉丁文手抄本,催生出民族国家。

纵观历史,一小部分掌握工具的特权者能够按照目不识丁的大众无法获得的方式来表现自己的才华。物以稀为贵,由于技术匮乏,这一小部分人一出现就负载了稀有的价值。经过一段时间,这部分掌握技术的人最终被认定为具有特殊才能的人,他们在某个方面不同于一般人,或者高于一般人。今天,我们把这些人——米开朗琪罗(Michelangelo Buonarroti)、牛顿(Issac Newton)、孔子、亚里士多德(Aristotle)、巴赫(Johann Bach)等——视为人中龙凤,是天才,而实际上,他们不过是占尽了天时地利。历史上,这样的天才社会只能供养很少一批。那个时代的人群里究竟还藏有多少"龙凤",我们无从知道,因为其他可为龙凤者没有机会表现才华,故而永世默默无闻。

当前的信息技术革命将给这种稀缺文化划上句号,因为它要彻底改变少数人有条件使用表达工具和一切研究成果的状况。科技专业化改变着全球社会,这种改变在不断加快,而全球社会的互依性也在不断加强。如果这种状况持续下去,我们就有必要考虑运用信息技术设立一种新的教育资质——称为"通才",不知当否?通才的任务就是运用知识绘图(knowledge-mapping)等技术[读者可以访问www.k-web.org,看看笔者的知识绘图(尚在构建中)],结合数据挖掘,对不同层次发生的变化取得一种综合性、总括性的认识,既看总趋向,又看具体学科,从而时时提醒全社会对需要扶持、调理或阻止哪些研发活动作出抉择。

要让一般百姓参与这些事情,首要也是最迫切的问题是利用新技术来教育广大民众,人越多越好,动作越快越好,譬如用远程教学、虚拟课堂、虚拟教师等技术,提供无限可用信息资源等等。这样的教育过程也需要用一种联系性更强的眼光来看待知识,要让学习者知道,如笔者前面所说的,世间万事万物都有联系。这种眼光不同于传统认识,即还原论的观点;还原论总是把事物分门别类,归到一个个专业科目里(如历史学、数学、植物学等)。

全球经济会快速复杂化,在这种情况下,一切事件都不是孑然孤立的,都会彼此产生影响(不妨想想近期的例子:几家美国金融机构的借贷行为何以在2008年迅速引发世界范围的信贷危机),所以,不久的将来,要管理越来越复杂的全球经济,最好的办法是改变思维,习惯于联系地看问题。这应该不太困难,因为人的大脑就是这么转的。一个信号在人类缜密联络的大脑里传送可以走很多条路线,比已知宇宙中的原子数量还多,所以人类完全有能力把握复杂的交互影响。

今天我们面对的形势是紧迫的。20世纪40年代,美国数学家维纳(Norbert Wiener)说过:"学科间是一片片鲜有人涉足的无主之地,而变革恰恰最常生发于这些领域。"比如物理学和植物学之间诞生了分子生物学,仰望群星和电磁学一结合产生了射电天文学。

知识绘图这类技术对探索学科间的无主之地有鼓动促进之效。我们可以设想有那么一天,我们运用软件为无主领域的探索提供援助时,这种技术会让我们超越一般的创新,走向创新科学(the science of innovation),继而,这种境界让现在许多创新背后的偶然联系过程进一步变成自动的过程。真到那个时候,人类的创新速率完全有可能提高到一个必须由前文所说的训练有素的"通才"来管理的水平。

在人类历史上的最伟大革命即将到来的今天,我们面临的问题不算多。人类将开拓性地走向单一的、紧密联系的全球社会,技术会加快这个阶段的到来,有可能快得我们来不及准备。我们要在当前的过渡阶段规避冲突,就必须运用信息技术,让大家更多地了解彼此的观点和习惯,学会如何使我们的活动与我们新邻居的活动相适应,因为新邻居的地理位置已不再是个大问题。

诸如《双轨》、《轮回》、《纵横》此类的著作是在通向这一未来的道路上迈出的小小的第一步。我相信,还会有更多的著作大步走上这条道路。本书及笔者的其他著作和电视节目都是为着一个目的,那就是让读者和观众领略一下这个世界别样的运作方式,这种方式包含着各种各样奇异的联系,令人耳目一新。理解和把握这样的方式其实并不难,因为无需专业资质,我们每个人的生活本来就是这个样子。这个过程的最重要的特点是:所有的人都在以这样、那样的方式为人类的未来做着贡献,谁都有份儿。

詹姆斯·伯克

2008年6月于英国

献给马德琳（Madeline）

目 录

引言 / I

如何阅读本书 / VI

1　1804年：从的黎波里之战到冻鱼排 / 001

2　1760年：从冒牌史诗到器官移植 / 013

3　1805年：从特拉法尔加战役到激光 / 025

4　1726年：从百科全书到维生素 / 037

5　1792年：从杜松馆到喷气式飞机 / 049

6　1750年：从天花到宇宙大爆炸 / 061

7　1784年：从梵语到控制论 / 073

8　1610年：从"圣卡特琳娜"号到光谱学 / 085

9　1686年：从政治小曲到尼龙 / 097

10　1703年：从基特-卡特俱乐部到太阳镜 / 109

11　1770年：从马岛战争到电视机 / 121

12 1724年：从石器时代的男孩到静电复印机 / 133

13 1745年：从莱顿瓶到保鲜膜 / 145

14 1790年：从《费城大众广告报》到化学疗法 / 157

15 1664年：从镜片打磨机到理发 / 169

16 1773年：从波士顿茶党到隐形眼镜 / 181

17 1742年：从伦敦博街到条形码 / 193

18 1739年：从大旅行到液晶显示器 / 205

19 1795年：从铁面人到气垫船 / 217

20 1673年：从马斯特里赫之围到自动售货机 / 229

21 1786年：从《费加罗的婚礼》到隐形战斗机 / 241

22 1780年：从爱丁堡牡蛎俱乐部到DNA / 253

23 1770年：从教堂布道到直升机 / 263

24 1771年：从陶瓷到霓虹灯 / 275

25 1676年：从神学到摩天大楼 / 287

参考文献 / 299

引 言

哥伦布满怀信心地奔着日本而去,却与美洲大陆不期而遇,这下西方关于世界的知识可就掉了价:那里怎么会有新大陆?《圣经》(Bible)和亚里士多德(Aristotle)的著作都没有提到嘛,更不用说新大陆上生长着成千上万种前所未见的动植物了。紧跟着就出现了知识恐慌。古典权威说个事儿都会犯下这么大的错,那还有谁的话能相信?在人类的地理大发现的100年之后,这个问题已经严重到无法回避的地步,于是在1619年,笛卡儿(René Descartes)想出了一个应用怀疑主义和还原论来检验知识的方法:怀疑一切,追究细节;将所有的问题还原成基本要素;对越来越少的要素了解得越来越多。

笛卡儿的研究方法成就了第一批专业科学研究,继而引发工业革命,工业革命又让英国人亚当·斯密(Adam Smith)想出一个理论:要是把不同的生产阶段分开,让不同的工人做不同的工作,就可以提高产量。

还原论和劳动分工让我们的生活达到了有史以

来的最高水平,同时也带来社会无法承受的革新速度和人口增长,另外还造就了一种专家型思维,这种思维让人除了哲学博士研究的那套东西之外,很难再拓展眼界。结果,一个个实验室拉上商业秘密的窗帘,悄悄搞着研究,新型杀虫剂、智能炸弹等,然后把最新的研究成果推介到对新品一向信心十足的市场。当这些新产品撞上其他同样出人意料的新发明时——因为世界就是个大网络——经常激起无法预料的涟漪。举个例子:爱迪生(Edison)发明的电灯一出现便威胁到煤气灯生意,而韦尔斯巴赫(Auer von Welsbach)发明的煤气灯燃罩又让煤气灯多用了一些时间。韦尔斯巴赫在做燃罩研究的时候,还顺带发现了稀土元素钕,这种稀土元素后来被涂在晶体表面,用于产生第一束激光(而激光的产生基本上建立在爱迪生发明的一种电灯的电子特性上)。

一切事物都是有联系的。就在你读这段文字的时候,某一个人正在世界的某个角落做着一件迟早会改变你生活的事情,而这个人你根本没有听说过。在接下来的24小时内的某个时间,你也会做一些事情,同样要影响和改变其他人的生活。我们每个人或多或少都有不经意间发现新奇事物的本领,这种本领在不同的层面——从量子色动力学到给自家的房子刷油漆——推动着人类不断进取。

过去,人口稀少,加上信息交流的速度比较缓慢,这种一波逐一波的涟漪式传递需要较长时间才能完成,不过,那时的过程和今天的过程并没有质的区别。不管是什么决断,什么行动,都逃脱不了一个偶然性。就拿1066年的黑斯廷战役作例子,假如当初给野战骑兵突击部队装上新式马镫继而获胜的不是法国人而是英国人,那么本书就要用一种没有受黑斯廷战后法国入侵影响的英文来写作了,那么这句话很可能会写成:*p a Frencyscan ahton wælstowe geweald*("法国获胜")。

还原论在近代阻碍了用跨学科的、相互联系的观点看待事件,因为我们缺少搜集和交叉参照海量数据资源的手段,而有了这种手段,跨学科的、互相联系的研究方法才能行得通。所以,我们在整理历史的时候就像在整理知识:用行话说,就是把历史分成一块一块,放在一个独立的、直线排列的主题结构里。可是,大家随便瞄一眼也会知道,事情发生的过程并不是那个样子。举个例子,本书会让大家了解一个情况,隐形战斗机的发明与其说是得益于航空学领域的早期研究,不如说得益于晶体衍射研究和录音磁带技术。最重要的一点是:隐形技术和其他技术一样,都是一连串人相遇的终极产物,每次相遇和上一次相遇一样都纯属偶然。

用这种眼光去看待历史,而不是按传统眼光(根据主题、伟大时刻、指引道路的领袖人物)去看待历史,不仅是因为这个观点为我们提供了一种超越还原论系统的方法,从整体而非部分来认识波澜壮阔的现代世界,还因为我们都是由偶然相遇而联系在一起的,从这个星球的一端到另一端。我们越是认识到这一点,我们的认识就越深刻。

笔者把这种奇缘巧遇浓缩在25个故事里,每个故事开头和结尾的形式相同,但是中间的过程却不相同。之所以这样做是因为历史虽然杂乱纷繁,却有令人着迷的模式可循。

我喜欢这种模式,但愿你也喜欢。

如何阅读本书

每章开篇以一小段文字讲述一个事件,这个事件生出两条并行的故事线索,也就是故事的轨迹。

第一轨迹都印在书本和合面的左边一页,直到"第一轨迹完"。

阅读时请不要先翻看每章的结尾部分。有那么一类读者看一篇惊悚故事,喜欢先翻到最后弄清楚是谁干的坏事。如果你属于这类读者,那就另当别论了。

看完第一轨迹后再回到每章开头看第二轨迹,一气读到"第二轨迹完"。第二轨迹都印在书本和合面的右边一页。

最后读每章的结尾部分。

各章均照此法阅读,一直读到睡眠来袭。

1 1804年：从的黎波里之战到冻鱼排

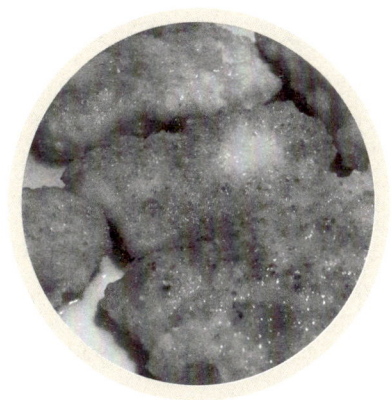

美国第一次直接攻打的黎波里是在1804年9月4日的晚上9点47分。在美国军舰"宪法"号的密切警戒下，美国"无畏"号军舰满载火药，悄悄驶向的黎波里港，然后自我引爆。四年来，美国在地中海的船队不断遭遇的黎波里海盗的袭击，美国损失一艘轮船，船上300名船员被俘，这次突袭是对海盗袭击的反击。就在实施突袭的时候，那300名船员还关在的黎波里的监狱里半死不活。不久，他们全被释放了。

当晚，指挥突袭的是美国海军准将普雷布尔(Edward Preble)，他负责统领整个舰队（包括"宪法"号、3艘多桅纵帆船、8艘其他舰船，总计156门火炮和1060名水手）。普雷布尔脾气暴躁，参加过美国独立战争，曾经受命在马耳他岛的瓦莱塔建立基地。有一次，普雷布尔和几个军官招待一位来访的（特别爱打听的）英国佬。普雷布尔并不知道访客的底细，那人其实是为马耳他总督鲍尔(Alexander Ball)效力的探子兼文书。鲍尔是个海军军官，纳尔逊(Horatio Nelson)的朋友，指挥战舰、管理几座岛屿那是没说的，经验丰富，手段老到，但写文章就差点儿。刚才提到的那个探子文书，离开英国跑到马耳他，主要是出于健康考虑。这时的他一边努力戒鸦片（但没戒掉），一边继续写东西。他最终成为极负盛名的浪漫诗人。他就是柯尔律治(Samuel Taylor Coleridge)。1805年，在马耳他戒毒失败后，柯尔律治怀着对蒙蒙细雨的渴望，离开马耳他岛返回伦敦。途经罗马时，他听说拿破仑·波拿巴(Napoleon Bonaparte)已经把他列为刺杀对象，原因是他曾经给《晨报》(*Morning Post*)写过一篇文章。向他暗通消息的就是普鲁士驻梵蒂冈代表威廉·冯·洪堡(Wilhelm von Humboldt)。

那时候，洪堡已经是著名的美学家，在文学评论方面发表过几部大作。日后，他还做了比较语言学的领军人物。他曾编写一部研究晦涩难懂的爪哇语的巨著，但没有写完。洪堡以及其他普鲁士的开明人士想办法促成了师资培训改革，并在柏林建立了一所大学。他们还议论公民权利问题，谈论如何限制国家权力，但出语谨慎。这些热烈的议论一般都是在柏林的一家群英汇聚的沙龙里进行，洪堡也时不时地到此一坐。沙龙的创办人是一位奇女子，名叫冯·恩泽(Rahel Varnhagen von Ense)（本姓列文），是一个富商的女儿。那时候她正春风得意，扶摇直上呢。在同代人眼里，冯·恩泽算得上是欧洲最知书达礼的女子[能和她一决高下的只有斯塔尔(Germaine de Staël)夫人]。19世纪开头那几年，冯·恩泽多次组织聚会，慕名而来的有王子、平民，作曲家[门德尔松(Mendelssohn)]、的黎波里袭击战当晚,美舰"宪法"号上有个海军上尉,叫昌西(Isaac Chauncey),因为在战斗中表现出色,最后当上了安大略湖和伊利湖两湖海军的统帅。昌西从1813年开始搞军备竞赛,这是美国历史上第一次实打实的军备竞赛。为彻底击败英军,在昌西的指挥下,美军使劲造军舰,造好了就下水,英军那边也在加拿大境内的湖岸上使劲造军舰,造好了就下水。可是,还没等双方全面较量,"1812年战争"就结束了。昌西的上司琼斯(William Jones)当时受邀担任代理财政部长,当了一年。一年后(也就是1814年),这位新任的经济独裁者就辞职了,因为他的个人账务混乱不堪,欠债多得快没了顶。这时候有关方面决定设立美国第二银行,琼斯自然而然就成了行长的一号候选人。第二银行成立不久便翻到了阴沟里,有人指控琼斯有欺诈行为。首先,银行膨胀得太快了;其次,银行给客户提供的条件太宽松,别说是人,连狗都可以向银行贷款,于是投机行为泛滥成灾。仅仅一个月,形势便开始恶化,银行召回了所有贷款。在有些地方,财产价值掉到原价的1/5,全美破产的个人和小企业成千上万。

破产的人群里有一个叫奥杜邦(J. J. Audubon)的人,日后成了鸟类画家。他经营的密西西比汽轮公司势如泥牛入海,一路下滑;他的生意破产不说,还稍带着把刚来美国不久、新婚没几天的乔治·济慈(George Keats)夫妇投的钱也赔进去了。那笔钱是乔治带来的全部家当。后来乔治回到英国,乔治的哥哥,也就是诗人约翰·济慈(John Keats)很生气,因为赔进去的钱里有一部分是他借给乔治的,他发誓只要有机会一定收拾奥杜邦。那时候的约翰已经在走下坡路。他是英国浪漫主义诗人的典型代表,创作鼎盛期只有5年。他面色苍白、身体羸弱。他的诗作讲的全是痴男怨女,单恋,殉情,爱人被断头之类。末了,约翰染上肺结核,英年早逝。其实,除了美国那头糟践了一些钱,诗人济慈的日子一直过得很拮据。所以,当杂志主办人兼出版商约翰·泰勒(John Taylor)允诺不光出思想家[歌德(Goethe)]、诗人[海涅(Heine)]、犹太教徒、基督教徒、德国人、外国人。聚会特别欢迎有主见的人、机智善辩的人,或者能爆出一些需要很高才智方能欣赏理解的猛料的人。施莱尔马赫(Friedrich Schleiermacher)正好属于这类人,他是当地的牧师,又是沙龙的常客。施莱尔马赫之于宗教,就像浪漫派之于艺术:他抱着对启蒙运动的过剩理性的一种反动。他认为,信仰不是能够客观地分析和解剖的东西;恰恰相反,它是一种"神秘的"、完全"主观的"体验,这种体验使信仰者本人有一种"绝对依赖"的"感觉"。人只有完全沉浸于这种信仰的"感受"中,才能靠近上帝。(要是只读引号里的词,就等于读了浪漫主义运动宣言里的关键词了。)

施莱尔马赫写过一些小文章,1824年,他的一篇谈圣路加福音的小文章被译成英文,给教会的当权派以很大震动,译者也因此当上威尔士圣戴维斯教堂的主教。这名译者就是瑟尔沃尔(Connop Thirlwall),他为自己拥有字谜般的名字颇为得意。他以前当过牧师,后来做律师,再后来去剑桥大学教书,专教经典作品。他在剑桥语出惊人,说革新教会派的新教徒应该被纳入英国国教,弄得全校沸沸扬扬,结果校方以故意扰乱视听将他解聘。后来,他到穷乡僻壤的一个乡村教堂当一名教区牧师,在那儿,他写完了多卷本《希腊史》(History of Greece),之后晋升为主教。瑟尔沃尔的《希腊史》由著名的出版商拉德纳(Dionysius Lardner)出版。拉德纳是科普大师(也有人认为他是科学"半瓶子醋");尚未开挖苏伊士运河之前,他就预言将有一条经过红海去往印度的通道;他还到处宣传建造能够跨越大西洋的蒸汽轮船,而当时许多人认为制造没有风帆的船完全是瞎想。早些年,拉德纳在伦敦大学当自然哲学和天文学教授,那时他就开始编写《知识大百科》(Cabinet Cyclopaedia)[共133卷,编写了20余年——是那个时代的《英卡塔百科全书》(Microsoft Encarta Encyclopaedia)*]。拉德纳招募的撰稿人全是名人,有马金托什(Charles

---

* 《英卡塔百科全书》是由微软公司编写的电子版百科全书。——译者

钱出版他的下一部史诗《安迪弥恩》(Endymion)，还要出钱给他治病时，济慈高兴得都找不到北了。这时的泰勒一边做记者，一边做出版商，经常写一些经济方面的文章，日子过得逍遥自在。1859年，泰勒莫名其妙搞出一本书，题为《大金字塔揭秘》(The Great Pyramid:Why Was It Built?)。泰勒认为，吉萨金字塔不是埃及人建造的，而是古代以色列人（也可能就是诺亚本人）在神的昭示下建造的。他还提出，金字塔纵横复杂的尺寸数字里隐藏着某种秘密的、具有普遍意义的信息。泰勒这通玄玄之论，把查尔斯·皮亚扎·史密斯(Charles Piazzi Smyth)彻底迷住了，不过在别的方面史密斯的头脑还是清醒的。

史密斯是天文学家，英国皇家学会会员，跟治学严谨的天文学家威廉·赫歇尔(William Herschel)等人是朋友。可是，金字塔数字之谜偏偏攫住了史密斯，他在事业隆盛之时毅然前往吉萨，对大金字塔进行了仔仔细细的测量。1865年，史密斯宣称，金字塔"密码"可以解释《旧约》(Old Testament)的所有问题，并预言基督将会再次降临。结果，英国皇家学会将他逐出门外。

对金字塔之谜着迷的不止史密斯一人。金字塔的"塔寸"正好和大英帝国的英寸完全等长，这难道是巧合吗？这本来是故弄玄虚、荒诞不经的胡说，但有人就是莫名其妙地相信它。有个考古学家叫皮特里(Flinders Petrie)，他的父亲就特别相信金字塔学。皮特里是个倔脾气，不信邪，1880年到金字塔跟前亲手量了一回，一举掀翻了金字塔神秘说。他在金字塔量了挖，挖了量，所有的地方都量到了，最后写了一篇文章，批判金字塔神秘说，还呼吁考古学研究应该多做一些实地考察，少做一些"现在可以披露"之类的官样文章。谈到金字塔学，皮特里就说了两个字：垃圾。他为以后的考古发掘活动树立了新风尚，他在埃及和巴勒斯坦的古代遗址做发掘考察工作，如热刀切黄油一般顺畅。他能够在巴勒斯坦大展身手，多亏了巴勒斯坦探险基金会的格罗夫(George Grove)

Macintosh)、沃尔特·司各脱爵士(Sir Walter Scott)、西斯蒙迪(Sismondi)、威廉·赫歇尔等。他还招募了一位年轻作者,是位女士,名叫玛丽·雪莱(Mary Shelley),她的丈夫,也就是诗人珀西·比希·雪莱(Percy Bysshe Shelley),在1822年意大利的一次航海事故中不幸溺水身亡了,挣钱扶养孩子全靠她一个人。她著有小说《弗兰肯斯坦》(Frankenstein),跟拜伦(Byron)是朋友,她的母亲是著名的女权主义者玛丽·沃斯通克拉夫特(Mary Wollstonecraft)。法国小说家兼古玩收藏家梅里美(Prosper Mérimée)对玛丽·雪莱非常迷恋,玛丽既是悲剧诗人雪莱的遗孀,又是一个凄婉美丽的女子。这些情况哪一条都跟浪漫主义者沾边儿,玛丽的形象浪漫得不能再浪漫了。

玛丽·雪莱把最后一部著作[即1844年出版的《德国意国漫笔》(Rambles in Germany and Italy)]献给了一个老朋友。这个老朋友名叫塞缪尔·罗杰斯(Samuel Rogers),是一位诗人,他和许许多多写诗的人一样,在诗坛上也是昙花一现。罗杰斯虽然才气不足,但为人慷慨。尚在年少时,他就继承了一大笔财产,后来他出钱款待比他能写诗的朋友们,地点在伦敦的一座装修精美的大宅子里。受他款待的人很多,拜伦、雪莱、华兹华斯(Wordsworth)等名诗人全是座上客。罗杰斯一辈子写诗,下了不少工夫,但他的诗写得太烂,除了他,别人谁也不愿意出版。不过,罗杰斯想必是打动了某位高官,因为1850年华兹华斯去世后,有人提名罗杰斯当桂冠诗人。但他拒绝了这一荣誉,最后是一个叫丁尼生(Alfred Tennyson)的人获得桂冠诗人的称号;那会儿的丁尼生刚刚结束同酗酒的斗争,名下已经积攒了一些令人敬佩的作品。他是维多利亚时代最卓越的诗人,他的诗作哀婉而细腻。在克里米亚半岛战争期间,他写了一首长短句《轻骑兵进击》(The Charge of the Light Brigade)*,明显地暗示军队

---

*《轻骑兵进击》是丁尼生为歌颂克里米亚战争中在巴拉克拉瓦(Balaclava)袭击俄军的英国轻骑兵而作。——译者

鼎力相助。格罗夫是维多利亚时代一位了不起的业余考古爱好者,他筹措资金很有办法。最初,格罗夫做工程师,跟着纳皮尔(Robert Napier)、罗伯特·史蒂芬森(Robert Stephenson)这样的造船建桥商人工作过;以后慢慢混出头,当上了皇家艺术学院秘书,专搞音乐评论和分析。他和好几位音乐大家有交情,并出任过皇家音乐学院的首任院长。他是《音乐词典》(Dictionary of Music)的编者,至今那上边还印着他的名字(有了这本词典,我们可以省去不少泡在图书馆里研读资料的时间)。

1915年,格罗夫的孙女斯特拉(Stella)向彼得·埃克斯利(Peter Eckersley)提亲,然后两人结婚。两年后,彼得加入皇家陆军航空队,负责无线电设备。1922年,他在马可尼(Marconi)创建的无线电设备公司工作,该公司马上要得到第一张从事定时广播的执照。埃克斯利负责组织安排定时广播节目(同时兼任演员、播音员、剧务和工程师)。每个周二,他的广播小组就放送半小时的节目,当然能收听到的人还少得可怜。一年后,英国广播公司成立了,埃克斯利任总工程师;英国广播公司(BBC)的风格很鲜明呢:独此一家,爱听不听,我就这么播。埃克斯利的铁哥们儿阿什布里奇(Noel Ashbridge)当时还是个助理工程师,后来高升了,英国广播公司首播电视节目的播放系统由他来定,这是个很重要的决策。他的选择是:每秒25帧图像,每帧405行扫描。这个播放格式是由俄国移民舍恩贝格(Isaac Schoenberg)最先提出的。1936年11月2日在伦敦,BBC首播高清晰电视节目,喝彩声一片。阿什布里奇和舍恩贝格由此被封为爵士。埃克斯利却未获此殊荣,离婚和丑闻把他闹得焦头烂额,毕扑大婶*容不得他。埃克斯利辞职了(当时标准高、要求严,播音员着正装才能上台呢)。舍恩贝格1914年离开俄国前往西方更民主的国度游历,之前,他已经在俄国建起了世界上第一批无线电台。

舍恩贝格不光在电视方面有成就,他还在1929年雇用年轻的工程师

---

* Auntie Beeb(毕扑大婶),BBC的外号。——译者

消极无能,让脑袋清楚的人读罢都气得要命;除了这一步走错外,丁尼生不会犯错,尤其是在维多利亚女王冲他点头称是、一锤定音之后更是如此。纵观其创作生涯,丁尼生一次又一次用诗抒发他对中世纪人物的热爱,尤其是亚瑟王,他的《亚瑟王之死》(Morte d'Arthur)和《夏洛特小姐》(The Lady of Shalott)两篇诗作可谓精雕细琢。丁尼生骑士长骑士短地编得一套一套的,毛头大学生读罢,无不为之浮想连翩,特别是威廉·莫里斯(William Morris)和他的朋友波恩-琼斯(Burne-Jones)、罗塞蒂(Rossetti)等人,中世纪情结深得很;他们开创了前拉斐尔画派,制作仿14世纪工艺木制家具和让人眼花缭乱的花壁纸。正好工业革命后期的消费者开始眷恋刚刚逝去的田园生活的快乐时光,他们觉得那时的生活格调简朴而宁静;莫里斯等人的艺术风格正对他们的胃口,莫里斯几个也逮住机会,赚足了腰包。这种返朴归真的、企图回到那个饱受蹂躏的无产者尚未出现的时代的努力,源于莫里斯不折不扣的社会主义理想。

在这一点上,莫里斯和萧伯纳(George Bernard Shaw)一样。那时的萧伯纳穿得很寒酸,袖口都磨开了花,以后才当上记者。1888年,他加入莫里斯的社会主义者联盟。1893年,萧伯纳(经当局检查后)发表第一部剧作,引起轰动,该剧讲的是一个妓女的故事。他随后写的好些戏剧都很叫座,借助戏剧形式对社会弊端给予辛辣的批判,如《魔鬼门徒》(The Devil's Disciple)、《巴巴拉少校》(Major Barbara)、《匹格梅梁》[Pygmalion,后改编为《窈窕淑女》(My Fair Lady)]、《武器与人》(Arms and the Men)等。萧伯纳活了90岁,去世前,他被公认为在世的最伟大的剧作家。萧伯纳对一切撒谎欺骗行径都给予无情痛击。1875年,他出席穆迪(Dwight Moody)组织的宗教复兴派音乐兼祈祷聚会,穆迪本来是客人,但萧伯纳把穆迪批了个一塌糊涂;而那时候,穆迪已经是很有威望的福音传教士了。穆迪早年是个卖靴子的商人,他为宗教复兴派定下格调:体格粗壮、穿黑衣,信奉的道理很朴素,语言平易并且不讲究语法,口号布卢姆莱因(Alan Blumlein)开发一套录音设备。这套设备可以给舍恩贝格(也给BBC公司)省下好多钱,他们不用再为美国的录音设备支付专利使用费了。布卢姆莱因按要求研制出录音设备,接着他于1931年登记了一项技术专利,这项技术生成的美妙音乐,听众要用两只耳朵才能欣赏到。1934年,布卢姆莱因为比彻姆(Beecham)指挥演奏的莫扎特乐曲录音,录音的唱针根据两个进来的信号实现在两个方向上振动:一个纵向,一个(在同一纹路内)横向。布卢姆莱因的录音技术今人称为"立体声"。立体声真正走向大众是在1940年。那年,沃特-迪斯尼公司推出动画片《幻想曲》(Fantasia),用的音乐是斯托科夫斯基(Leopold Stokowski)指挥费城交响乐团演奏的,使用立体声技术录音。斯托科夫斯基相信,好莱坞能够为观众带来高品质的音乐。从最初的情况看,他的判断是错误的。一直到1960年,米老鼠与巴赫(Bach)、柴可夫斯基(Tchaikovsky)、贝多芬(Beethoven)、舒伯特(Schubert)等人的音乐揉捏在一起,这部动画片才赢得人们的追捧。斯托科夫斯基发明了自由换气法、自由弓法等新方法,产生出音色丰满的"斯托科夫斯基之声";他还偏爱现代作曲家,如伯格(Berg)和舍恩贝格等人;这些让费城乐队那群守旧的老夫子们很不满意,于是,斯托科夫斯基走了,去享受流光溢彩的超级明星生活了;这中间,他娶了范德比尔特家(Vanderbilt)*的一个姑娘,成了家。

斯托科夫斯基有个朋友名叫朗缪尔(Irving Langmuir);斯托科夫斯基是个奢靡之人,居然有这么一位朋友,有点出人意料。郎缪尔是个化学家,为人谦卑;1932年获得诺贝尔化学奖。他的研究面很宽:云层里的冰晶、浮动的海藻、烟幕,还有(他的主攻方向)分子原子结构。他最先提出化合价与键(原子间共有电子的方式)等概念。朗缪尔的研究结果给

---

* 范德比尔特家族,与洛克菲勒家族齐名,同为美国最富有的家族之一。创始人科尼利厄斯·范德比尔特(Cornelius Vanderbilt),美国资本家,从事船运业和铁路建筑等,去世时积累了1.05亿美元的财富。——译者

是:不管怎么样上帝都爱你。

有个学医的学生叫格伦费尔(Wilfred Grenfell),对穆迪那套很是信服,后来,他给远洋水手们当医疗传教士。1892年他到拉布拉多参观了一圈,对那里的贫困状况深感震惊,于是决定留下来,并创建了拉布拉多布道团(Labrador Mission)。40年后他退休时,布道团旗下已经有6家医院、7个护理站、4所学校,以及一个锯木合作社,一个服装发放点,还有4艘医疗船。1912年,一艘医疗船上的临时职员里有一个年轻人,叫伯宰(Clarence Birdseys),以前在拉布拉多市的皮货行干过。他注意到,在气温到达零下10摄氏度时,当地人将捕到的鱼拉出水面,鱼立刻就冻结了;几个月后,他们将冻鱼解冻,其中一部分看起来挺新鲜。伯宰用肉和蔬菜做实验,发现新鲜食物被速冻后能保鲜,口味也没有改变。能不能将速冻产业化、规模化呢?他回到美国后,在1925年开始销售速冻鳕鱼片。这之后,伯宰便心平气和,享受他应得的荣誉和财富了。

第一轨迹完

其他化学家壮了胆,他们都去琢磨怎样让分子结合在一起,制造出人们想要的东西。起码米奇利(Thomas Midgley)是这样做的,他当时在俄亥俄州代顿的一个实验室工作,老板要他解决汽油的爆震问题(即汽缸内燃料不完全燃烧,对汽车和司机造成损害)。米奇利运用朗缪尔的分子结合理论,仔细研究每个元素,寻找到能够解决爆震问题的分子排列。

经过6年攻关,米奇利于1921年找到了答案:四乙基铅(这是一种添加剂,汽油加了它就成了"含铅"汽油)。这个发现让米奇利的老板大受鼓舞,又要求米奇利研制无毒且不易燃烧的制冷剂(那时市场供应的制冷剂容易泄漏,能悄无声息地把人毒死)。米奇利很快找到了这种制冷剂,这次仅用3天时间。他在1930年美国化学学会大会上做了演示:他对着制冷剂深吸一口气(证明它无毒),然后吐气把蜡烛吹灭(证明它不易燃烧)。这种惊人的物质就是后人熟知的氟利昂。具有讽刺意味的是:几十年后证明,米奇利发现的这两样神奇的化学物质,一样对人体有害(引起铅中毒),另一样对这个星球有害(弄出个臭氧层空洞)。

最后……

就在伯宰设计的速冻生产线上源源不断地生产出冷冻鲜鱼条的时候，用米奇利发现的氟利昂作制冷剂的冰箱正在那儿等着把它冷藏起来呢。此后，大家便吃上了炸鱼排。

2 1760年：从冒牌史诗到器官移植

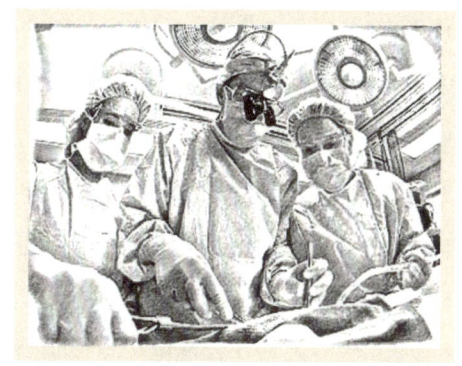

历史上，鲜有什么文学作品能糊弄得了思想大家，像拿破仑、柯尔律治、门德尔松、歌德、拜伦、马斯涅（Jules Massenet）*，还有古板严谨的经济学大师亚当·斯密。但《奥希恩》（Ossian）做到了，实实在在把思想大家们忽悠了一把。更有甚者，德国的开风气之先的赫尔德（J. G. Herder）还花费不少心思研究《奥希恩》，灵感勃发，开创了整个浪漫主义运动。《奥希恩》是一部诗集，汇集了一些史诗的断简残篇（据说是3世纪盖尔族** 诗人奥希恩创作的），后由苏格兰学者麦克弗森（James Macpherson）收集整理，于1760年出版。但《奥希恩》其实是一部伪托的赝品。

---

* 马斯涅（1842—1912），法国作曲家。——译者
** 指苏格兰的凯尔特高地居民。——译者

麦克弗森伪造《奥希恩》可谓用心良苦。那时候,苏格兰文化前景黯淡,苏格兰高地人在1715年和1745年两次图谋夺取英格兰王位[先是当爹的詹姆斯·斯图亚特(James Stuart)领着搞一次,后是儿子查尔斯·斯图亚特(Charles Stuart)领着搞一次],可两次行动都失败了。过后,英格兰人实施报复,狠狠镇压苏格兰人。英格兰宣布:凡携带武器、召开部族会议、穿苏格兰格子呢、讲盖尔语或做与盖尔族有关系的事(譬如吹风笛)均属于违法行为。麦克弗森先跑到苏格兰北部转一圈,赶在苏格兰人和讲盖尔语的说书人亡故之前收集了一些民间故事,然后打算去佛罗里达的彭沙科拉城待一段时间(做总督的秘书),然后转到英格兰(给印度阿科的地方长官当代理人)。但他收集的民间故事与他的期望值相差一大截,于是他对素材做了一番"加工",拿出手让人一看,还真像那么回事儿——正宗真品史诗。

《奥希恩》让好莱坞大受启发,拍摄了一批以苏格兰高地为背景的历史影片,不过这些影片的内容全是凭空想象出来的,和苏格兰史实是毫不沾边[大家看看电影《勇敢的心》(Braveheart)那么多在时间上穿帮的场面,就知道是怎么回事了]。不光是好莱坞,《奥希恩》还让高中生沃尔特·司各脱猛发了一阵狂想;1802年,长大成人的司各脱也开始编故事了。司各脱为维多利亚时代的同胞们杜撰出子虚乌有的中世纪的样子,又是苏格兰男爵,又是撒克逊伯爵,还有十字军骑士。他的剧本(写得不怎么的)、诗(说得过去),还有第一批历史小说(部部都火爆)全是这样的内容。因为表现好,他被封为男爵。他的一部小说的题名[《韦弗利》(Waverley)]后来被用作苏格兰爱丁堡市中央火车站的站名。他这就出名了。1822年,司各脱把挣来的钱全部拿出来(为数应该不少,每年一本畅销书呢),仿造了一座男爵府[一开始叫"卡蒂洞"(Cartyhole),听着不合适,便改作艾伯津(Abbotsford)]。男爵府建有塔楼,房间的墙上全装有木头裙板,所有的厅堂都宽敞空阔,还弄了一些装饰性小摆设:罗布·罗伊

《奥希恩》的主人公叫芬戈尔(Fingal),他的宫殿叫塞尔玛——1816年,威廉·金(William Rufus King)在阿尔巴马州新建了一个小镇,也以塞尔玛命名。金在国会待了25年,差不多创了当国会议员的纪录;在国会,他属于老谋深算那种。一团乱麻理不清吗?不要紧,只要金出场,没有摆不平的事儿。他名气大还另有原因,一是他和布坎南(Buchanan)总统关系很铁,两人是否有断背关系不好说;二是金两次都没当上副总统,轮到第三次更倒霉,刚当上副总统没几天就去世了。回过头看1816年,金建起塞尔玛小镇不久就乘船去意大利的那不勒斯,给美国驻那不勒斯公使平克尼(William Pinckney)当使馆秘书。

与他同船的还有一位年轻的海军准尉法拉格特(David Farragut),当时是无名小卒,后来有出息了,当上了美国海军舰队司令,还因为打仗时喊了句"去他妈的鱼雷",从此闻名全美。法拉格特舰上的数学辅导老师名叫福尔瑟姆(Charles Folsom),刚从哈佛神学院毕业。后来,福尔瑟姆到地中海国家的几个图书馆里待了5年,再后来当过美国驻突尼斯领事,最后回家乡做图书管理员和图书编辑,终其余生干着为别人文章挑毛病的工作。很多作家不喜欢他,因为他太追求完美,本来是他们信笔随意的作品,让他挑得伤痕累累。1825年,福尔瑟姆当上《纽约评论》(New York Review)的副主编,跟布赖恩特(William Cullen Bryant)在一起,但做的时间不长,这算是他原本平淡不惊的生活中的唯一一次让他激动的事。布赖恩特最初是新英格兰诗人,创作了很多关于死亡和自然的意味悠长的诗歌。福尔瑟姆遇到布赖恩特的时候,布赖恩特已经是美国文坛上最负盛名的唯美作家。1827年,布赖恩特加入《纽约晚间邮报》(New York Evening Post),两年后,他成为该报的总编兼合伙人。他按自己的兴趣刊登一些容易让读者感兴趣的评论,内容不拘一格,什么废除奴隶制、著作权、监狱改革、得克萨斯分治、纽约市修建大型中央公园等。他还说服比奇洛(John Bigelow)加盟,一起挑起办报的担子。

(Rob Roy)的钱包、蒙特罗斯勋爵(Lord Montrose)的佩剑。想成名成家的文人们纷至沓来，登门拜访，有点"桃李不言，下自成蹊"的意思。访客当中就有一位年轻的美国人，名叫华盛顿·欧文(Washington Irving)。那时候，他已经在英国待了两年，想把他家的生意挽救过来，但没能如愿。以后十几年，他一直留在英国，写了一些谈论英国人情世故的精美文章。因为有这些经历，所以他一回美国，就被推举为美国国会议员、纽约市长和海军部长。1822年欧文还在英国的时候，得了异乡美国人常患的综合征——不习惯英国的生活，跟他的美国老乡乔治·班克罗夫特(George Bancroft)一样。班克罗夫特在格丁根大学读完博士(对美国人来说还是头一遭)，他饱览了欧洲文化，结识了歌德、洪堡等文化名流，之后，于1822年返回老家。接受了良好教育的班克罗夫特回到美国后便着手编写10卷本的《美国史》(History of the United States)，还增补"作者修订"作为第11卷。可惜，大作完成之际，好些内容已经过时了。在编书期间，班克罗夫特两次去欧洲，一次是当美国驻普鲁士的公使[那里有他热爱的俾斯麦(Bismarck)]，另一次是到英国当大使，到英国当大使比到普鲁士还早。

在英国，班克罗夫特结识并爱上了魅力无限的安吉拉·伯德特-库茨(Angela Burdett-Coutts)(换谁都会这样)。安吉拉继承了一大笔财产，是最富有的女人，若论受公众爱戴的程度，她仅次于维多利亚女王。她还是个非常了不起的慈善家，巨额财产大部分都捐出去了，有的用于振兴爱尔兰的捕鱼船队，有的用于拯救贫困儿童、被遗弃的动物，有的用于维持学校、教堂和非洲黑人教区，有的用于维修布列塔尼的救生艇或修缮施粥所、医院、公共住宅，有的用于救助落难女子，还有的用于为尼日利亚制造轧花机，而最重要的是，她捐钱扩大了英国在"野蛮人"中的影响力。通过后面这件事，她喜欢上了布鲁克(James Brooke)。布鲁克不仅人长得帅，殖民思想也很吸引人。1847年两人相识，那时的布鲁克名声比奇洛事事处处符合布赖恩特的改革思想。内战爆发的时候,比奇洛被派到巴黎当总领事。在巴黎没他还办不成事,因为在任的美国大使不会讲法语。比奇洛基本上(但不彻底)说服法国和英国不为南部邦联海军建造军舰。因工作突出,1865年他被擢升为大使。当初他能捞到去巴黎当总领事这个职位,主要是沾了他认识苏厄德(William Seward)的光。苏厄德既是律师,又是参议员、纽约州州长,还是个说话管用、能办成事的行政官员。他属于那种非常精明、办事能抓到点子上的人,他想办的事基本都能办成——一般是关起门来密谋,悄无声息就把事办了,外人还不知道。不管大事小事他都是这么办的(其中有一件事把他载入史册)。有4件事苏厄德十分热心,一是国际贸易,二是建设国际电报通信以促进贸易,三是建立一种国际货币流,为贸易提供更大便利,四是希望美国向太平洋扩张,促进贸易发展。19世纪50年代中期,首次跨大西洋海底电缆铺设失败,有人提出电缆可以改走其他路线(比如从北美经白令海峡,再横跨俄国,最后铺到欧洲),苏厄德为此事忙前忙后,尤其是当他听说俄国有意卖掉阿拉斯加的时候,更是竭尽全力。他为收购阿拉斯加四处找根据,最后在贝尔德(Fullerton Baird)那里找到了。贝尔德是史密森学会的秘书,他让学会的研究人员写了好几份报告,称阿拉斯加的煤矿丰富,鱼类资源和海豹无数,而当地原住民很少,不会闹事等。

俄国人其实很早以前就想甩掉阿拉斯加这个包袱,有它俄国挣的没有赔的多。另外,俄国人是这样想的:这块土地离俄国中心地区太遥远,美国人既然已经对它感兴趣,进入阿拉斯加也是早晚的事,圣彼得堡想挡也挡不住。他们一商量,对方出价500万美元就把阿拉斯加卖掉,但苏厄德买地心切,结果俄国人把价钱抬到了700万,虽说如此,苏厄德一点也没犹豫。这桩买卖由斯托克尔男爵(Baron Edward de Stoeckl)一手操办,此人是俄方的谈判代表,狡猾奸诈,曾在华盛顿待过很多年,知道怎么处理这种事;有人猜测他为了把事办成,可能花了点钱把上下都打点已经比较大了,他在沙捞越与杀人越货的野蛮人一块历险的英勇故事经常见诸报端。当地的苏丹封他为拉惹(Rajah)*。随后,他在英国海军的帮助下肃清了那个地域的海盗,征收赋税,设立法庭,给当地人的生活吹进了一丝英国气息。从布鲁克开始,白人连当了三届"沙捞越拉惹",布鲁克为首任。安吉拉对布鲁克和他从事的活动欣赏得不得了,光钱就给了几百万,为他购买一艘汽船,游说议会承认布鲁克和他的领地(真的办成了),还给他弄了个爵士头衔。布鲁克也不含糊,写了份遗嘱(暂时的),百年后把沙捞越送给安吉拉。布鲁克是大家追捧的大英雄,就像金斯利(Charles Kinsley)的小说《向西方!》(Westward Ho!)描写的带着草莽英雄气的伊丽莎白时代的人一样。1855年,金斯利把《向西方!》题词献给他热爱的英雄布鲁克。

　　金斯利是个教区牧师,敬业得有些过头,因为社会工作突出,改任御前牧师(虽然他有基督教社会主义思想)。他有几个观点:一是罗马是魔鬼滋生地,二是英国教会应介入社会和政治事务,三是相信科学技术会让生活变得更美好,四是工人们得到的待遇极不公正。金斯利1863年创作了小说《水孩子》(Water Babies),他在这本小说里总结了他关心的问题:穷人的生活、公共卫生、教育、污染,还有查尔斯·达尔文(Charles Darwin)的进化论(它比《水孩子》早发表4年)。他说到未被堕落的犹太教玷污的基督教时,带着一点点雅利安腔调,里面含有一缕反犹主义成分。1873年,他参选英国皇家学院秘书一职,尽管支持他的人很多,但他还是落选了。支持者中就有实力人物弗雷德·弗尼瓦尔(Fred Furnivall)。弗尼瓦尔极力鼓吹基督教社会主义,他认为工会是英国国教神学的一个基本部分;他曾在伦敦的工人学院执教多年。也许读者第一次读到他的名字时会问"弗雷德是谁啊?"可别小看他,《牛津英语辞典》(Oxford English Dictionary)到现在还印着人家的名字呢,弗雷德做这本大书的第一编辑

---

*拉惹即头人、酋长。——译者

了,苏厄德如愿以偿地获得了国会支持。斯托克尔是个自由职业者,奥地利籍,意大利人。俄国人欣赏他的谈判技巧,给他的酬金很高。苏厄德提议,土地转让的事要保密,等谈好了(1867年)再宣布,搞成既成事实,美国国会想不答应都不行。这条件斯托克尔哪能不同意,不过,他写信回去笑话美国人傻。

斯托克尔绝对是个爱耍嘴皮子的家伙,他的美国老婆也跟着夫唱妇随。1854年,在一次外交联谊会上,他被一个身穿奇装异服的年轻人强力邀请,这个年轻人叫惠斯勒(James Whistler),是美国海岸测量处的绘图员。他把斯托克尔带回家,为他做饭,事实证明惠斯勒是个聪明的、令人愉快的人。1855年,惠斯勒前往欧洲。和其他去欧洲的年轻人的发展之路不一样,惠斯勒后来当了画家,功成名就。他先在巴黎拜师学了几年绘画技法,等有了底气,就开始独立创作,渐渐画出些名气。他的作品有《蓝色和棕色协奏曲》(Harmony in Blue and Brown),《白色交响乐》(Symphony in White)和《灰色和金色的夜曲》(Nocturne: Grey and Gold)等,而最为著名的是《灰与黑的组合》(Arrangement in Grey and Black)[又名《艺术家的母亲》(Whistler's Mother)]。

惠斯勒的绘画强调色彩和谐,淡化主题,这种风格对有些人来说刺激不足,所以印象不深。这其中就包括一个叫詹金(Fleeming Jenkin)的人。詹金是个工程师,大部分时间是在铺设海底电报电缆(在红海、巴西和大西洋都铺过),只要是跟电缆有关的事,他一听就来劲儿。在铺设过程中,他写了一篇研究古塔波胶(杜仲胶)导电性的论文,他把欧姆作为测量阻抗的绝对单位。他是个很典型的维多利亚时代的人,对他有兴趣的事都要高论一番,地理、动物饲养、遗传学、单轨铁路、公共健康、水管安装等等,无所不谈。除了这点,他之所以有名,还因为他脾气好,性情迷人。1871年,他在爱丁堡大学当工程学教授,有一名叫罗伯特·史蒂文森(Robert Louis Stevenson)的学生他最喜欢。这个学生后来放弃学工程做了20年！为了重印该词典原稿,从1853年开始,弗尼瓦尔增设了好多个专业研究会:什么早期英语文本研究会(The Early English Texts Society)、乔叟研究会(Chaucer Society)、民谣研究会(Ballad Society)、莎士比亚研究会(Shakespeare Society)、威克里夫研究会(Wycliffe Society)、勃朗宁研究会(Browning Society)、雪莱研究会(Shelley Society)等。当年支持金斯利申请做秘书的还有泰纳(Hippolyte Taine),他是法国的访问学者,曾在牛津大学讲授法国文学,是位英国通(他曾写道:"伦敦的星期天就像是个巨大的秩序井然的公墓。")。泰纳著述颇丰,艺术、哲学和文学,什么都写,内容渗透着达尔文的思想。泰纳认为:恶和善都是结果、是产物,就像硫酸盐和蜜糖;人类文化不是无法捉摸的才智诸如想象力或灵机突发想出来的,而是环境、种族和时代背景造就的;每个时代的文化是不同的,因为每个时代的大背景不同;艺术的表现形式只能通过科学角度研究分析才能理解,和研究自然一样。所以泰纳的观点被称为"自然主义",这在当时是极具震撼力和"影响力"的。(现在当然没什么影响力了,泰纳要是在世,恐怕是会这么说的。)

泰纳的自然主义影响了一大批人,其中就有左拉(Emile Zola),他给报纸写稿,还写小说,写过一个里程碑似的系列,有20本,书名叫《鲁贡-玛卡尔家族——一个家族的自然史和社会史》(The Rougon-Macquart Family: A Natural and Social History of a Family);不算这个系列,他的小说还多得数不过来呢。《鲁贡-玛卡尔家族》这部巨著就是泰纳的自然主义观点的具体运用。从1870年到1893年,左拉描写这个家族的成员在1851至1871年这20年间的生活状况,向读者展示他们的生活是如何深受社会环境变化和遗传的影响(刚好每年一本)。每本小说一上市便引起两极反响,人们对它褒贬不一。在英国,他的作品经过"修改"才出版刊印,怕的是左拉过头的现实主义的描述会让读者感到难堪。在法国,该系列的最后一部小说出来的当年,正赶上无政府主义者瓦扬(Auguste

改学法律,尽管如此,两人还是做了一辈子好朋友。史蒂文森的爷爷认识司各脱之后,史蒂文森便决心改行当作家。不过他病了一辈子,跟疾病斗争了一辈子,他先后去过伦敦、伯恩茅斯、尼斯、纽约州、加利福尼亚,最后来到萨摩亚群岛;好像越向南走,身体状况越好。1882年他创作小说《金银岛》(Treasure Island),这本书成为家庭必藏的读物,由此也给他带来了丰厚的收入。以后他佳作不断,《黑箭》(Black Arrow)、《诱拐》(Kidnapped)、《化身博士》(Dr. Jekyll and Mr. Hyde)、《巴伦特雷的少爷》(Master of Ballantrae),本本精彩。1888年,他和美国妻子及继子租了一条游艇,从旧金山出发,发现南太平洋有几个好去处,从此一去不回。

史蒂文森还住在伯恩茅斯时,有个美国移民去拜访他。此人叫亨利·詹姆斯(Henry James),打算在欧洲定居(末了加入英国籍)。以后,詹姆斯创作出一系列作品,开心理学小说之先河,他围着半自传式的主题不断变换花样:美国主人公来到欧洲,受到文化冲击,自问一些关于人生际遇的深刻问题。此前,他到过巴黎、罗马、佛罗伦萨、伦敦等地,与许多文学名流都有交往。1877年的时候他已经是个名人,精英阶层全知道他,于是他当上了雅典娜神庙俱乐部(限古板守旧人士)的荣誉会员;一个冬天光收到的邀请就达109个。他甚至不得不在乡下(苏塞克斯郡)暂避一时。在乡下,这位显贵的美国人认识了工人阶级出身的、对什么都看不顺眼的社会主义者威尔斯(H. G. Wells)。威尔斯那会儿正忙着改变世界呢;同时他还在写系列小说:《时间机器》(The Time Machine)(1895年)、《隐形人》(The Invisible Man)(1897年)和《世界大战》(The War of the Worlds)(1898年)。这些小说后来让他得了个"未来学家"的雅号。威尔斯的大部分著作是谈社会和政治问题的(他相信有朝一日世界会走向统一,军备会解除,自然会得到保护),不过,因为他准确地预见了原子弹和第二次世界大战,所以,公众都认为威尔斯是搞科学研究的(可闹了一辈子他也没当上皇家学会会员,尽管他想啊盼啊)。

Vaillant)从法国议会的公共走廊里扔出一枚小炸弹,伤及多人,但没人被炸死(他说,"如果想杀人的话,我会用枪")。瓦扬被判处死刑,左拉和其他记者、公众人物一起向法国总统卡诺(Sadi Carnot)请愿,要求给瓦扬减刑,被卡诺总统拒绝。1894年2月5日,瓦扬被送上断头台。同年6月24日,卡诺总统在前往里昂一家剧院的途中,遭遇一名意大利无政府主义者卡塞里奥(Santo Caserio)行刺,报复他处死瓦扬。刀子切断了他的一根大动脉,伤势太重,动脉无法缝合,卡诺总统流血而死。

这件事让卡雷尔(Alexis Carrel)深受震撼。卡诺总统遇刺时,卡雷尔就在里昂的一家医院里当外科大夫,他下决心攻克这个医学难题。卡雷尔先学绣花,然后在1902年自创了一套用极细的针和极细的丝线缝合伤口的方法,后人称之为"三针定点缝合":先向后折叠被切断的血管断端,再将切口断面拉成三角形,在三个角各缝一针,然后沿三角形的三边缝合,这样缝合后,血管中的血液流动可马上恢复。1906年,卡雷尔在纽约的洛克菲勒医学研究所就职,此后终生都在研究所工作(中间有几回工作中断过)。他独创了几种不损坏血管的移植方法,用于移植手术。后来,卡雷尔开始研究组织培养(他给一小片鸡心肌组织供给营养,这块组织居然存活了几十年)。20世纪30年代,他已经准备作一番更大的事业。

第一轨迹完

威尔斯最早的一批粉丝中有一位少年,叫戈达德(Robert Goddard),住在波士顿郊区,读了《世界大战》,小家伙欲罢不能,坐在马萨诸塞州奥本县他姑姑家农场里的一棵苹果树上,急着要往火星飞。他专修了几年物理,就着手搞飞向火星工程。1926年3月16日,他发射了世界首枚液体推进剂火箭,发射地点就在他姑姑家农场附近的空地上。1929年,有人打来电话,说要帮他。接过这一个电话,戈达德抖擞精神,在1930年到1942年间专心研究太空飞行的所有难题,这些问题正是后来人们进行太空探索、登陆火星所要遇到的。打电话的人叫林白(Charles Lindbergh),两年前,他驾机飞越大西洋,一举成名。此时的林白已获得美国荣誉勋章,以后他还荣登《时代》(*Time*)杂志封面,原因不是他搞航空航天成绩卓著,而是他在1931至1935年间研制出一颗人工心脏。

第二轨迹完

最后……

林白设计的人工心脏,是一个无菌玻璃做的灌注泵,它可以把养料循环输送给卡雷尔实验用的需要养料维持其存活的器官。林白和卡雷尔的成就,为器官移植技术奠定了基础。

3　1805年：从特拉法尔加战役到激光

特拉法尔加战役于1805年10月21日在伊比利亚海岸附近打响，从中午一直激战到下午4点30分，结果，拿破仑的舰队惨败，英国海军统帅纳尔逊勋爵（既是英雄又是情圣）重伤不治而亡。就在开战前，还有一件历史上更有名的事。纳尔逊匆忙拟定了战斗信号"英国深信所有将士会恪尽职守"，但他发现，密码簿里竟没有"深信"这个词；而开战在即，要是一个一个字母把它拼出来肯定要多花时间。最后，根据副官的建议，用密码簿里有的"希望"一词来代替"深信"。

这位在特拉法尔加战役中修改命令的副官名叫帕斯科(John Pasco)，9岁起就在海军服役，在特拉法尔加战役打响之前，他已经跟随纳尔逊两年时间。按照英国海军的传统，每打赢一仗（比如特拉法尔加战役），都是由海军统帅来判定其手下的将士在作战中是否指挥得当，是否称职。而帕斯科却有点背：纳尔逊在特拉法尔加战役中阵亡了，没人为他鉴定，这给他的军旅生涯增加了一点坎坷。4年后，他才被指派担任英国皇家海军舰队"印度斯坦"号的舰长，为远赴澳大利亚的一艘补给船护航，这是帕斯科在特拉法尔加战役之后得到的最高职位。"印度斯坦"号的随船外科医生叫阿诺德(Joseph Arnold)，喜欢植物学，他趁舰船沿途停靠的机会收集植物标本。在返回英国的途中，阿诺德乘坐的船（连同他的物品）在雅加达港着了火。还好，阿诺德的一位校友正好是爪哇副总督的秘书，多亏他为阿诺德找到免费住处并安排他搭乘其他船只返回英国。1818年，阿诺德又来到东方，这次的身份是植物学家，不是军医。他到达苏门答腊，管理苏门答腊的总督就是当年的爪哇副总督。阿诺德到后不久，就同总督（及其夫人）一起披荆斩棘地跑到丛林里转圈视察，履行殖民地管理职责。这次徒步视察中发生了两件事：其一是阿诺德染上热病，没撑几个星期就一命呜呼了；其二是他和总督发现了世界上最大的花，该花直径有3英尺（约0.9米）长，重达15磅（约6.75千克），后人用两人的名字命名此花，称为大王花(*Rafflesia arnoldi*)。总督名叫拉弗尔斯(Stamford Raffles)，是位杰出的特立独行而政绩超群的英国殖民地执政官。拉弗尔斯有着曾在英国东印度公司（一个掌管所有东部地区英国殖民地财产的私人公司）快速升职的背景，他做的事也是前所未闻，比如学习当地方言、和原住民打成一片、利用一切时间在殖民属地旅行、会见居民并听取意见。他也做过一些遭今人批评的事儿（按西方模式改革农业，对当地的法律也如法炮制）。他还为英国人收购了新加坡。在回国探访时，拉弗尔斯结识了一些王室成员［更重要的是，认识了科学大腕约海军上尉帕金森（William Standway Parkingson）早在1798年那次跟法国较劲（即尼罗河战役）时就跟着纳尔逊征战，那次战役英军把法军痛揍了一顿。一年后，帕金森军旅生涯有一次大动作，那就是以叛国罪把一个意大利籍的舰队司令给绞死了；命令是纳尔逊下的，这命令下得让人生疑（上午9点开审，正午判决，下午5点就给绞死了）。几星期后，经纳尔逊保举，帕金森升了官；纳尔逊推荐一个人跟下圣旨差不多。1800年，帕金森回家，娶剑桥大学耶稣学院的牧师克拉克（Edward Clarke）的妹妹为妻。举行婚礼的时候，克拉克没有到场，因为一年前克拉克有个学生意外发了一笔财，称足够支付两人的旅费，于是两人开始结伴旅行。他们游走在挪威、芬兰、俄罗斯、希腊、埃及、塞浦路斯等国的长河峻岭、荒原莽林，1802年返回英国。只不过在回来的路上，船在英国南部海滩遭遇海难，他们丢了150箱东西（大小物件都有，大到两吨重的希腊雕塑，小到英国的首株苯蓝，都是他们喜爱的东西）。

他们从英国出发，先去斯堪的纳维亚；在这段旅途上跟他们作伴的是克拉克的一个同事，叫马尔萨斯（Robert Malthus）。马尔萨斯此番去寒冷的北欧，主要是为他的新人口理论收集人口学数据。1798年他发表新人口论，令同行们惊愕不已。他认为世界末日马上要到了，因为工业革命使人口增长太快。他说，人口呈几何级数增长，而食物却呈算术级数增长，照这样下去，大饥荒和政治动乱就为时不远了。他认为只有"自我控制"（就是"节制性欲"换了个说法），才能避免人口激增。瑞士有位叫西斯蒙迪（Simonde de Sismondi）的经济学家却不这么看，他是最早关注工人悲惨恶劣的生活、工作条件的学者之一。他认为这些问题不必担心，马氏理论提到的那点饥荒、政治动乱等问题可以通过政府干预解决，具体办法有提供失业救济、疾病救济、最低工资、利润分红、养老金，还有其他诸如此类的怪异的社会主义招数。伟大的凯恩斯（John Maynard Keynes）说西斯蒙迪是个奇才。那时候，资本主义逐渐占据优势地位，大瑟夫·班克斯（Joseph Banks）]并与其结为好友。后来，拉弗尔斯被封为爵士，在另一次轮船失火中，他丢失了全部（数量巨大）的植物标本。由班克斯推荐，拉弗尔斯担任伦敦动物园的首任园长。他还就爪哇的自然历史著书立说，今天的人们了解到：拉弗尔斯的大部分热带实际知识源自怪才霍斯菲尔德（Thomas Horsfield），此人出生在宾夕法尼亚，颇得爪哇早先的荷兰统治者的真传。英国接管爪哇时，霍斯菲尔德正潜心于植物学研究并乐此不疲。鼓励霍斯菲尔德继续研究的人是拉弗尔斯，拉弗尔斯对他说过："你只须告诉我你要什么就行了。"这话对于闷头搞研究的人来说是再中听不过的了。霍斯菲尔德就把心事告诉了拉弗尔斯，于是，在1819年他乘船驶往伦敦，船上装着他收集的两千多件标本（这次没失火），接着他又当上了东印度公司博物馆的馆长。霍斯菲尔德乐得像只跳跳蹦蹦的小兔子；不过，要是他知道伟大的布朗（Robert Brown）费了多长时间也没能把这些经他精心打包运输的标本一一分类、命名，他也许就没那么乐了。

　　布朗是植物学界的巨星，忙坏了；平时忙，每年11周的假期也不休息；假期不休息，还一个劲儿发现新东西，譬如布朗运动（悬浮在液体中的微小颗粒的不规则运动），一个劲儿得奖章，因为他解开了一些谜团，譬如植物授粉机理；他还花了好些年将老朋友约瑟夫·班克斯爵士收集的标本转移到大英博物馆新建的植物馆（得到的回报是当上博物馆馆长）。1816年在一次前往巴黎的旅行中，他遇到亚历山大·冯·洪堡（Alexander von Humboldt）。布朗说洪堡的著作是"慷慨雄辩的废话"，而洪堡则称布朗是"植物学王子"；此后40年洪堡一直钦佩布朗，两人除了见面，常有书信往来。此前，洪堡刚刚结束在南美历时5年、声势很大的探险活动，和布朗认识的时候，他已经是科学和探险的两栖名人了。1829年，俄国沙皇尼古拉一世邀请洪堡考察他统治的东方疆土，这对伟大的洪堡来说不啻为一次公费旅行：一切费用沙皇全包，历时9个月，行程9000英里的环境是这样,西斯蒙迪的主张就好像一面红旗,很鲜明。[怪不得几十年后,马克思(Marx)从西斯蒙迪那里"借走了"好些观点呢。]西斯蒙迪不是探讨社会问题就是写文学批评,大部分时间这样度过。1819年,他写了一本探讨南欧文学的小书。

这本书让年轻的俄国诗人巴丘什科夫(Konstantin Batiushkov)兴奋异常,俄国之外他几乎默默无闻。巴丘什科夫酷爱文艺复兴时期的诗歌,他想利用西斯蒙迪的材料为写意大利文学史做准备(但到最后也没开始写)。他还写了很多花哨有余而趣味不足的浪漫派诗歌;写诗的同时,他还当公务员,干得相当不错。1818年,他说服沙皇把他派到他向往的伊甸园——意大利。到了意大利,他却感到莫名的沮丧,不出一年就回老家了。1812年,发生了一个小麻烦——拿破仑入侵俄国,他应征入伍,被派遣到俄国西部。也就是这一回,军队生活让他觉得有趣、有文化味,因为拉耶夫斯基(Nickolay Raevsky)将军让他做了副官,本来两家就是世交。拉耶夫斯基是个大人物,是跟拿破仑打仗的英雄,是他率领俄军脚踏巴黎香榭丽舍大道,令法国蒙羞。拉耶夫斯基是职业军官,虽然后来牵连进一场未遂的政变——好多人为此丢了性命,但他还是活了下来,而且活到很大年纪。有一次,他领家人到高加索的一个矿泉疗养地,路过一个偏远地方时,遇见一个大嗓门的年轻人,叫普希金(Aleksandr Pushkin),是他儿子的朋友。普希金是个破落贵族(尽管"破落",但尚有保姆和法语家庭教师侍候着),写过剧本和诗歌抨击沙皇。沙皇很厉害,手里握着拶指的刑具,其他酷刑多的是,算普希金运气,抨击沙皇而仅仅被流放到比萨拉比亚的蛮荒之地。后来,他从比萨拉比亚搬到克里米亚,刚好,拉耶夫斯基已经在那儿租了房子,住了一段时间。普希金搬来以后,拉耶夫斯基的女儿们教他学英语,教得他能读拜伦的诗歌原作,最后当上了俄国的拜伦(有人认为他的成就比拜伦大,可以与莎士比亚比肩)。

（约14 400千米），横穿西伯利亚，最远处到中俄边境。洪堡以他惯有的细致和周到完成了这次考察：所见之物、所到之处，他都从温度、地质、矿物学和生物学等几个方面逐一分析研究；他准确地预见在乌尔拉地区会找到钻石。他还说服沙皇批准建设地磁观测站网，地磁学是那个时期新兴的大学科。

所以，当英国的"冥界"号和"恐怖"号两艘舰船于1839年到南极探险，洪堡帮助编写地磁观测指南也不奇怪。这次南极探险由罗斯（James Clark Ross）当领队，探险的目的是寻找南磁极的位置。我们把视线拉回到1830年。罗斯和他的叔叔高斯（Friedrich Gauss）在巴芬岛附近的荒地进行过一次勇敢的探险，他们发现了北磁极。高斯是德国的科学天才，他推测出南磁极可能在南纬66度、东经146度的地方。对地磁学界而言，这是个令人费解的问题。1841年9月25日星期日，罗斯请了一天假到塔斯马尼亚岛，结果错过了一场大磁暴（随后他和洪堡吵了一架，为的是外层空间的事，而与英国教会的教规并不相干）。除了这个细节，罗斯的探险工作很出色。南磁极实际位于南纬75度、东经154度，和预测的位置有偏差。罗斯探险前的顾问里有个德国人，叫埃伦贝格（Christian Ehrenberg），也是洪堡的好友，两人一起去过西伯利亚。埃伦贝格第一次比较大的探险经历是1820年的埃及—红海之行，这一趟他搜集了34 000件动物标本和46 000件植物标本。埃伦贝格涉猎极广，从珊瑚水螅到风暴沙尘到电子射线，他全都研究。他还电击各种生物，看看它们挨了电击后作何反应。不过他真正喜爱的还是那些微小而古老的生物（比如研究古微生物学，他是德国的先驱）。他的老朋友洪堡曾经动用关系，给他活动到了柏林大学的教授职位。埃伦贝格教过一些勤奋好学的学生，比如年轻的美国考古学者奥思尼尔·马什（Othniel Marsh）。马什怀揣着一个强烈的愿望，那就是学成后回耶鲁大学当一名考古学教授。他的舅舅皮博迪（George Peabody）是个富人，那会儿正在筹集资金准备在耶鲁建我们把视线拉回到1819年。普希金被流放前住在圣彼得堡,有一次他去听音乐会,听罢爱尔兰钢琴演奏家菲尔德(John Field)的演奏,两人很快结为朋友。菲尔德以前是克莱门蒂(Clementi)的徒弟,以后博得海顿(Haydn)赏识,称赞他是钢琴大师。他在1802年离开英国,到俄国待了28年,花钱如流水,抽烟酗酒,成功人士热衷的声色犬马他都享受了。菲尔德的音乐作品在当时音乐鉴赏家中间掀起巨澜(当然现在是无人问津了),就像他的极富表现力的(或醉或醒的)演奏风格一样让人倾倒。菲尔德的仰慕者中有个叫维克(Friedrich Wieck)的德国人,住在莱比锡,是个钢琴教师,还开了一家音乐租赁店,卖乐器、讲授音乐理论、定期组织私人音乐会,间或写一些音乐评论。维克到现在还很有名气,其中一个原因是:他有个女儿,叫克拉拉(Clara),嫁给了性情忽冷忽热、后来跳河*的浪漫派作曲家罗伯特·舒曼(Robert Schumann)(为结婚的事,克拉拉把她爹告上了法庭)。舒曼是维克家的房客,也是维克的学生。以前,克拉拉·舒曼远比丈夫的名气大。16岁时,她就是国际名人,景慕她的人有歌德、门德尔松、帕格尼尼(Paganini),稍后还有勃拉姆斯(Brahms);勃拉姆斯爱恋她都得了相思病。1863年,克拉拉到巴登-巴登,找她的朋友歌剧女神宝莲娜·维亚尔多(Pauline Viardot);她还在维亚尔多举办的小型晚会上为法国皇后、普鲁士国王等人演奏。维亚尔多在巴登结识了一个叫屠格涅夫(Turgenev)的俄国人,是个耍笔杆的,对维亚尔多一见倾心。

屠格涅夫和好多当作家的俄国老乡一样,因为言辞不当(比如描写俄国农民的悲惨生活),多次被送进局子里跟沙皇的警察过招,最后被流放到偏远的地方,体会痛苦的滋味。流放是痛苦的,但和他对维亚尔多的单相思相比就不算什么了。他对维亚尔多相思情切,就不顾名誉、舍弃财富,跑到巴黎跟维亚尔多一家住在一起,一直等到他万念俱灰而

---

* 舒曼患有精神病,曾于1854年2月从杜塞尔多夫镇的古桥上纵身跳进莱茵河。——译者

一座新的自然历史博物馆。

皮博迪在那边筹钱建馆的时候,外甥奥思尼尔在这边写着论文,研究新斯科舍地区的金矿,还一直做着考古发掘,新发现了80多个恐龙品种。舅舅皮博迪为耶鲁捐的10万美元的基金也有人往里投钱了,1876年的时候,筹到的款额达176 000美元。捣鼓筹款事宜的是奥思尼尔的哥们儿布拉什(George Brush),布拉什在耶鲁大学专业搞冶金研究,是个理财奇人,也是个手里握有股权的慈善人士。布拉什本来要当一辈子农民,但在1853年他两次去欧洲旅行时,半道儿上都被化学迷住了,让他着迷的是英国皇家矿业学校明亮的灯光和德国李比希(Justus von Liebig)的那间崭新的化学实验室。于是他就采捡石头标本,平常开荒种地跟土疙瘩打交道,捡石头最方便;不久,康涅狄格州的布兰威尔地区有哪些矿石,他比谁都了解。后来他到李比希的学生、弗吉尼亚大学的J·劳伦斯·史密斯(J. Lawrence Smith)教授那里当研究生,协助他搞研究,对矿物学愈加痴迷。两人一起弄清一些有关美洲矿物的不甚了了的问题。就此打住,回头说说史密斯。他的成果一点不突出,就是花样品种多一点:他在土耳其发现了煤,他发明倒置式显微镜,他对南卡罗来纳州查尔斯顿附近的磷酸盐泥灰岩研究得很透,他是陨星(陨石)研究方面的绝对权威。1877年的某个时候,他给法国化学家德·布瓦博德朗(Paul Emile Lecoq de Boisbaudran)送去一些样本。在19世纪文凭大行天下的法国,德·布瓦博德朗绝对是个奇人,成才完全靠自学。起初他也就是帮助家里做葡萄酒生意,闲暇时自修化学和地质学,从未进修过,一个学者也不认识。

就是在这种条件下,德·布瓦博德朗在分光镜分析(燃烧矿物质并透过棱镜观察其火焰,可以通过火焰光谱中看到的黑色线条确定矿物质的成分)方面却做出了了不起的成绩:他发现了元素镓和一些鲜为人知的矿物质元素,如镝、铽、钆。有一段时间,德·布瓦博德朗搞稀土研究,特别是钕镨混合物(您还在读吗?没睡着吧?)。这种混合物就是史密斯提死。这件事情之前,屠格涅夫多次跑到巴黎城里,与城里一位叫福楼拜(Gustave Flaubert)的作家相识,福楼拜的名字也上了警察的黑名单,是个"思想激进的危险人物"。让福楼拜一举成名的是他的小说《包法利夫人》(Madame Bovary),文学评论家说这部小说是"现实主义的",其实就是说太直、锋芒太露,自找麻烦。审查机关的过度反应反倒促使福楼拜一举成名。他的好友、美学教授泰纳也是醉心于现实主义的人,是他第一次提出艺术还原论。泰纳的观点是:要恰当地欣赏艺术需要一种科学的方法;观察和实验正是理解一件艺术作品的诀窍,因为只有这样才能揭示与艺术作品产生的物质语境和历史语境有关的一切。如此深邃的思想,官方的书刊审查员们哪能弄得明白,于是泰纳写的东西就通过了审查,连个表示有异议的哑嘴都没听到。找茬挑刺的只有学界的法国老乡,批评泰纳纯粹胡说。国外的学者却比较喜欢他。

1869年,年轻的荷兰人、学化学的学生范特霍夫(Jacobus van't Hoff)*贪婪地阅读泰纳的著作,十分喜欢泰纳的论述。如果科学是艺术鉴赏的基本要素,那么想象力是否就是科学进步的关键呢?范特霍夫着手用一些富有想象力的科学新发现来证明这个观点,比如不对称的碳原子(也称为分子三维图像,就是所谓的立体化学)。范特霍夫的研究有了回报:他获得第一届诺贝尔化学奖。他的研究由一位化学同行、英国人拉姆齐(William Ramsay)向前推进了一大步。范特霍夫提出了渗透压理论,拉姆齐则把这个理论运用到他的研究中。后来,拉姆齐发现了大气里的惰性气体,为此他做了不少实验,其中就有他极富想象力地煮沸了20吨液态空气,查看煮出来什么东西。结果,他发现了新元素氪、氖、氩,还有

---

* 范特霍夫首次提出碳原子具有正四面体构型的立体思想,弄清了有机物旋光异构的原因,开创了立体化学的新领域。在物理化学方面,他研究质量作用定律,发展了近代溶液理论,包括渗透压、凝固点、沸点和蒸汽压理论,并用相律研究盐的结晶过程。——译者

供的那些样本。那时学者们认为钕错混合物是一种很纯的稀土,而德·布瓦博德朗对此存疑。1885年的一天,一个名叫卡尔·韦尔斯巴赫(Carl Auer von Welsbach)的奥地利人解开了这个疑团。那时,卡尔正忙着帮助持有煤汽灯公司股票的朋友们抗击电灯带来的冲击,他发现把棉纱浸入(含钍和铈的)稀土后再燃烧,就会发出眩目的强光,于是发明了煤气灯燃罩,供买不起电灯的人和仍在用煤气灯的人使用。这个发明让他的股东朋友至少多了10年的赚头。想想看,直到今天,夜晚在外露营的人还用煤气灯燃罩照明呢。煤气灯燃罩让韦尔斯巴赫当上了超级明星,奥国皇帝封他为男爵,皇帝还非常巧妙地将"盛大光明"几个字用作皇室盾徽上的铭文。在研究使用何种稀土混合物做煤气灯燃罩最为适宜的过程中(几百小时头昏脑胀、重复烦琐的试验——这在科研活动及其写作中占了很大比例),韦尔斯巴赫发现钕错混合物并不纯净,可以分出两种完全不同的物质,他给这两种物质分别取名为镨和钕,其中一种正影响着当代人的生活。

第一轨迹完

(1898年发现的)氙。氙气能让灯泡产生出高亮电弧光,下面就是使用氙气的证明。

1927年,在纽约州斯肯奈塔第的通用电厂工作的年轻工程师埃杰顿(Harold Edgerton)一直琢磨怎么解决大型发电机组的汽轮机出故障但因旋转太快而无法看清故障的问题。有一次,他的一盏噼啪作响的水银弧光灯在瞬间"冻结了"飞速旋转的汽轮机叶片。行了:频闪观测法!接下来要解决的问题是如何获得频闪的瞬间。1934年,埃杰顿在充满氙气的玻璃管里制造出电火花,得到持续时间仅为百万分之一秒的闪光。

最后……

在钇铝石榴石棒中掺加钕,便会生成晶体环境,它的原子会吸收大量白色光辐射,发出高亮度、高相干性(不发散)的光束,这种光能量巨大,可以切割金属,可以从地球直射到月球上而不产生漫散。氙灯可提供产生激光所需的大剂量白光辐射光源,整个过程就叫"受激辐射光放大",简称"激光"。

 1726年:从百科全书到维生素

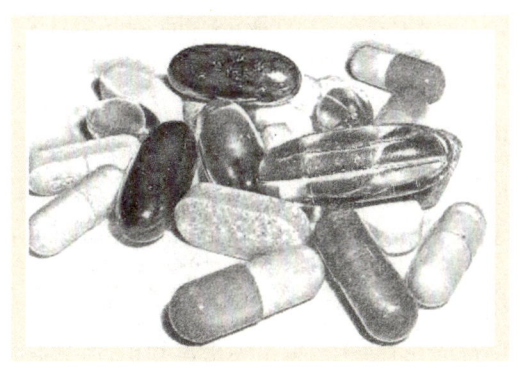

在18世纪早期(当时识字的人没几个),人们便感觉到数据在爆炸,通信技术在飞速发展,世界被推到了一个崭新又困惑的时代的大门口。这和我们今天的感觉差不多。17世纪,欧洲人发现了东方古文明,在美洲大陆上发现了大量的从未见过的东西,同时还取得了很多令人惊奇的科研成果,譬如发现了真空现象(还有利用真空搞出的一切发明创造)、人体循环系统、太阳系行星、一种名为电力的新的神奇力量,还有其他数不胜数的新发现。这下问题来了:新知识和新技术增长太快,普通的消息灵通人士都跟不上了。面对这样海量的、还在核裂变似地膨胀扩增的知识,人们迫切需要一种方便、简单、提纲挈领式的知识获取途径,于是,钱伯斯(Ephraim Chambers)的《百科词典》(*Cyclopaedia*,1726年版)便应运而生。

钱伯斯编写百科全书的目的并不高远,就是希望读者有一套内容不太深奥的大书在手,便可学到所有门类的知识。他没有按科目编排,而按字母顺序编排,"知识地图"和"参考链"放在最前面,全部内容(按感觉、想象、理性)分为三大类,47个科学和艺术子类。1734年,法国出版商勒布雷顿(Andre Le Breton)觉得钱伯斯的百科全书很有赚头,于是找译者翻译。可他跟几个译者的意见不合,吵架吵得厉害,勒布雷顿干脆放弃翻译,转而筹划出版一本全新的、更好的(而且是地道的法国)百科全书。他聘用数学天才让·圆·达朗贝尔(Jean Le Rond d'Alembert),还给他配了一名助手——记者狄德罗(Denis Diderot),但这个狄德罗可不是久居人下、甘做助手之辈。

1759年,狄德罗提出了一个使西方思想大变样的概念——《百科全书》(*Encyclopédie*)。《百科全书》是启蒙时代的颂歌,它的编纂不是基于启示或信仰,而是基于理性。经过多年努力,狄德罗终于在1772年推出了《百科全书》,其中文本17卷,图本11卷。为编写这套书,他聘任了一批激进的思想家,目的只有一个:编出一部集知识性、趣味性为一体的巨著,贬抑天主教的权威,质疑一切。所谓的"一切",大至上帝的存在,小到面包的价格,在这本大书里都能够查到。负责为面包价格这类小事撰稿的人是魁奈(Francois Quesnay),以前是学医的,后来改学经济;是他首先提出用科学原理研究经济学,他认为经济学是以自然法则为基础的。为了阐释这个学说,从1758年开始,魁奈制作了很多复杂的图表,来显示经济的运作状况(被称为"折线图")。提出"经济自由,放任发展"("别掺和")主张的人的就是魁奈,自由放任主义是自那个时代以后一切保守的经济规划的根基。魁奈推介经济自由主义很成功,因为蓬巴杜夫人(Madame de Pompadour)当时还是路易十五的情妇,魁奈租住的地方离蓬巴杜夫人的寓所很近。蓬巴杜夫人平常喜欢吃软糖、香草和芹菜,患了性冷淡(当情人,哪能有这毛病呢),还是魁奈帮她戒掉了这些吃食,治好了

《百科词典》收集了很多知识,做得如此之好,于是在1746年,另一个出版商委托一个年轻人编写一本辞书,这个年轻人就是约翰逊(Samuel Johnson)。7年前他才来到伦敦,那时候身无分文;后来成了写文章的快手,生活悠哉游哉,还加入了神聊闲侃、指点江山的喋喋阶级(chattering class)(据说这个词就是他创造的)*。约翰逊接到辞书编纂的任务后,便以钱伯斯词典为范本,此后9年,他饱览英国文学作品,编写出第一部现代词典,在必要的地方都加上精确的释义和引语来说明词义(有一个词条最著名:"燕麦:一种谷物,在英格兰通常用来喂马,而在苏格兰可供人食用。")。另外,他还第一次规范了单词拼写。在文学俱乐部(约翰逊很郁闷,经常借酒消愁、聊天解忧),一块喝酒的酒友中有一个叫谢里丹(Richard Sheridan),是个剧作家,还是个精明的政治人士,一旦需要就当了自由党人。1799年,谢里丹参加了威伯福斯(William Wilberforce)发起的如火如荼的废奴运动。威伯福斯是个虔诚的福音派基督徒,不苟言笑,甚是无趣(他把自己吸食鸦片、早年嗜赌的烂事藏得很深,从不外泄)。

英国议会里面,威伯福斯属于比较老成持重的议员。他创立了一个名为"反无良与恶德协会"。他想让议会通过废除奴隶制法案,但是努力多年也没有成功。直到1797年,他在"废除"一词前边加了个"逐步",议会里的事情才变得顺溜起来。终于,在1807年,议会通过了废除奴隶制法案。1805年的时候,威伯福斯已经是个名人,凡是到英国的外国人都想见见他。有一位来英国参观的美国人,名叫西利曼(Benjamin Silliman),刚刚在耶鲁大学上一年级,学化学的。他到英国的目的有两个,一是拜访几位英国科学伟人——戴维(Humphrey Davy)、普里斯特利(Joseph Priestley)、道尔顿(Dalton)等,二是考察英国的运河,运河在当时是

---

* 喋喋阶级(chattering class):由受过高等教育、精明干练、有时固执己见的名流组成的社会团体,其成员在政治和社交上思想比较开明。——译者

她的性冷淡。蓬巴杜夫人，真名叫让娜-安托瓦妮特·普瓦松（Jeanne-Antoinette Poisson），也许是路易十五最中意的红颜知己，甚至还做了王后的密友。凡是和文化沾边的东西，蓬巴杜夫人都鼎力相助〔伏尔泰（Voltaire）就是她扶持的〕。她特别喜爱瓷器。路易十五把（离她的城堡很近的）塞夫勒城赏给她，她就把一个陶瓷厂搬到那里，制作瓷器。但她最喜爱的还是把豪宅翻新装修后再卖掉。1750年，蓬巴杜夫人与其弟共同设计和建造了巴黎军校（"以示国王爱兵如子"之意）。

19年后，一个波兰人获得这所军校的陆军奖学金。这个波兰人叫柯斯丘什科（Tadeusz Kosciuszko），是位年轻的军事工程师；在巴黎军校学习时，他结识了本杰明·富兰克林（Benjamin Franklin），并自愿参加美国独立战争。1776年到1783年，他是美国的大英雄。他在战场上英勇无畏，对待战俘却很讲人道，还与战友们同甘共苦。他在西点修建的堡垒*和他提出建设一所军校的建议，在美国历史上留下了浓重的一笔。柯斯丘什科返回波兰后，在国内外频繁活动，想让波兰摆脱俄罗斯的统治——但他在决定性的一仗中败给了俄国的苏沃洛夫（Aleksandr Suvorov），前功尽弃。苏沃洛夫跟很多拥有军旅传奇的俄罗斯将帅一样，打仗不要命，常年征战沙场。1799年之前，他一直过着逢凶化吉、遇难呈祥的日子。1799年，他率部打到阿尔卑斯山。本来，他要在那里同另一位将军里姆斯基-科萨科夫（Rimsky-Korsakov）合兵一处粉碎拿破仑军队，结果到那一看，里姆斯基-科萨科夫的部队早被拿破仑的大将马塞纳（Massena）给灭了。马塞纳从未打过败仗，似有神助，他的军旅生涯是拿破仑一手提携的——从中士一直当上元帅（1804年），后来又封了公爵（1809年），再后来当了亲王（1810年）——用一飞冲天来形容不算过分。马塞

---

* 当年，乔治·华盛顿考虑到西点的重要战略意义，选中西点修建堡垒建筑。西点位于哈得孙河"S"形弯处，控制西点即可控制河运。1778年，柯斯丘什科设计了堡垒的外形。——译者

一项新的科技奇迹。此前在美国,耶鲁大学校长说服他放弃法律学,改学化学。他先离开耶鲁到宾夕法尼亚大学拿了个文凭,然后回耶鲁教了50年化学。从英国这次巡访回来没多久,西利曼又开设了地质理论课,地质理论是他欧洲之行的一大收获。1807年美国康涅狄格州落下一颗陨星,这就是著名的魏斯顿大陨石(great Weston Meteor)。西利曼对这块石头进行了细致入微的描述,上了报刊的头版。他分析陨石物质成分是这样做的:先取若干陨石碎块,经高温熔化后再进行分析;通过分析令人信服地证明了这块陨石不是地球上的东西。他熔化陨石的时候使用了黑尔(Robert Hare)发明的氢氧吹管。他们俩是在宾夕法尼亚大学那会儿认识的。

黑尔也是一位了不起的业余化学家。他只有耶鲁大学医学专业的名誉学位,后来落脚到威廉·玛丽学院担任自然科学教授,后又兼任宾夕法尼亚大学化学教授。黑尔发明了很多器具,包括测量气体密度、比重和爆炸气体的装置,还发明了一件特别的东西,名曰"通灵镜"(据说既能防止通灵作假,还能和死人交流)。他发明的氢氧吹管不经意帮助造了个英语新词,这主要得益于一个叫德拉蒙德(Thomas Drummond)的军队工程师使用了吹管。1819年,德拉蒙德应聘到英国地形测量局(National Ordnance Survey of Britain)工作。他发现英国的天气不行(太灰暗),不容易找到在远距离的三角测量点的方位,于是,就利用黑尔的氢氧吹管,朝一块石灰上喷火,石灰后面放置一块凹面镜;石灰遇高热发出白炽光,凹面镜可以把"石灰"发的光亮投向一个方向。德拉蒙德首次在北爱尔兰的测量现场使用了这个装置,结果是:在昏暗的天气里,人站在100千米之外的地方,还能看见那耀眼的光芒。后来,剧院里用这种光来制造灯光效果,照亮舞台的前半部分,那个地方是为主角准备的[于是便有了in the limelight(在聚光灯下、引人瞩目)这个说法]。1825年,德拉蒙德首次为政府当局演示了他的发明,大获成功。这个发明装在灯塔上,显然纳应该说是拿破仑最好的战术指挥官了。1799年,他的一个叫达吕(Pierre Daru)的军械官回到巴黎。达吕是个精于此道的官僚(兼二流诗人和二流历史学家),马塞纳部队的补给事宜全是他管的。达吕也是拿破仑左膀右臂,1803年,达吕当上了拿破仑的国务委员,1809年被封为帝国伯爵,1811年又当上国防大臣。他的命运和其他许多人不一样,拿破仑垮台后他便遁迹乡野,躲过大难,等到尘埃落定后,他才出来,该干啥干啥,如平常人一般。

达吕当国防大臣的时候,很照顾自己的表弟贝勒(Marie-Henri Beyle),给他安排工作,让他给法国在德国不伦瑞克邦的占领军提供后勤给养(这都是在拿破仑还如日中天那会儿的事)。不伦瑞克有一座名叫司汤达(Stendhal)的小镇,贝勒以镇名为笔名发表作品,司汤达也渐为世人熟知。一开始,司汤达写得很不顺利,后来慢慢好起来,他的游记写得不错,如《罗马、那不勒斯和佛罗伦萨》(1817年)(Rome, Naples, and Florence)。而他在历经一场无果的爱情追逐之后,有感而发,于1820年写成了《论爱情》(On Love)。在法国和意大利往返奔波时,司汤达凭着小说《红与黑》(The Red and the Black)(写了一个农夫的儿子如何靠引诱女人发迹)和后来写的《帕尔马修道院》(The Charterhouse of Parma)(描写了一个意大利贵族家庭,首次成为报纸头版报道的对象。评论家评论他的作品具有"敏锐的心理洞察力"。巴尔扎克(Balzac)评司汤达是天才。晚年时,有一次司汤达乘船顺莱茵河旅行,碰巧遇见一对文学情侣:女的叫乔治·桑(George Sand),小说家,她不太喜欢司汤达;男的叫缪塞(Alfred de Musset),诗人、戏剧家,很喜欢司汤达。把视线拉回到1833年,那时,缪塞和乔治·桑刚刚认识,缪塞就以一首处女诗作《马尔多歇》(Mardoche)一举成名。女人们感动得给他写了好多情书。现在轮到缪塞被感动了,他和乔治·桑一起度过5年快乐时光,此间写下篇篇佳作。后来,乔治·桑离他而去,投入另一个男人的怀抱。

能让船只在很远处就看清楚灯塔的光束,船只因此可以远离礁石,驶向要去的地方。

当时,有一位海军舰长观看了德拉蒙德的演示,他叫霍尔(Basil Hall),在科学上也很在行。他在巡访远东后返回的途中,停靠在大西洋中部的圣赫勒拿岛,见到了被放逐的拿破仑(拿破仑立有规矩:来访者一律不见;因为认识霍尔的父亲,所以才破例见了他)。这件事让霍尔出了名。1820年,霍尔奉命驻守普拉特河,在海军准将托马斯·马斯特曼·哈代(Thomas Masterman Hardy)麾下供职。那时候,南美洲革命不断,哈代处事十分小心,一面摇着英国旗,一面当和事佬。据说哈代有一段非同寻常的经历:他跟着英国的民族英雄、海军统帅纳尔逊当兵当了13年;纳尔逊在打特拉法尔加战役时就在哈代任舰长的"胜利"号战舰上,他挨那致命一枪的时候,哈代刚好就在他旁边。不过,这段经历有些可疑。

要说非同寻常,哈代确实有一点:他是小说家托马斯·哈代(Thomas Hardy)的远房亲戚。托马斯·哈代的小说常被英国广播公司拿来改编为电视剧。托马斯·哈代生活在19世纪晚期英国的幽远静谧乡村里,他以怀旧笔调创作了许多描写已经消失的村镇生活,叙述了这些古朴的小地方所遭遇的社会经济问题、男女问题[如《远离尘嚣》(*Far From the Madding Crowd*)、《德伯家的苔丝》(*Tess of the d'Urbervilles*)等作品]。哈代起步比较慢,但是到他文学生涯的中期,他已经跻身于一流小说家的行列。他的头三部小说都写砸了[包括《绿荫下》(*Under the Green Wood Tree*)],让出版商廷斯利(William Tinsley)很丧气,没多久廷斯利就不做出版商了。那时候,大部分小说是在杂志上连载发表的,廷斯利办的杂志除了连载大名鼎鼎的梅瑞狄斯(George Meredith)和特罗洛普(Anthony Trollope)的作品,也连载一些无名小卒的作品,譬如年轻律师 W·S·吉尔伯特(W. S. Gilbert)的作品。吉尔伯特刚开始写文学作品不久。1861年,他这边为《笨拙》(*Punch*)杂志的专栏写文章,那边发表了一本格调轻回到巴黎，缪塞和一群才子待在一起，乐在其中。他们是德拉克洛瓦（Delacroix）、安格尔（Ingres）、罗西尼（Rossini）、李斯特（Liszt）和肖邦（Chopin）（乔治·桑的众多情人之一）。一天晚上，缪塞去剧院听歌剧，欣赏了西班牙杰出的女高音歌唱家宝莲娜·维亚尔多演唱三个八度音程的精湛表演。宝莲娜成为轰动巴黎的人物。她在歌唱和作曲方面均有非凡才华。1843 年，在圣彼得堡，她遇到了俄国小说家屠格涅夫。此后，屠格涅夫一直跟随维亚尔多一家生活，直到去世。维亚尔多和作曲家古诺（Gounod）、梅耶贝尔（Meyerbeer）、柏辽兹（Berlioz）及肖邦合作过，她还为歌德、屠格涅夫和缪塞的诗歌谱曲。她在 42 岁时离开舞台后，还运用她父亲曼努埃尔·加西亚（Manuel Garcia）的教学方法，把一些学生培养成为卓越的歌唱家。加西亚是一位极受欢迎的男高音歌唱家，在西班牙、意大利、法国、英国、美国和墨西哥等地演唱并指挥演出歌剧。他的儿子（曼努埃尔）也运用父亲的教唱方法，带出了一批优秀学生，像国际著名女高音林德（Jenny Lind）。不过，真正让儿子曼努埃尔载入史册的是 1855 年他在法国军队医院里深入研究了发声生理学，发明了检喉镜。他教的学生中有一位叫海斯（Catherine Hayes）的爱尔兰女高音，演唱水平足以登上斯卡拉歌剧院*的舞台，但她在欧洲的名气一直不大，后来在美国、三维治岛、澳大利亚、印度尼西亚、印度等地巡回演唱 5 年，才逐渐成名。

爱尔兰人当然要为自己的大明星骄傲；所以，有一天报纸上登了一篇文章，好像说了海斯的坏话，都柏林的百姓顿时愤愤然；更有甚者，有一个海斯迷为了吓唬写文章的人，专门搬到和作者相邻的房子，还声言要揍他一顿。那个说坏话的人就是萨克雷（Thackeray），他解释说这事纯属误会。他文章里提到的海斯是 17 世纪和当代海斯同名的女杀手。这

---

* 斯卡拉歌剧院位于米兰市中心，与米兰大教堂相距约 200 米，是意大利最大的歌剧院，也是世界上音响效果最佳的歌剧院之一。——译者

松愉快的《巴伯歌谣》(Bab Ballads)。他从1866年开始创作剧本,但作品反响平平,很快被人遗忘。1875年,吉尔伯特创作了音乐剧《审判》(Trial by Jury),从此时来运转,一改多年沉寂。音乐剧由吉尔伯特作词,沙利文(Arthur Sullivan)谱曲。对他俩而言,该剧的成功就像久旱逢甘霖一般,来得正是时候,因为沙利文搞严肃音乐的情况和吉尔伯特搞严肃歌剧的情况差不多,都是憋了多年没出硕果。此后,吉尔伯特和沙利文合作编写的系列音乐剧火得不得了,两人声名大振,还封了爵。音乐剧主要是讽刺社会流弊(涉及妇女权力、军队、美学运动、法律等)。两人二度合作创作的《皇家海军围裙号》(HMS Pinafore)在美国受追捧的程度(用一位评论家的话说)"几近疯狂"。音乐剧《日本天皇》(The Mikado)(1885)更是创下了史无前例的5000场演出纪录。

沙利文除了和吉尔伯特合作之外,还和另一个词作家韦瑟利(Fred Weatherly)合作。韦瑟利是位极为多产的词作者,创作的歌词多达3000余首,包括旷世经典《皮卡迪的玫瑰》(Roses of Picardy)和《丹尼少年》(Danny Boy),还有一些一般人叫不上名字的歌曲,像《月光下的褐色眼睛》(Brown Eyes under the Moon)。韦瑟利一开始是当刑法律师的。跟他合作过的、最能让他赚钱的音乐人不少,其中一个叫史蒂文·亚当斯(Steven Adams),是个杀人犯,但是没有受到惩处。1892年,韦瑟利和亚当斯继《南希·李》(Nancy Lee)(卖了10 000张拷贝)之后,又写出了《圣城》(The Holy City)。亚当斯的真名叫迈克尔·梅布利克(Michael Maybrick)。1889年,在他音乐生涯的巅峰时期,他的哥哥詹姆斯·梅布利克(James Maybrick)非常蹊跷地死在家里。有人在詹姆斯家发现了含有大量毒物的东西,还在水里找到一张涂着砒霜的捕蝇纸。詹姆斯年轻的美国妻子弗洛伦斯(Florence)和别人有染,她被指控用砒霜毒死丈夫。有一阵儿,控方的讼词说,通奸者很可能也是杀人者。其实,詹姆斯也有奸情,他和一个情妇保持了30年不正当关系,还生了几个私生子;他还服用砒霜成个小插曲发生在萨克雷事业蒸蒸日上的时候。在发表《巴利·林顿的遭遇》(Barry Lyndon)、《名利场》(Vanity Fair)等长篇著作之前,他撰写了大量杂谈、评论、短剧和游记,还在《笨拙》杂志开有专栏。萨克雷身高6英尺3英寸(将近1.9米),头硕大无朋,跟伦敦的文学人士混得很熟;感情孤独,因为妻子疯了,所以他是俱乐部常客。他是嘉里克文学俱乐部(Garrick)和改革俱乐部(Reform)的成员,另外还属于一个名字不很张扬的会所"我们的俱乐部";他在那里和一些医生消磨晚上的时光,其中有个医生叫理查森(Benjamin Richardson)。理查森想必是个很逗趣的人,他狂热反对酗酒,是最早为公共健康、自行车运动费神操心的人。后来他名气大了,原因是他发明了14种麻醉药。而让他真正扬名的是1867年他研制成功一种往皮肤上喷洒乙醚的器械,可以实施局部麻醉手术。

这种喷雾器引起了英国格拉斯哥大学外科学教授约瑟夫·李斯特(Joseph Lister)的注意,他当时正忙着试验用石炭酸消毒使外科手术真正能做到治病救人。他的方法是:首先浸泡敷料,然后(受理查森喷雾器的启发)用石炭酸喷雾,使之弥漫整个手术室。此法推行了一段时间,连李斯特的外科同行给病人做手术前都会喊一句"先喷一喷"。李斯特的办法还真管用;时至1879年,抗菌法已经广泛用于医疗,被确认为救命之法。这时候的李斯特又忙着做另一项实验研究,他想验证德国人科赫(Robert Koch)的一个想法:给医疗器械加热灭菌比化学制剂消毒效果更好。李斯特的实验研究开始不久,德国的科赫便享誉国际,因为他发现了肺结核杆菌和霍乱杆菌。他的成就还吸引了很多学生来听课,这其中就有一个年轻的荷兰军医,名叫艾克曼(Christiaan Eijkman)。后来,艾克曼乘船来到荷兰殖民地印度尼西亚。1890年,他取得一项重大发现(由此获得诺贝尔奖):蹒跚而行的鸡其实是患了营养缺乏症。人也会患上类似的病症,就是说人身体内必须有某些物质,才能维持健康。

第一轨迹完

瘾——那时候，人们把砒霜当作壮阳药，而詹姆斯家里的砒霜是他自己用的。这些情况在案件审理时却一点没提到。审判时，迈克尔·梅布利克提供的证据起到了一锤定音的效果，弗洛伦斯被认为有罪，判处绞刑。好在公众对判决提出强烈抗议，刑罚先被改判为无期徒刑，后来又改判为15年徒刑。从今天掌握的情况看，梅布利克可能在陷害他的嫂子，他想拿她的风流韵事拿捏她，好让梅布利克家拿到她那份遗产。

负责对这起投毒杀人案的诉讼进行调查的是毒物学家托马斯·史蒂文森（Thomas Stevenson），他是伦敦盖伊医院的著名法医，专门研究投毒案。在审判的前一年，他雇用了一个刚刚毕业的大学生当助手，小伙子叫高兰·霍普金斯（Gowland Hopkins），雇用他是因为他的学习成绩很优秀。后来，霍普金斯着手研究尿酸，然后（大家可能想到了）他又研究蝴蝶的翅膀和放屁虫，再后来，他重点研究饮食对尿液里的尿酸排出量的影响。在做这项研究的过程中，霍普金斯第一个发现，给幼鼠定时喂食，如果食物里没有牛奶，幼鼠的体重就会减轻。经过深入研究，霍普金斯确信，除了脂肪、碳水化合物和盐分之外，一定还有维持身体健康必不可少的其他"未知"物质。他把这些物质称为"辅助食物因子"，并于1912年公布了这项研究成果。

第二轨迹完

最后……

1929年,艾克曼和霍普金斯共同获得诺贝尔奖,他们的研究为维生素的最终发现作了重要铺垫。

 *1792年：从杜松馆到喷气式飞机*

伦敦南行约20英里（约32千米），米克尔汉谷蜿蜒于萨里地区树木繁茂的石灰石山丘之间，杜松馆就静静坐落在山谷的怀抱中（游客指南里一般都有描述）。杜松馆建于17世纪，最初是马车客栈；18世纪中期，按照时尚风格改建后，杜松馆有了一条新古典风格的柱廊和一间"雕梁画栋的"客厅，整座房子也粉刷成鲜亮迷人的黄白色。要不是现在用作生物学研究中心，这地方绝对是个周末超尘脱俗、修身养性的好去处。

1792年9月末，纳博纳伯爵（Count of Narbonne）逃到杜松馆。他跑得真及时，要是待在大闹革命的法国，说不定脑袋就搬家了。纳博纳伯爵生在富贵人家，一辈子过富贵日子，情妇几十个，债务一大堆。有资料说他可能是路易十五的私生子；他上学念书的时候，和路易十六是学友；他还是斯塔尔夫人的儿子的岳父；身为将军，他却从未上阵打仗。1791年，也就是闹民主之前，纳博纳当国防大臣，一共当了3个月，只干了一件事情：批准付印最新的步兵训练手册。这本训练手册为美国的温菲尔德·斯科特（Winfield Scott）将军做了件好事。1814年，斯科特在纽约州布法罗城附近的一个新兵训练营里当指挥官，没有教材，只有这本训练手册的译本可供参考。看样子参考训练手册还是很有实效的：当年晚些时候，斯科特手下训练有素的士兵在齐佩瓦之战中把英国佬打伏帖了。斯科特的一生真是多姿多彩：为表彰他为国做出的贡献，奖给他两枚金质奖章，还多次晋职，一直升到中将；1850年参加过一次总统竞选——输给了皮尔斯（Franklin Pierce）；在墨西哥打仗的时候多次搞焦土政策（1847年）；多次参加过印第安战争；多次参加加拿大边境冲突；不过，最重要的成就是他从1812年到美国内战爆发之前在美军推行军人职业化。作为推行军人职业化的一个步骤，斯科特在1823年推荐提拔了塞耶（Sylvanus Thayer），由于塞耶对西点军校的改革力度大，成效显著。

1810年，塞耶在西点军校当数学教师，不久他发现美军在各方面都很落后。从1815年开始，他花了两年时间到欧洲考察，边走边看边记，见到跟军事有关的书籍就买。1817年塞耶回到西点，很快被任命为校长，之后他便开始在课程里增加科学、土木工程，搞强化训练，减小班级规模，定期请来校外专家检查。改制之后，西点开始培养输送真正的士兵——不过有一名学生是个例外，对西点军校而言是损失了一名士兵，而对哥特式恐怖小说创作来说却是大有裨益。这名学生叫爱伦·坡（Edgar Allan Poe）。1830年，西点学员爱伦·坡受到军事法庭的审判并被与杜松馆毗邻而居的是一对夫妇——莫尔斯沃思·菲利普斯(Molesworth Phillips)和他的妻子苏珊娜(Susanna),他们是杜松馆的常客;之所以常来,是因为杜松馆住着几个法国流放者,身上的那种异域情调让夫妇两人深为着迷。莫尔斯沃思是英国海军的一名船长,1776年,他正跟随库克(James Cook)船长航行在南太平洋上,这次为期3年的航行最终以库克船长在夏威夷海滩上遇害而告结束。库克船长遇害的时候,莫尔斯沃思就站在几步开外。住在杜松馆的法国人走后不久,菲利普斯夫妇又认识了兰姆(Charles Lamb)。兰姆性格温和,在报纸上发表过不少风趣诙谐的文章。3年后,激进的改革人士戈德温(William Godwin)委托兰姆编写《莎士比亚戏剧故事集》(Lamb's Tales from Shakespeare),兰姆就此成名。兰姆结识了所有的浪漫派瘾君子,其中就有骚塞(Robert Southey),他们后来成了好朋友。

现在是没人读骚塞的东西了,要读恐怕也就是他的《隐奇角岛礁》(The Inchcape Rock)。骚塞的作品,有一个字形容起来最恰当——"杂":他写过《巴西历史》(History of Brazil)、《散文、道德和政治》(Essays Moral and Political),写过带东方味的诗歌,翻译过《埃尔·熙德》(El Cid)。骚塞和浪漫主义诗人兼思想家柯尔律治也是好朋友;他俩跟一对姐妹结合,还差点在萨斯奎哈纳河畔建起一个乌托邦公社。柯尔律治吸鸦片,骚塞吸笑气*,他俩肯定好得形影不离。骚塞与妻子搬到柯尔律治住的村子,那个地方在英格兰北部,地偏人稀,故此他们得了个称呼——"湖畔诗人"。在那里,他们除了抬头观雨,低头念书,便无所事事,怡然自得。

1825年,一行读者来到骚塞的住处,领头的叫乔治·艾里(George Airy),大器早成,研究天文的,25岁就当上了剑桥大学教授,34岁时成为皇家天文学家(一当就是46年)。后来,乔治渐渐成了忙于官场事务、劳

---

* 学名一氧化二氮,有麻醉作用,因为这种气体能使人发笑,因而被称为"笑气"。——译者

开除学籍。他在逆境中奋起,开始写诗。以后,坡为美国东海岸各地的期刊写评论文章,忙这些事的时候,他还经常堕入爱河、饮酒作乐、企图自杀,害忧郁症。他作过几首诗词、出过几本关于超自然恐怖的诡秘故事的书,他的小说《莫格街谋杀案》(Murders in the Rue Morgue)开创了侦探推理小说的先河。快要结婚的时候,他因饮酒过度死在医院里;生前几乎没有朋友,因为他写了太多一剑封喉式的文学评论。他的评论最让人受不了的是说人家的文章是满篇"钱宁腔"。"钱宁腔"是爱伦·坡读过威廉·钱宁(William Ellery Channing)1843年发表的诗集后自造的一个字眼儿;钱宁的诗写得说好不好,说坏不坏,没特色。钱宁出身于显贵之家,哈佛大学肄业;喜欢在乡间散步,经常跟爱默生(Emerson)、霍桑(Hawthorne)等几个朋友探讨超验主义。他一辈子用功,波士顿的图书馆来来回回跑了无数趟,看书、记笔记,可怜的他还落得受爱伦·坡奚落。

相比之下,威廉·钱宁的叔叔老埃勒里·钱宁可强多了。老钱宁是一个唯一神教派(Unitarian)*的知识分子,在美国历史上享有崇高的地位,他的思想让欧美的一代牧师深受启迪。老钱宁也许有点严肃有余、风趣不足,因为那是一个考验人们良知的时代,如何风趣得起来哟。老钱宁的哈佛同班同学、老朋友、唯一神教派牧师塔克曼(Joseph Tuckerman)就是这么看的。1812年,他极力支持"波士顿海员宗教与道德促进协会"。他读了有关苏格兰格拉斯哥市的城市贫困的状况的报道后,深受触动。他想在印度的城市做一些事情,但没有一点进展;而后在波士顿市区做一些事情,做成了。1833年,他把大部分时间花在伦敦和利物浦两地,开办城区牧师服务。印度那趟旅行搞得他灰溜溜的,而伦敦和利物浦这一趟却没白游,他把英国富姐儿玛丽·卡彭特(Mary Carpenter)给感动了。

---

* 唯一神教派,只相信有唯一的上帝,不相信圣父、圣子、圣灵三位一体的教义,不相信耶稣的神性,在信仰上可称之为上帝一体论(monarchianism)。——译者

心劳神的典型:受政府委托,他什么事都管,如度量衡、下水道、造币、铺设大西洋海底电缆,缅因与俄勒冈两地的边界争端,铁路轨距测量等等。可是这些只是乔治工作的一小部分。他还撰写了无数的论文,赢得了无数奖章和奖励。他留下的文书、卷宗可谓汗牛充栋,却整理得清清楚楚、分毫不乱(不整理好了,他不舒服)。1826年,他跟着另一个读书会来到法国的奥尔良。他抽空去了一趟巴黎,赶巧碰见几个法国科学家,其中一位叫普耶(C. S. M. Pouillet)。普耶发现有些金属受热时失去磁性;他还将温度计放置在盛有水的黑色容器里,测量了太阳传到地球表面的能量。其他事情普耶倒也做了不少,但说起来平平淡淡,没什么意思,不过,他一辈子犯的两次大错却值得提上两句。一次是在1849年,担任巴黎工艺美术博物馆馆长的普耶因在馆内窝藏多名反政府暴乱分子而被解职;另一次是在1827年,他给路易-菲利普国王(King Louis-Phillippe)的两个儿子当家庭教师,等到1848年法国闹革命,国王废了,普耶也跟着倒霉了:家庭教师干不成了。

路易-菲利普出身高贵,以前当老师,后受民众推选,登基执政。他常常戴着一顶大礼帽,随身拿着一把雨伞。他是个地地道道的布尔乔亚,没有一点艺术品位,他做的事情就是让中产阶级高兴。他任用了一串大臣、部长,可他们办事不力却老爱闹点自由,让路易-菲利普觉得不顺心,后来他总算找到一位宠臣,就是基佐(Francois Guizot)。基佐有一句名言:"干活、挣钱、存钱。"基佐是个职业历史学家,在知识界很有影响力;他的名下有几本像《代议制政府的起源历史》(A History of the Origins of Representative Government)这样的重要著作。可是等危机临头之时,他的著作也帮不了他。别说著作了,他推行的建设初级义务教育的开明法律也没能为他开脱一二,毕竟,他在任的时候,没有触动禁止罢工的法律,没有触动有钱才有选举权的法律。所以,1847年经济危机一来,工商业紧跟着衰退,逼着工人走上街头;1848年2月,工人们全上街罢工、游行卡彭特是个慈善人士,那时候正愁着找个行善的理由呢。以后,她四次前往印度推广教育;有犯罪倾向的青少年是她施救的重点;1846年,她创办第一所"贫困儿童免费学校"(收容街上的流浪儿童)。1851年,她撰写《改良学校》(Reforming Schools),这是一部对后世影响很大的著作;1852年,她创办两所改良学校,并发起组织了第一届"青少年犯罪问题大会"。她提出的多项建议最终被收纳进法律法规。做这些事情的时候,她身边有一个得力助手,名叫马修·希尔(Matthew Hill)。凑巧的是,希尔的中间名*就叫"改良"。希尔以前当过教师,后来做新闻工作,继而从事法律工作。玛丽认识他时,他已经当了辩护律师,主要帮人打民事权利的官司,思想比较激进。他在议会工作过3年,这期间,他理顺了假释制度,并积极推行监狱改革。

马修的哥哥叫罗兰·希尔(Rowland Hill),马修改革的时候,他也在搞邮政改革。他先对邮政系统进行调研,发现其中混乱无序,腐败猖獗,一些享受特权的政客和贵族参与腐败活动。那时虽说是维多利亚女王当政,但英国邮政的官僚机构还是臃肿不堪。希尔很快说服当局接受一种全新的构想:实行邮资预付,使用统一邮资的可粘贴邮票(称为"黑便士邮票"),一举解决了全部问题。这些改革遭遇到邮局工作人员的软磨硬顶,其中有一个软磨硬顶的邮局办事员叫安东尼·特罗洛普(Anthony Trollope)(他跟希尔就是彼此看不上眼),后来成为作家。他最初写的几部小说如石沉大海,无人提起[读者听说过《巴利克洛兰的麦多默家》(The Macdermots of Ballycloran)和《凯利家与欧凯利家》(The Kellys and the O'Kellys)这两本小说吗?]。等安东尼找到了适合自己写作的题材(英国的社会生活),他便一条道走下去,写出很多东西。他每天早上5点半开始写作,吃早饭之前就能写2500个词,他的作品并不是人人喜欢。

---

* 英语姓名的一般结构为:教名+自取名+姓,如William Jafferson Clinton。但在很多场合里,中间名往往略去不写。——译者

了。基佐被迫辞职,路易-菲利普也于次日走下国王宝座。有人认为,1848年的革命标志着旧体制开始走向终结,至少在政治通讯员恩格斯(Friedrich Engels)看来是这样。一年前,恩格斯就在报刊上撰文,预言基佐政府一定会垮台。引导马克思创立辩证唯物主义的便是恩格斯。辩证唯物主义是一种源于浪漫主义运动的思想,认为任何事物都是在矛盾对立中发展的,冲突和对立推动事物进入新的发展阶段。1842年,恩格斯在英国的一家纺织厂工作。那时,英国正在搞工业革命,但工人的生活境况却极为糟糕,恩格斯希望在他本人和马克思的帮助下,英国能够爆发一场革命。他在宪章派的喉舌《北极星报》(*Northern Star*)上发表很多文章,宣传革命(宪章派搞的是宪章运动,主张一切民众均有普选权,主张秘密投票,主张废除议员候选人财产资格,议员要发工资,要设立平等的选区,议会每年要改选一次)。

《北极星报》的主办人是奥康纳(Feargus O'Connor),也是个激进人士。他支持爱尔兰独立运动,为穷人当律师打官司;当过下院议员,但时间不长;其间四处游说,力主工厂改革,废黜鞭挞刑罚。奥康纳公开支持暴力抗争活动,又直言不讳,让布斯(William Booth)深受鼓舞,于是创建了救世军。救世军把很多有自由思想倾向的中产阶层给吓住了,纷纷躲避布斯。他们这批宪章派因为缺少中产阶层的支持而告失败,不过,宪章运动最后垮台,主要是因为奥康纳连养活自己的钱都没有(搞宪章运动也没钱)。早期参加宪章运动而遭受迫害的人中有个年轻的苏格兰人,叫平克顿(Allan Pinkerton),他在1842年为躲避警察追捕逃到了美国。在美国,他大概背弃了宪章运动。19世纪50年代,平克顿开办私人侦探公司,潜入他曾经归属的思想激进的工人团体内部,替伊利诺伊铁路公司打探情况。雇他当探子的一个铁路老板叫麦克莱伦(George McClellan),后来当上了联邦军队总司令,平克顿也当上了一个新成立的政府机构的头头(用的是侦探公司的原班人马),这个新机构就是秘密情报詹姆斯(Henry James)说他的小说"是对凡人俗事的全面品味"。特罗洛普小说里都有插图,插图作者是早已功成名就的画家密莱司(John Millais)。密莱司认为英国艺术华而不实,在走下坡路,他有意搞艺术革新。他和一群志向相仿的人——亨特(Holman Hunt)、罗塞蒂(D. G. Rossetti)等——一起,创建"前拉斐尔兄弟会",进行绘画创作,我们现代人称之为浪漫、华美的英国艺术。为了返朴归真,前拉斐尔兄弟会承袭了15世纪意大利人中断了的艺术追求;中世纪的骑士、被救的少女,还有文艺复兴早期的一切风物成为密莱司的绘画要素,他借此大赚了一笔。他还是苏格兰的好几个射击协会的会员,协会里常有一些有头有脸的人物,聚在一起都是为了射杀生灵,而密莱司参加聚会的目的则是为下一幅作品画一些苏格兰峡谷的背景速写。他画起油画如细水长流,隔三差五就画出来一幅。

奇怪的是,他最早画的肖像画里有一幅画的是约翰·福勒爵士(Sir John Fowler),这位爵士后来居然和怎么也做不完的涂油彩工作联系在一起——那可不是画油画,因为福勒是给福斯桥刷油漆。为什么说做不完呢?因为福斯桥太大了,养护人员刷一遍油漆很费时间,一遍刚刷完,工人就得回到桥的另一端刷第二遍。工程上的事大大小小福勒做了好多,有些是知难而进、硬着头皮做。他花了好多年为铺设伦敦地铁挖土方,跑到挪威去研究挪威提供给印度政府的铁轨,还远涉重洋去埃及给人家当了很长时间的顾问。他还做了一件挺重要的事儿:动员各方面力量,说服加里波第(Garibaldi)放弃使台伯河改道而不再流经罗马的疯狂计划。福勒刷福斯桥的合伙人是贝克(Benjamin Baker),他也为伦敦地铁挖了很多土方,是福斯桥工作的当然人选。他写过两部专著《梁的强度》(*Strength of Beams*)和《大跨径桥梁》(*Long-Span Bridges*)。以后,贝克做过圣路易斯桥(St. Louis Bridge)和哈得孙隧道(Hudson Tunnel)的建筑顾问。同时,他把眼光投向了埃及——先是设计圆筒型船,将埃及女王克局，主要任务是跟踪和监视内战期间邦联密探的活动。平克顿干得非常出色，尤其让人称奇的是他处理南方美女间谍格林豪（Rose Greenhow）一案的表现。格林豪在内战前是社交界有名的美人，内战时才做了间谍。格林豪把掌握机密的参议员和军队的头头脑脑们哄得团团转，叫他们透露情报；她还招募一批女间谍，以色相诱骗，套取情报。布尔溪之战南方邦联大胜，北方军队大败，就是因为格林豪的情报工作做得好，北方军队将领因为这次惨败在一腔羞愤中被解职，接替他的人是麦克莱伦。麦克莱伦立即让平克顿开展调查，1861年8月23日，平克顿抓住了格林豪。可是，格林豪进监狱之后，却因为做了麻烦人物而大出风头。1862年她被释放，喝着香槟酒、吃着三明治，乘船驶向弗吉尼亚州。

1862年晚些时候，格林豪又移居欧洲，继续为南部邦联打仗出力。她在巴黎结识了邦联政府派驻法国和英国的专员莫里（Matthew Fontaine Maury）。那时的莫里正在执行一项秘密任务：为邦联海军购买一艘巡洋舰。1861年，位于克莱德河畔的船厂老板丹尼（William Denny）卖给他一艘船，下水时取名为"日本"号，英国有关部门还给它颁发了出口证书。莫里在法国海域接着这艘船，立即装载武器和物资，然后更名为邦联海军（CNS）"佐治亚"号，驶进南大西洋，袭击美国商船。早在内战打起来之前，莫里的海军生涯就已经辉煌灿烂了：他在自己打下的基础上创立了美国海军学院，还发表专著《水手航海指南》(Sailing Directions for Sailors)（1851年）。《指南》一书是他多年积累的成果：他在海军档案保存的舰船航行日志里搜集到有关洋流和风向的大量资料，那些洋流和季风都是美国水兵多年来经常遇到的。在整理数据资料的过程中（他还增加了一些资料，绝大部分是从开商船的船长们那里搜集的，人家提供资料是因为他答应将来免费赠送他们一本《指南》），莫里标出了可以利用风向和洋流的航道，使航程缩短许多，有些航道甚至可以缩短1/4航程。

1912年4月14日晚上10点钟，"泰坦尼克"号顺着莫里测定的一条航娄巴特拉之针（埃及方尖碑）运回伦敦，而后于1902年和加斯廷（William Garstin）合作修建了阿斯旺水坝。在阿斯旺水坝修建之前，加斯廷努力了16年，想为尼罗河三角洲一带的农民修建一套灌溉系统，比每年一次洪水泛滥淤地的效果更好。可是，加斯廷的河渠网只有在每年一次的洪水得到适当调节时才发挥作用，修建阿斯旺水坝势在必行。

加斯廷同时做好多事情，其中之一是走私埃及文物。1899年，他把上埃及的文物交到一个名叫霍华德·卡特（Howard Carter）的年轻艺术家手上。霍华德曾师从考古学大师弗林德斯·皮特里爵士（Sir Flinders Petrie），花了4个月时间学习考古发掘课程，后来又用时6年学画风景画，临摹女法老哈特谢普苏特（Hatshepsut）陵墓上的碑铭。1922年，他发现了图坦卡蒙（Tutankhamen）的陵墓，陵墓内藏有大量金银财宝，完好无损，埃及学于是上了世界各地报刊的头条。我们把视线拉回到1905年。卡特说服一个有钱的英国人罗伯特·蒙德（Robert Ludwig Mond）投资挖掘（和保护）被称为史前坟场的西比斯古墓，该项目历时3年完成。蒙德采取有效措施，给古墓安装金属门，防止偷抢。说起金属，那可是他的老本行。他靠经营蒙德镍金属公司发了大财，而这家公司原是他父亲一手创办的。1899年，老蒙德研究出一种提纯镍的工艺。

轮到罗伯特掌舵的时候，这家公司专业生产镍铬合金，强度高，但最大的缺点是导电性差、不耐高温。该公司并不泄气，于20世纪30年代末期生产出尼孟合金75。这种合金具有高电阻率和耐高温的特性，在750摄氏度高温的条件下，材料特性不发生改变，用在工业熔炉上当导线，那是再合适不过了。经过不断改进和提高，20世纪40年代初，罗伯特的公司又生产出尼孟合金80，它能耐受800摄氏度的高温，每平方英寸（约6.5平方厘米）能承重3000千克。可是，这么好的材料在最初几年并没派上用场，以后才逐渐推广使用。

线航行，突然撞上距纽芬兰岛不远处的一座冰山，然后沉入大海，船上1517人遇难。沉船事件触动了美国和英国的有关机构，他们马上成立冰山巡逻队。1913年，英国巡逻舰"苏格兰"号载着一名叫G·I·泰勒（G. I. Taylor）的气象学家，还有他的气象工具——气球和风筝——在浮冰中间行进、勘查了6个月，6个月后，"苏格兰"号返回英国。泰勒回到剑桥，不久，他发明了现代船锚，今天航行的小型船都用这种锚；尔后，泰勒开始研究肥皂泡，在如何利用肥皂泡测量金属在扭转时受到的剪应力这个课题上取得重大发现。和泰勒一起研究的还有一个叫格里菲思（A. A. Griffith）的同事。格里菲思接下去研究金属在各种压力下的特性。1920年初，他在研究金属和汽轮压缩机的高压叶片时发现：汽轮机的叶片工作效率远远未达到其峰值；他想，要是按照空气动力学原理设计叶片，让它们像小翅膀扇动那样工作，就能提高其工作效率。于是，格里菲思设计出一种轴流压缩机，能够驱动飞机的螺旋桨。

第二轨迹完

最后……

1928年8月，格里菲思结识了惠特尔（Frank Whittle），惠特尔有一个大胆的想法，想搞出一台使用汽轮机的发动机——但不是用来驱动螺旋桨的。考虑到压缩机的工作条件，它的叶片需要使用蒙德的尼孟合金80这种特殊金属材料制造。1942年4月，这两项技术结合在了一起：英国第一架喷气式飞机——格罗斯特E29（Gloster E29）诞生了，它使用新型的轴流发动机提供动力。

6　1750年：从天花到宇宙大爆炸

在18世纪晚期，人们弄不好就染上天花，染上了弄不好就一命呜呼。这种病一开始只在印度和中东流行，13世纪十字军战士到中东走了两趟，把它传到了欧洲。300年后，天花又传到了美洲。当时预防天花的办法只有一个，就是接种出天花的人流出的痘浆，这样可以获得免疫力。这个办法是土耳其人想出来的。1720年，英国人也采用这个方法预防天花。可问题是，用土耳其式接种法，也有可能染上天花，染上了还可能一命呜呼。

最终是英国首先消灭了天花，随后世界各地也逐步消灭了天花。这要归功于英国的一名乡村医生詹纳（Edward Jenner）（那时，他骑着马四处巡诊，不为别的，只为多挣些钱）。詹纳注意到本地的挤奶女工染上牛痘之后便不再感染天花，于是他想：接种牛痘是不是一种更有效的预防天花的方法呢？1796年，他给一名没有土地、家境赤贫的女工的儿子接种了牛痘，然后又接种了天花，（算詹纳幸运）孩子竟安然无恙。詹纳发明了预防天花的办法，这个消息就像天花一样迅速流传开来。1802年，英国政府为表彰詹纳的贡献，奖励他300万美元（按现在的价钱折算）。1809年成立了一个国家疫苗研究所（National Vaccine Institution），詹纳又得到500万美元。他在功成身退后，就专心伺候他的宠物——杜鹃鸟。

国家疫苗研究所有一位能量很大的支持者叫乔治·罗斯（George Rose），他的朋友很多，因为他属于有本事把两样东西——工作和钱带给别人的人，这两样东西谁都想要。他就是这样一位很有影响力的人，看一看他的资历你就明白了：当过税务署秘书、财政部的秘书、下院议员、海军的财务司库、大英博物馆的托管理事，还是国王的朋友，差点当上财政大臣（是他推辞不干）。要是罗斯都给你找不来一份工作，别人就更没门儿了。所以，他想让国家疫苗研究所建起来，那一定能建成。

罗斯的二儿子威廉（William Rose）也沾了他老爹的光，刚从校门里出来，父亲就在议会给他弄了一个席位。年轻的威廉搞了4年政治，转而研究起"中世纪的"诗歌创作（他是历史小说家沃尔特·司各脱爵士的好朋友），后来干脆退出政界，跑到意大利追寻他的诗歌梦。在意大利，威廉翻译了文艺复兴时期意大利诗人阿里奥斯托（Ariosto）的大作《愤怒的奥兰多》（Orlando Furioso）（该作品属于乍一看不怎么样，品味久了也能咂出些滋味的那一类）。1817年，威廉途经威尼斯时，为浪荡公子拜伦勋爵捎去一盒牙粉。而此时的拜伦最需要的不是健康的牙齿——一年前，他离开英国，一去不返（人们说起这件事，大都以"名声坏了"含混过去），

1800年7月,哈佛大学首位医学教授沃特豪斯(Benjamin Waterhouse)掌握了天花疫苗。他想垄断疫苗的销售,结果得罪了好多人。他在英国的伦敦、爱丁堡和荷兰的莱顿学医7年(其间和本杰明·富兰克林及亚当斯一家成为好友),学成归来后,水平比国内的同行高出一大截,而他对此一点也不避讳,这也是他招人嫌的另一个原因。他的朋友很少,有一个朋友是他在纽波特上学时的同学,叫斯图尔特(Gilbert Stuart)。1775年的时候,斯图尔特也匆匆忙忙地跑到伦敦,投奔光明,而后成为一名技法高妙的肖像画家,找他画肖像的客户络绎不绝,可惜他挣的钱却不像客户那样络绎不绝。他给一个客户画了一幅溜冰的肖像,引起轰动,随后开始为伦敦文化名人画像。后来债主们追着讨债,他离开伦敦跑到爱尔兰。他画的名人肖像越多,债主也越多。最后,斯图尔特离开英国来到美国。他为5位总统、一位最高法院的法官,还有其他要人画过肖像。

斯图尔特才到伦敦时一文不名,这也不奇怪。1777年,他向美国人韦斯特(Benjamin West)求助。韦斯特是英国艺术的顶级大腕:他是乔治三世国王御用历史画家,还协助创办了皇家学院。他的第一幅重要画作画的是不久前在魁北克去世的沃尔夫将军;此画一出,把所有的人都镇慑住了,因为画中人物穿着现代服装,而不是罗马式的长袍,观者反响强烈。韦斯特的历史画开创了一种新画风,同时也设定了一种新标准,所以,尽管他在艺术上越来越远离钟情于希腊、罗马风物的新古典主义,但当人们讨论重大的历史事件时,仍然会参考他的意见,这和对待雅典的帕提侬神庙的态度一样。帕提侬神庙是第七代额尔金勋爵(Lord Elgin)想要的东西。额尔金打算把神庙做成石膏模型带回英国,用作他修建乡间豪宅的样板。就这件事而论,其实,读者您可能也知道,额尔金可不只是带回来石膏模子,他把帕提侬神庙里的好多真玩意儿都搬走了。额尔金的大动作花费巨大,害得他本人及全家变卖家当,弄得后半辈子都没此时的他最需要的是找个法子把淋病治好。可是他风流韵事不断，从伯爵夫人到房东的老婆，能搞的女人他都搞，结果淋病怎么治也不见好。他生活放荡无羁，还吸毒，（据说）他还是个"少见的疯子、坏蛋和危险分子"。拜伦虽然脚有残疾，却是个浪漫主义狂人；在意大利的时候，他写了《唐璜》(*Don Juan*)和《查尔德·哈洛尔德游记》(*Childe Harold*)。除了罗斯，威廉·班克斯(William Bankes)也是经常到他家做客的英国老乡，两人的友谊可以追溯到上大学的时候：有一次班克斯从中东旅行回家，路上正好碰见拜伦。班克斯带了一座高22英尺（约6.6米）、重6000千克的方尖石碑，是他从尼罗河上游"买来的"。这座方尖石碑最终被挪到班克斯在英国多塞特郡的庄园里，不过，在从埃及运走之前，石碑上的碑铭已经被人拓下来了，这个拓碑人就是心眼很多的法国金匠商博良(Jean-Francois Champollion)，后来他把拓片拿到巴黎到处展示。

铭文里有一个词"克娄巴特拉"，是希腊文的，刻在石碑的基座上。商博良要的就是这个，他11岁时就立志要实现一个梦想——要当解读古埃及象形文字第一人。经过反复揣摩研究，商博良确信，方尖石碑上还有一组象形文字正好和古埃及文的"克娄巴特拉"相对应。商博良做了大量的比较和分析工作（他还研究了其他碑铭，如希腊文和埃及文对照的罗塞塔石碑碑铭），1822年的时候，他已成为公认的破译埃及象形文字的专家，不久他就走上了巴黎学院专为他设的职位——考古学教授。他对古埃及语的字典和语法十分着迷，穷其一生去破解埃及文字的秘密。不过，公允地说，生儿育女的时间商博良还是有的，而且一生就是5个。1825年，商博良到那不勒斯附近的诺拉参观一处考古现场，结识了路易(Louis)。路易就是布拉克公爵(duc de Blacas)，后来做了商博良的赞助人，为他提供资金支持。路易也是个文物爱好者，当时他正在现场挖掘。布拉克公爵这一辈的经历就像布谷鸟报时钟一样有规律，该出来的时候出来，该回去的时候回去。1789年，他开始为钱奔忙，先是给法国人有翻过身,子孙跟着受累。不过,额尔金弄来的大理石雕让公众大饱眼福,是了解正宗希腊文化的好东西。负责现场画图和测量的是一名意大利画家,叫吕西埃里(Lusieri)。经人引见,额尔金和吕西埃里在意大利的巴勒莫认识了,当时额尔金正要去希腊。这个介绍人就是威廉·汉密尔顿爵士(Sir William Hamilton),也是摆弄古玩文物的大商贩,他的东西都是从考古现场"买来"或弄来的。他老婆埃玛(Emma)给他戴绿帽子,他还能忍过去,因为和他老婆搞在一起的不是别人,而是英国的大英雄、单臂独眼的纳尔逊海军上将。

埃玛按说层次该混得高一点,但是她一直没有高上去。她先给人当女仆,通过拉皮条的引介做了某贵族的情妇,地位稍有改变,再后被那个贵族转手让给了他的叔叔,也就是威廉·汉密尔顿爵士。和纳尔逊认识后,两人结为野鸳鸯,而那时的埃玛已经姿靡色衰了。1800年,汉密尔顿奉命回英国,他、埃玛和纳尔逊三人结伴同行,此时埃玛已为纳尔逊怀胎两月。中途他们在维也纳皇室停留,当地的民众为纳尔逊的到来兴奋不已:纳尔逊打败了法国人,而奥地利人没打败法国人。奥国皇室为他们日日笙歌、夜夜酒宴。有几次招待时,埃玛演唱歌曲,为她伴奏的是伟大的作曲家海顿,据说海顿逸兴遄飞,草就了一首曲子献给纳尔逊。海顿有个外号叫"爸爸",这个外号无人不知、无人不晓,但在现实生活中,海顿可不是一个老傻瓜;他的阅历很不简单,当过特务、乐队指挥,做过生意人,后来跟皇室结为朋友;纳尔逊一行三人路过维也纳时,海顿刚刚凭着《创世记》(The Creation)和一首后来作为德国国歌[《德意志高于一切》(Deutschland uber alles)]的乐曲奠定了在音乐史上的不朽地位。除了搞正规音乐之外,海顿还顺带编编英国民歌,挣些钱。那些民歌是他从别的曲作者那里收集来的(也有他本人创作的),他编好了就卖给苏格兰出版商汤姆森(George Thomson)。汤姆森还说服其他一些文艺才俊,如贝多芬、沃尔特·司各脱爵士等人作曲、写歌词。用这个办法,他用60年时干事，而后为俄国人干事，最后是给奥地利人当差。他非常拥戴路易十八，追随他一起流亡到1814年，那时正值拿破仑第一次登基。而后他到了法国，一直呆到拿破仑1815年逃走；而后又被流放，直到当年的晚些时候，拿破仑在滑铁卢战败。后来，公爵在路易十八手下重新做官掌权，再后来，在新皇帝查理十世手下做事，一气儿做到1848年爆发革命。随后，他就在维也纳流亡，再没回到法国；后来患病，于1866年被大夫诊断为"病危"——随后便去世了。

如此精确诊断在斯科达（Joseph Skoda）看来不过是例行公事。斯科达是捷克名医，擅长"叩诊法"，也就是敲击身体部位、根据回声诊断脏器疾病的方法。他运用自创的一套东西，把叩诊法这门神秘的技艺变成了实实在在的诊断技术；诊断时，敲击身体某一部位，按听到的回声是实音或空音，是清音或浊音，是否为鼓音，结合回音的高或深来诊断病情。这套诊断方法很管用，让斯科达挣了很多钱，足够为他的堂兄将来开办汽车制造厂提供资助。斯科达于1831年开始他的医学生涯。那年霍乱肆虐，死了好几万人，于是他做了预防医学的大腕。他有一个学生，叫塞麦尔维斯（Ignaz Semmelweis），1849在维也纳的一家产科医院工作。塞麦尔维斯认为，造成新生儿及产妇死亡的产褥热是由医科学生手上沾的被病菌感染的细物引起的；学生们经常在离开解剖室后，没有对手上沾染的感染物消毒就进入产房为新生儿及产妇作检查。后来用酒精消毒，产妇和新生儿的死亡率下降至原来的1/10。因为某个奇怪的原因，塞麦尔维斯不愿意公布他的研究资料，还是斯科达代他公布了研究资料。塞麦尔维斯的传染理论（后经巴斯德证实）为一位美国人最先提出的传染病理论（他也没有发表）提供了支持。这个美国人就是霍姆斯（Oliver Wendell Holmes）。霍姆斯于1831年到1836年在欧洲学医，之后行医10年，最终落脚到哈佛大学当教授，一边教书，一边搞文学创作，写了3部小说、2本杂文集，还有很多诗歌。1857年，霍姆斯开始为《大西洋月刊》（Atlan-

间收集歌曲达300首,辑成6卷本;他想利用一下英国人对苏格兰盖耳文化传统重新燃起的兴趣。就在不久前,英国人还想凭借火与剑一举消灭盖耳文化(为的是把无利可图的人赶走,饲养有利可图的羊,加拿大为什么有那么多苏格兰人呢?原因就是这个)。

汤姆森还编辑过另一位作者早期创作的诗歌,这位作者就是格兰特(Anne Grant),她也怀揣着复兴苏格兰文化的理想。她的作品主要描写她丈夫负责的山区教众的生活,优美感人(可能还带点儿浪漫情调)。汤姆森编辑她的诗作时,她还没回忆她小时候在美国的生活。40年后,她写了《一个美国女孩的回忆》(Memoirs of an American Lady),叙述童年往事,颇受欢迎;1819年的时候,她身后已经有一批支持者了。有一名崇拜者叫蒂克纳(George Ticknor),花了4年时间游学欧洲,遍访名人(甚至还见到了罗马教皇),把他能学的语言全学了,为日后到哈佛大学当教授做准备。游学归来,蒂克纳在回家路上拜访了格兰特,蒂克纳属于波士顿上层人士,和麦迪逊(Madison)、杰斐逊(Jefferson)和亚当斯都是好朋友。1823年他一回到哈佛,就在新成立的现代语言系推行几项课程改革(那时哈佛情况一团糟,有点积重难返的样子),因为他跟那几位是好哥们儿,所以他搞改革,没多少人出来反对。1825年的一项改革非比寻常,他提出聘用德国人来教德语。受聘的老师叫福伦(Karl Follen),只在美国待了一年,他是从德国逃出来的,因为涉嫌参与刺杀一位著名的右翼人士而被德国当局通缉,刺杀事件是极端民族主义运动分子搞的。民族主义分子拿练体操健身当幌子,组织青年进行军事训练,让他们随时准备"在未来的斗争中保卫祖国"。福伦到哈佛后,很快开设了体育课,并修建了该校的第一个运动场。可是,1828年,福伦再度投身政治,这次是发表演说、撰写煽动性文章,支持废奴运动。

1834年,福伦被一个英国来的激进分子马蒂诺(Harriet Martineau)给粘上了,福伦陪她到西部看了看(最远跑到俄亥俄)。后来,马蒂诺将旅

tic Monthly)的专栏撰稿,他的《早餐桌上的霸王》(The Autocrat of the Breakfast-Table)、《早餐桌上的教授》(The Professor at the Breakfast-Table)和《早餐桌上的诗人》(The Poet at the Breakfast-Table)都发表在《大西洋月刊》上。

1865年的一个晚上,霍姆斯参加波士顿联盟俱乐部的宴会,他以一首诗为嘉宾法拉格特助兴。法拉格特算得上是美国的首位海军上将,是一位民族英雄。法拉格特默默无闻干了大半辈子海军,就打过一场海战,也就是这一战,让他名垂青史。1862年4月,法拉格特率领联邦海军的一小支舰队顺着密西西比河北上,一举攻占新奥尔良。1864年1月战局急转直下。法拉格特正带领舰船顶着摩根要塞的炮火,驶进通向莫尔比海湾的海峡,这时候,他的观察哨大声喊起来"鱼雷!"(水雷);法拉格特听到后,马上用好莱坞式的语言应道:"去他妈的鱼雷!全速前进!"这次海战他打赢了,美国国会在1866年设海军上将军衔,法拉格特有幸成为美国历史第一位海军上将。法拉格特攻占新奥尔良后,新奥尔良一带就成了屠宰场,当地的乔克托人生活在水深火热之中。鲁凯神甫(Pere Rouquett)前来向法拉格特寻求药品援助,法拉格特才获知那里的情况。看外表和举止,鲁凯神甫很像乔克托人。他出生在路易斯安那州,是美国第一位原住民牧师。他在法国留过学,最初是跟着一名主教做文书,没干多久,就转来乔克托地区传教,并在那里度过余生。他生活上很像乔克托人,但写起东西却像个法国人——抒情诗歌、抒情散文都写,大多描述教士的清苦生活和美国的原住民文化。

他有一篇文章深得当地报纸《东西报》(The Item)助理编辑赫恩(Lafcadio Hearn)*的喜爱。赫恩时年32岁,一只眼有毛病,负责报道辛辛那提州的犯罪情况。1881年赫恩调到《新奥尔良时报(民主党)》(New

---

* 拉夫卡迪奥·赫恩,又名小泉八云。——译者

途中的所见所闻做了整理,于1837年发表《美国社会》(Society in America)一书。旅行期间,她看到听到很多事情,驱使她成为坚定的废奴主义者,让她的女权主义情绪高涨。马蒂诺是一个集工作狂和抑郁症于一身的新闻记者,效力于知识传播协会(Society for the Diffusion of Useful Knowledge)。就她的情况而言,这就意味着要写很多书、很多小册子,解说经济、税收、法律改革、公共卫生、工厂立法、教育等一切值得解说之事的好和坏。最后,马蒂诺成了一个了不起的人,一个好人,当然,也成了一个劳累过度的人。回到英国后,她被诊断为大病晚期。1844年,她去催眠师霍尔(Spencer Timothy Hall)那儿接受催眠治疗,竟然奇迹般康复了,而且还彻底戒除了含鸦片的药物;后来,她动身前往埃及骑骆驼去了。搞催眠的霍尔混得不如马蒂诺。霍尔是鞋匠的儿子,靠自学当上了印刷师。1842年前后,霍尔转而研究颅相学(就是看隆起的头骨形态)。1843年,他编辑出版《心灵磁石》(Phreno-Magnet)杂志。1844年,他在苏格兰举办多场颅相-催眠术讲座,吸引了不少听众。打那以后,他在健康、经济上一步步走下坡路,一直到潦倒而亡。不过,虽然混得不如马蒂诺,但也差不了多少。他在爱丁堡做过一次讲座,听众里有一个不亚于科学巨星的人,叫李比希,李比希是应他的一帮学生的邀请来到英国的。

在德国的吉森,李比希新建了一个化学实验室(1824年开张,开了28年),实验室引进了基本的现代教学和分析手段,今天为纪念李比希,它被辟为博物馆。如果您喜欢实验室,您一定会喜欢李比希的实验室。李比希在化学方面极有天赋,他的故事很多很多,且不讲他发明了化肥,一举开创农业化学,解决了新兴的工人群众的营养问题。他后来在慕尼黑大学当教授期间,还于1856年发明了在磨光的玻璃上镀银的方法。

就满足大众需要而言,这项发明好像不太重要,而在德国天文学家施泰因海尔(August Steinheil)看来,这项发明太了不得了。施泰因海尔随后开始研制反射式天文望远镜,研制望远镜是在他发明了光度计之

Orleans Times-Democrat)做文学编辑,兼写文化评论,这一写就是一辈子。他在马提尼克岛待过两年,写了几本小说。1889年,他读罢洛厄尔(Percival Lowell)的《远东的灵魂》(The Soul of the Far East)后,马上决定前往日本。在日本,他跟一个日本女子结婚,成为第一个多元文化人士。他加入了日本籍,写了许多描写日本社会生活的书。他终老于日本,再也没回过西方。启迪他奔向东方的人是洛厄尔。洛厄尔从东方回到美国后出了名,身份是天文学家(那时他家的家底已经够厚),自觉自己的宿命就是寻找火星生命。他发现的火星"运河"虽没有让别的天文学者兴奋,却激发了公众的想象力。他出钱在亚利桑那州弗莱格斯塔夫建设洛厄尔天文台,继续忙他的大事情;他预言海王星之外还有一颗行星(即冥王星),并出钱寻找这颗行星,还有(理所当然),他预言火星上有生命。

1914年的某个时间,洛厄尔天文台的一名工作人员斯莱弗(Vesto Slipher)把用来分析火星大气的摄谱仪对准了处在室女星座上的一团星云。摄谱仪的一个功能就是将来自某个物体的光分解为光谱。斯莱弗的摄谱仪所显示的光谱震惊了所有人:来自那团星云的光谱线居然向光谱的红端移动,即发生"红移"。斯莱弗的观察结果说明,那团星云正朝着远离地球的方向移动——速度接近每秒1000千米!到1925年,斯莱弗发现了退离地球的星系远比接近地球的星系多得多,这其中究竟包藏着怎样的秘密呢?

第一轨迹完

后。他的光度计是这样工作的:取一台小型望远镜,望远镜有两块可移动的镜片安装在滑座上;先用一块镜片找到一颗星星,再用另一块镜片找到另一颗星星;然后滑动其中一块镜片,使两颗星星发出的光看起来强弱相当;根据镜片移动的距离,可以判断一颗星星较之另一颗星星的亮暗程度。这玩意儿让美国的一个天文观测者莱维特(Henrietta Leavitt)如获至宝,她特别痴迷于研究恒星的亮度。1912年,她在离地球最近的星云(麦哲伦星云)中发现一些亮度变化(脉动)的恒星,它们的亮度与光变周期有关。后来这个发现成为天文学家测定这些天体距离地球远近的关键:经测定,莱维特发现的那些星星距离地球94 000光年。

第二轨迹完

最后……

1929年，在威尔逊天文台，哈勃（Edwin Hubble）用莱维特的妙招测量斯莱弗观测的星系距地球的距离，取得了惊人的发现：距离地球越远的星系，它的红移越大，它退离地球的速度也越快。哈勃的发现就是"速度-距离关系"，又称"哈勃定律"。哈勃定律揭示了两个要点：其一，宇宙要比人们以前想象的大得多；其二，宇宙正在不断膨胀。这个观点为宇宙大爆炸理论的提出铺平了道路。

7 1784年:从梵语到控制论

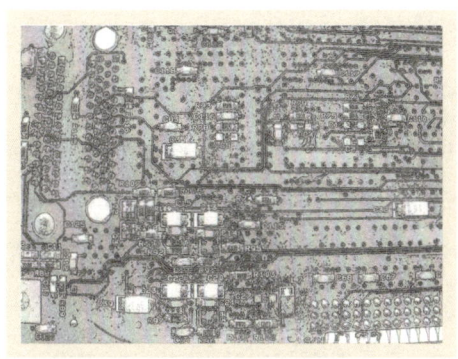

在布满灰尘的图书馆里,学究们踯躅于蛛网遍布的故纸堆里苦心钻研,18世纪古梵语手稿的发现大概让他们本来就迂腐的形象显得更迂腐了。梵语是印度婆罗门教的专用语言,早就没人说了,自公元前500年开始走下坡路,到公元1000年时只有为数不多的印度王子皇孙、宗教祭司和研究古代史诗及法律文献的学者们懂得梵语。直到英国人掌管印度之后,经过一段时间,英国人觉得管理当地人还是用印度的古代法律比较好,懂梵语的人才多起来。

1783年,威廉·琼斯(William Jones)受命在印度加尔各答担任法官。以前他研究过几年亚洲文学,发表了一些文章著作;后来为多挣点钱,改行学更有利可图的法律。1784年一个偶然的机会,他得到一部古印度法律术语的手稿,读来感觉很适合制定"本土法"的要求。于是,琼斯找来一个老实巴交的梵语学者教他学梵语。1789年,琼斯把古代史诗杰作《沙恭达罗》(Sakuntala)翻译成英文,他认为梵语和德语、拉丁语和希腊语之间有很多相似处,这个观点让欧洲的文人学者们非常惊讶。难道梵语真是西方语言的古印欧语祖先吗?琼斯的见解受到人们的重视,因为他先前是伦敦一个文人小圈子的成员,1773年他被选进名望很高的文学俱乐部;俱乐部里最有影响的就是厉害人物约翰逊。

和琼斯一样,文学俱乐部还有加里克(David Garrick)这个刚入伙的新人。加里克是特鲁里街剧院的经理,他的表演用自然平实的风格代替法兰西式的浮夸风格。和琼斯认识的时候,加里克已经演了30年的戏,他的戏大多是滑稽戏,很受观众喜爱。那时候,加里克正忙着烧戏剧改革的若干把火:一是他禁止观众在演出时上舞台,二是不再将戏票打折卖给迟到剧场的观众,三是把管弦乐队搬进乐池,在舞台上安装脚灯。1776年,加里克和妻子结识了汉娜·摩尔(Hannah More),汉娜是加里克的房客,也是他的崇拜者(后成为一名编剧)。不久,汉娜的心思转到了宗教事业上,她搬到乡下,开始村居生活。她为穷人开办学校,培养他们日后成为优秀的劳动者。她只教他们识字,不教他们写字,理由是:会写字就可能闹革命,而她是不赞成革命的。1792年,汉娜还笔耕不辍,写出了无数本福音小册子,宣传的全是"服从"、"秩序"、"行为检点"等等。这样的小册子贵族奴隶主当然愿意发给手下的奴仆们看。摩尔就怎样才能避免参与激进的乡村政治这个问题写了一本小册子,让政府的顾问们喜欢上了,他们印了成千上万册,免费发放。虽然善事做了很多,但让她名闻天下的是她的一部小说,这部小说在美国再版了30次。

1788年,福斯特(George Forster)在德国美因茨大学图书馆当管理员。之前,他曾以博物学家的身份参加了库克船长那次名扬世界的环球航行,这段经历可谓跌宕曲折,后来他跑到伦敦,赶在库克船长之前写了一本书,记述这趟航行,惹得库克船长很生气,之后福斯特匆忙离开伦敦。为了创收,福斯特开办了一家翻译公司,凭着一股自力更生的精神,他在1791年参考威廉·琼斯英译本将梵语叙事诗《沙恭达罗》译成德语。德国人施莱格尔(Friedrich von Schlegel)读了叙事诗的德文本,深感震惊。施莱格尔正在耶拿为浪漫主义运动撰写宣言(宣言的题目是"追求无限"),那时是1802年,古代浪漫主义历史让具有浪漫思想的德国人激动不已。也就在这段时间,德国人正跟拿破仑打仗,但屡战屡败,傲慢的法国人逮着机会就要羞辱一下德国人,法国人自觉文明高雅,认为德国佬愚笨。施莱格尔赶快到巴黎办了个梵语速成班。1808年,他在《论印度人的语言和智慧》(On the Language and Wisdom of India)这本书里告诉德国人:有一种古代印欧文化,给予德国人纯正而高贵的血统,论哪一点都不比法国娘们儿*差。而在此前,大文学家布伦塔诺(Clemens von Brentano)已于1801年开始寻找德国文化的源头,他和他的好友阿尼姆(Achim von Arnim)搜集了大量的古代民间故事。

1803年,布伦塔诺搬到马尔堡,在那儿遇见一对兄弟——这两人引得全世界都对德国古代文化发生兴趣[也引来后世的两个著名人物的关注:一个是希特勒(Hitler),另一个是迪斯尼(Disney)]。他们就是格林兄弟。1806年,格林兄弟俩为布伦塔诺收集民间故事,后又为自己收集。这些原始材料最后于1812年编辑成童话集,《小红帽》(Little Red Riding)、《睡美人》(Sleeping Beauty)、《汉赛尔与格莱特》(Hansel and Gretel)、《白雪公主》(Snow White)等故事都收在其中。童话集一共四卷,里面收

---

* 原文的 Zee Frogs 指法国人,是轻视法国人的说法。——译者

小说描写的就是愿意循规蹈矩、维持现状的人平常经历的事情,小说主人公的原型是摩尔的好友哈福德(John Scandrett Harford),一位银行家、乡绅。哈福德担任过地方行政官,也就是县行政司法长官。他创办了一所学院,把沼泽地的水排干了,修建供水设施,修缮教堂他也参与过,他还是个艺术迷,曾经到罗马采购很多油画,还托人复制西斯廷教堂的穹顶。1810年,他下令修建一个完整的村落,以哈福德家在布里斯托附近的住处布勒斯城堡命名为布勒斯村,村里的小房子都是石墙茅顶,看上去很有品位,这是专门为哈福德手下领养老金的退休人员修建的,算得上是英国最早的有据可查的公共住宅。房子的设计师叫纳什(John Nash),是个中年人,名气不小,主要是因为他能做到顾客要什么样子他就能设计出什么样子,什么意大利式、都铎式、古典式,他都能做。委托他设计的还有摄政王(Prince Regent),设计的建筑就是布莱顿宫,外观像印度莫卧儿帝国的王宫,里面的内装饰却很有中国特色。摄政王追求豪华,让纳什有机会为伦敦一而再、再而三地设计作品,这些作品后来都成了旅游景点,如摄政公园、摄政街、摄政运河。纳什为白金汉宫的改造下了大工夫;是他为伦敦华美的会馆确定了建筑风格,这些会馆是为从各地赶来聚会的乡绅们提供方便的,其中几座最好的会馆坐落在邻近摄政公园的台地上。如果委托他设计的人喜欢中世纪风格,装饰华丽,纳什就把活儿交给年轻的法国绘图师普金(Augustus Pugin),普金对哥特式建筑了如指掌,他带学生到哥特式风格浓郁的诺曼底采风,并且常把学生画的水粉写生当作哥特式细部的图样交给纳什。

1823年,普金为伦敦透视画艺术中心作内部设计,观众到这里可以饱览用当时的高科技虚拟出来的景象(就是西洋镜)。他们坐在观众席上,通过墙上的洞往里看,能看见一些巨幅风景画,景致各不相同,但大多是都市风光,再加声音、烟雾的巧妙配合,让观者感觉如身临其境一般。西洋镜很快成为新伦敦的一景,还出现了描述西洋镜的绘画和木刻了不少残暴、乱伦、恋尸癖、仇外、酷刑、反犹之类的故事,这样的内容在欧洲各民族文化里的民间故事中频频出现(这一点是格林兄弟发现的)。出第二版时,很多政治思想不正确的内容都做了净化处理,以至于很久以后迪斯尼拿来拍动画片都觉得没什么不合适。不过,故事里的爱国内容则保留了很多,让后来的纳粹们浮想联翩。1808年,雅可布·格林(Jacab Grimm)到卡塞尔(Kassel)的威斯特伐利亚(Westphalia)国王的图书馆里当管理员。威斯特伐利亚王国和国王的宝座全是新造的,而格林童话却很古老。一年前,拿破仑缔造了威斯特伐利亚王国,把国王的位置送给他最小的弟弟热罗姆(Jerome),目的是转移公众的注意力,帮助这个弟弟摆脱困境。

热罗姆是波拿巴家族中的老么,很不讨人喜欢。他被任命为加勒比海海军少将,但凡跟打仗稍微沾点儿边的事他都推得一干二净。后来又被任命为德国部队总司令,他故伎重演,还是躲着不打仗。他的私生活糟得就差吃官司了。他在卡塞尔还是老样子,每天少不了淫逸放荡,搞裸体演出,泡女人,玩一些叫不上名的淫乱游戏。就在拿破仑垮台,波拿巴家族大权倾覆之前,卡塞尔的民众群起反抗热罗姆。热罗姆仓皇逃窜,走的时候把能带上的家具、艺术品和珠宝都带上了,连他那位从结婚开始就受他精神虐待的王妃也跟着一起逃离了卡塞尔。热罗姆的头一次婚姻是拿破仑终止的,他逼着热罗姆同这位公主结婚。热罗姆于1803年结识他的前妻贝西·帕特森(Betsy Patterson),美国马里兰州的一个美人,那时热罗姆还在海军服役。贝西是巴尔的摩的舞会皇后,她优雅的风度唯有后来的格蕾丝·凯丽(Grace Kelly)* 可比。他们有婚约:一旦婚姻失败,贝西可以得到热罗姆离婚时财产的1/3(据她所知,那财产就是整个法国)。他俩被热罗姆的专制大哥拆散后,贝西一直在欧洲待了几

---

* 格蕾丝·凯丽(1929—1982),奥斯卡影后,嫁给了摩纳哥国王。——译者

作品(供喜欢在喝咖啡时翻看画报的读者欣赏)。一些辑录插图的著作,如谢泼德(Thomas Hosmer Shepherd)于1831出版的《城市大都会改造》(Metropolitan Improvements),也收录有关西洋镜的绘画、木刻作品。谢泼德出了很多辑录景观的著作——每一条街道,有名无名的都不漏掉;其中有一本书名为《伦敦及其近郊》(London and Environs),标题很吸引人。书中收录了伍尔诺特(William Woolnoth)的部分作品,此人就是借这本书露脸了,不然也会默默无闻一辈子。伍尔诺特把"某某地方风景"的套路发挥到了极致,印度风景、中国风景、中东风景、苏格兰风景、法国风景,以及所有的大教堂,你要是不想亲临其境,看看图片也就可以如愿了。1825年,伍尔诺特为布雷利(Edward Brayley)的《英格兰和威尔士的古城堡》(Ancient Castles of England and Wales)一书提供了96幅图片,能把人看得头发昏,而且很多是重复的。此后不久,布雷利便戒了古董文物的爱好,转而追求科学乐趣。在那个年代,只要你有热情,成为行家里手并不是难事。布雷利开始著文授课了,而且是什么都写、什么都谈,陨星、碳、地质、动物、火山、冰川、潮汐、风、太阳等等,无所不论。

在1839年的一次讲座中,他披露了一些令人惊奇的新发现。发现者是一个名叫里德(J. Bancroft Reade)的教士兼化学家,还特别喜欢研究怎样把东西放大。他洗印出了第一批(在显微镜下拍摄的)显微照片,包括跳蚤头部的照片,洗印材料用的是纸、碘化银和硫代硫酸钠,他的洗印方法和塔尔博特(Fox Talbot)的差不多,有可能比塔尔博特还早,不过,后来人们把发明显影和定影技术的功劳全揽到了塔尔博特头上。里德是维多利亚时代的人,他很熟悉罗马的铸币模子和白垩里找到的化石。1855年,他四处宣讲一个想法:有一种新发现的树汁——杜仲胶,很神奇,将它煮沸、注入模具、定型,可以替代好多东西。里德推荐用杜仲胶替代感光板上的玻璃。除了他,还有人想用杜仲胶干更大的事情。1856年,生于弗蒙特州的伦敦金融家、商人和社会名流兰普顿(Curtis Miranda Lamp-

十年,不停地告状,讨要赡养费,但没要到。

为他俩主持婚礼的是卡罗尔(John Carroll),一个在政治上精明的人,是美国第一位天主教主教(不久晋升为巴尔的摩大主教)。卡罗尔在美国独立战争期间替政府跑了几趟差事,想说服加拿大人站在美国人一边,但未成功,不过就此获得了一些外交知识。后来他去意大利,专修梵蒂冈罗马天主教,学了很多年,学得差不多了才回美国。1805年,他将美国的耶稣会会士纳入正统(早先他们属于被罗马教廷逐出门庭的那类人),同时又不让罗马教廷染指美国的天主教事务。1806年,他请人帮忙建设每一位主教在名义上都必须拥有的东西:自己的教堂。

教堂的设计者是本杰明·拉特罗布(Benjamin Henry Latrobe),他很清楚要修建什么。他设计建设了宾夕法尼亚银行,那是美国第一座希腊式金融建筑。华盛顿特区还有很多公共建筑都是他设计的,像国会大厦、白宫,还有海军院(1812年英美战争中焚毁)。拉特罗布设计的很多作品被人模仿,不过,现存的建筑多数是他设计的。拉特罗布小时候在英国,他的英国堂兄查尔斯·拉特罗布(Charles Latrobe)随心所欲,自由散漫(后来当上了澳大利亚总督)。1824年,查尔斯给年轻的瑞士贵族、波特尔斯伯爵阿尔伯特(Albert)当私人教师,两人处得不错,一块爬阿尔卑斯山,一起唱瑞士山区小调以及搞一些诸如此类的活动。1832年,阿尔伯特的父母问查尔斯是否有意带阿尔伯特到美国去,这样,一是可以让阿尔伯特脱开他们不赞同的浪漫恋情,二是可以让阿尔伯特待在一个不论他怎么荒唐都不会令家族蒙羞的地方。于是,查尔斯和阿尔伯特就出发去美国,不久,遇见著名作家华盛顿·欧文[著有《瑞普·凡·温克尔》(*Rip van Winkle*)],欧文带他们俩把纽约州游了个遍;游了纽约州,又调头穿过大草原到达文明的边缘(就是俄克拉何马),在那儿过了3个月惊心动魄的冒险生活,譬如惹怒原住民、遭遇狼群、跋涉险滩激流、树上露宿。等几个人回到城市,过上舒适的生活后,每人写了一本书,记述惊心动魄的逃

ton)想让自己的公司铺设穿越大西洋海底的电报电缆,他决定选用杜仲胶作为电报电缆的绝缘材料。1866年,这种新型海底电缆穿越大洋,一气儿铺到了纽分兰;兰普顿因铺设海底电缆有功,被封为爵士,跻身俊杰行列。

铺设海底电缆让兰普顿有机会结识了另一位非凡的美国人皮博迪。皮博迪也住在伦敦,他和很多出身卑微的美国人一样,靠做生意发家,逐渐由一个四处奔波的贩子变成商人,再变成专事进出口买卖的老板。1837年他移居伦敦;到伦敦后,他开始经营运河和铁路公司债券,还大量从银行贷款。1848年,他回到美国;美国和墨西哥打仗时,他为美国捐金献银给予支持。中年时的皮博迪已非常富有,他捐资建设学校和博物馆,投资英国的公共住房信贷。在财力的巅峰时期,他说服投资者躲避1857年的经济危机,转头购买铁路股票,如此让伊利诺伊中央铁路等几个大公司度过大难,让中央铁路的董事们[包括曾经跟皮博迪做过投资生意的威廉·奥斯本(William Henry Osborn)]不至于走到负债跳楼的地步。美国内战给奥斯本带来了人生转机,因为伊利诺伊中央铁路公司的南北线路正好通到邦联的心脏地带,可直接往那里运送部队、枪支弹药。奥斯本借机赚了很多钱。

奥斯本的儿子亨利(Henry)没有子承父业做铁路生意,而是投身于科学研究。他既是一位古生物学家,也是一位大学领导。他在哥伦比亚大学开设生物学,创建布朗克斯动物园。他还协助把美国自然历史博物馆建成为世界一流的博物馆。不过,他坚持白人至上观念[参见他在1915年出版的著作《旧石器时代的人类》(Men of the Old Stone Age)],这是很多人都知道的。他认为:从克鲁马农人时代开始,也就是在大约4万年前,人种互相杂交,人类开始走下坡路。亨利关于骨头变石头的古生物学顿悟是他在1877年的一次大学生野外采集化石的活动中获得的。这次化石采集活动同样触发了一名学法律的年轻大学生的灵感,这名大生经历,查尔斯的书名是《北美漫游》(The Rambler in North America),更简明了。此时的波特尔斯伯爵也放荡够了,收了心,回家乡当了一名外交官。1883年,他的女儿玛格丽特(Marguerite)结婚,婚后她在家里为瑞士的埃及学学家纳维尔(H. E. Naville)的著作画插图。说纳维尔的形象是埃及学学者的漫画像一点不为过:在埃及炎炎的烈日下,他头戴一顶遮阳帽,身穿诺福克斜纹软呢夹克,一条灯笼裤,带着夹鼻眼镜,留着络腮胡子。纳维尔埋头研究象形文字和古墓,其他事情一概不问。他一生最杰出的贡献是在1893年至1896年期间,替英国人发掘了女法老哈姬苏特庙(Hatshepsut mortuary temple)。

在这次发掘中,纳维尔有个年轻的助手,名叫霍格斯(David Hogarth),相比挖掘古墓,他更喜欢读书、写作。他晚上做的事就是写游记,游记的标题有点半自传体的味道[如1896年出版的《累范特的游学者》(A Wandering Scholar in the Levant)]。1909年,霍格斯担任牛津阿什莫里恩博物馆(Ashmolean Museum)馆长,凭着深厚的阿拉伯知识功底,他很快出了名;也许人们不知道他大半辈子都是在沙漠里度过的,常与骆驼和猎枪为伴,最后才修成了阿拉伯通。1915年,也就是在第一次世界大战期间,霍格斯在开罗收集各种绝密情报,他的阿拉伯知识派上了用场。他监视劳伦斯(T. E. Lawrence),因为劳伦斯的活动有些过火,而劳伦斯早在牛津就读时就是霍格斯的门徒。这个劳伦斯就是闻名世界的"阿拉伯的劳伦斯"。他带领阿拉伯人推翻了土耳其人的压迫,可是除了反抗土耳其人,阿拉伯人在其他事情上就是拢不到一块。凭劳伦斯怎么着也不行。今人了解劳伦斯的事迹,除了好莱坞拍的经典电影*外,主要是根据美国记者托马斯(Lowell Thomas)拍摄的记录短片。托马斯还写过一本书,其中披露了他和劳伦斯的传奇经历。这本书让托马斯成名发

---

* 好莱坞曾拍摄历史故事片《阿拉伯的劳伦斯》(Lawrence of Arabia),该片于1962年获7项奥斯卡奖。——译者

学生叫马吉(W. F. Magie),此后改弦更张,开始从事科学研究。1895年发现的X射线使他兴奋不已。

1896年,马吉研制出X射线透视镜("检影镜"),可以实时察看反映人肚子里情况的X射线影像。当时,两个意大利人(还有爱迪生)也在做同样的研究。是爱迪生第一个把透视镜设备推向市场,正巧1898年哈佛大学生理学家坎农(Walter Cannon)正急着寻找这样的设备来研究消化过程,有了它,坎农就能观察钡餐通过鹅的胃的全过程。坎农发现,动物在受惊或发怒时,胃部因饥饿产生的收缩运动会暂时停止,等惊吓或发怒过去后才恢复正常。经过研究,坎农和他的墨西哥助手罗森布鲁特(Arturo Rosenblueth)发现了一种神经递质,在遭受创伤后,它可使身体机制恢复正常状态。1932年,坎农在他的《躯体的智慧》(*The Wisdom of the Body*)一书中向公众详细说明了这种神经递质,在这本书里他第一次提出了"内环境稳定"的概念。

第一轨迹完

财,在新闻节目主播的位子上稳坐了46年。他的名字在美国家喻户晓,他报道的大事件很多,像伦敦皇家的加冕典礼、柏林上空扔炸弹等等。他既是新闻广播的一颗巨星,又与罗斯福总统,还有总统在二战期间的科学顾问布什(Vannevar Bush)稔熟。布什是工程师,很有远见。他设立战时科学研究与发展办公室,向能够搞发明创造以满足战争需要的实验室大量拨款,此举改变了美国的科技研发进程,研制原子弹就是实验室的研究成果之一。更为重要的是,布什预见到美国战后需要一种科学与工业的合作关系,有了这种关系才能保证美国在未来几十年的优势地位。

把视线拉回到1927年。布什在麻省理工学院曾经和一个性情暴躁的数学家共事,此人叫维纳(Norbert Wiener)。二战期间,维纳还是布什科学研究与发展办公室的一名雇员,他研究出一种技术,能够让高射火炮打得更精准。简单地说,这种技术就是通过求解一个能够预测目标在下一时刻的位置的统计学方程,使火炮服从目标的雷达回波信号。这样,火炮的瞄准点就是炮弹和目标同时到达的位置——目标被炸成碎片。

最后……

维纳的火炮控制系统包括反馈过程,和罗森布鲁特与坎农合作时提出的身体平衡机制异曲同工。后来,维纳和罗森布鲁特合作,在二战结束时提出了"反馈"概念,成就了有史以来最伟大的科学革命。维纳把这个概念命名为"控制论"。

 1610年:从"圣卡特琳娜"号到光谱学

荷兰人于17世纪初在马六甲海峡登上葡萄牙商船"圣卡特琳娜"号,把船上的香料全部运到阿姆斯特丹。同时,荷兰人开始在格陵兰附近的水域捕猎海象,把海象牙运回荷兰制成假牙和刀柄。荷兰人四处伸手,惹得葡萄牙人和英国人很不高兴:英国人觉得格陵兰海域是他们的领地,葡萄牙人则认为印度洋是他们的地盘。

荷兰方面马上召来一个年少才高、百战百胜的律师格劳秀斯(Hugo de Groot)。格劳秀斯在这场官司里提出了"公海"的概念,主张海洋是不能居住的,因而不能成为私产。格劳秀斯受瑞典女王克里斯蒂娜(Christina)委任,到巴黎担任瑞典驻巴黎大使。克里斯蒂娜是一位知识型女王,性情独特,喜欢穿着异性装束。她于1654年主动退位,然后乔装改扮跑到罗马,去找她的情人——罗马教廷的要人、红衣主教阿佐利诺(Azzolino)。克里斯蒂娜扶持过两位艺人,一位是斯卡拉蒂(Scarlatti),另一位是科雷利(Corelli),她还创办了一支私人乐队和一个哲学院。另外,她是个大收藏家,藏品有威尼斯画家及其他画家的杰作。

1710年,女王把藏品卖给了法国摄政王菲利普(Philip),这笔买卖的经纪人叫卢蒂(Benedetto Luti),他是当时罗马最优秀的画家,一直关注艺术品的市场行情,除了自己买,还经常有人托他帮着买卖艺术品,这些人有贵族、红衣主教,甚至罗马教皇。那年,卢蒂聘英格兰北方人肯特(William Kent)当助手,肯特以前给人当过美术辅导老师,这次来罗马是想临摹大师的作品。1714年,肯特开始搞创作,兼做艺术品生意。那时候,家境富裕的英国少年都要到欧洲大陆游学一圈;肯特就把东西卖给这些毛头小子们,几乎是什么都卖,让他们多少了解一点文化知识,等回到英国,不至于光侃打猎、射击、钓鱼如何如何。有个来大陆旅行的纨绔子弟邀请肯特一起回到伦敦,跟他住在一座宫殿里,肯特后半辈子就一直和这家人住在一起,为此人的妻儿当家教。他住的宫殿就是伯林顿宫,让他住进宫殿的人是大富翁伯林顿伯爵(Earl of Burlington)。肯特一安顿下来,很快联系上了一些精神空虚的巨富,他们把亿万银子都花在肯特经营的东西上:购买新古典风格的豪宅、百草园、豪华的内装修(大家看看肯辛顿宫的楼梯便知道豪华到什么程度),还有华丽(得过分)的家具。伯林顿伯爵是肯特的后台。伯林顿伯爵在建筑设计上没有一点灵气(他设计的伦敦伯林顿大屋,其实是帕拉第奥设计的罗通达别墅的缩

1618年,英格兰詹姆斯一世在位,鱼都给荷兰的近海捕鲱船捕去了,詹姆斯不服,令优秀律师塞尔登(John Selden)驳斥格劳秀斯的"公海"论。塞尔登忙活开了,一直忙到1636年才提出"领海"论,这个理论奠定了现代近海边界概念的基础。不幸的是,塞尔登捍卫起个人的普通权利时毫不妥协,这让他跟国王的关系一直不好;他又对僧侣的征税权提出质疑,把教会也得罪了。他能善终,多亏了一位好友阿马大主教兼全爱尔兰大主教厄舍尔(James Ussher)为他开脱。

厄舍尔是历史上数一数二的书籍收藏家,在都柏林刚成立不久的三一学院担任首任"神学争端教授"。他像塞尔登一样,既招人爱,又遭人恨:英国教会觉得他是个极端平等主义者,清教徒觉得他是个极端保皇派。在支持(还是反对)议会处决查理一世,建立共和这件事情上,厄舍尔给人的印象也是既招人爱,又遭人恨。他为宗教改革做出很多贡献,但遗憾的是今人记得他的事迹只有一件,就是他编制了神学编年表,编年表上说,创世的时间是公元前4004年10月23日,星期天;亚当(Adam)和夏娃(Eve)被逐出伊甸园是在当年的11月10日;诺亚方舟在亚拉山停靠的时间是公元前1491年5月5日,星期三。后来查理一世被砍头,时势渐趋凶险,法国天主教领袖红衣主教黎塞留(Richelieu)让新教徒厄舍尔到他那里避难,还送钱给他养老。

这时的黎塞留仍是路易十三的左膀右臂,生平伟业也成就了大半。我们把视线拉回到1624年,那时的黎塞留上任不久,法国的情况正由糟向更糟发展:经济一落千丈,贵族们搞阴谋策划的时间比打理自己庄园的时间多,皇族内部争权夺利,法国的事都是教皇说了算。黎塞留对待自己的职责一律本着皇帝第一,教皇第二,然后再轮别的事情这一顺序。他还对教堂征税,创建法兰西学院,还写过几部很烂的剧本,鼓励其他国家的人才流入法兰西。其中一位人才就是夸美纽斯(Komensky),是一位近乎疯狂的捷克摩拉维亚教派的主教。夸美纽斯想出了泛智论(即小版,有人开玩笑地说它"住人嫌小,挂块表嫌大")。伯林顿伯爵自视很高,拿自己当一国品位的评判权威,打个比方:艺术是块饼,伯林顿总要插上一指头。

所以,伯林顿当上皇家音乐学院的院长也不是稀罕事,是他把德国来的移民音乐家亨德尔(Handel)的作品搬上了舞台。亨德尔从1716年开始也住在有点人满为患的伯林顿宫里,王室成员有一半人很喜欢他。亨德尔的事最后弄得挺尴尬,因为1719年伯林顿在第二次大陆旅行时游到罗马,把名扬欧洲的歌剧作曲家博农奇尼(Giovanni Bononcini)盛情邀请到伦敦。博农奇尼到伦敦后,皇家音乐学院委托他、亨德尔和另一位作曲家为一部三幕歌剧各创作一幕。很快,作曲家各有一帮支持者。威尔士亲王弗雷德里克(Frederick)力挺博农奇尼,因为他父亲乔治二世和姐姐都喜欢亨德尔(弗雷德里克对父亲和姐姐怀有怨恨)。双方较劲,很快变成了"针尖对麦芒"的对抗。后来,乔治二世亲自出马,对抗愈演愈烈。博农奇尼得到了年轻贵族的支持,演出他的作品时,剧场总是座无虚席,而亨德尔的观众却少得可怜,差不多是乔治二世一个人在看。1731年,威尔士亲王弗雷德里克被一只网球击中丧命,两年后,博农奇尼看出来支持自己的势力渐渐弱小,于是逃到了一个危险较小的地方。

去世前那几年,威尔士亲王还和比特伯爵(Count Bute)过从甚密。比特伯爵风度翩翩,和亲王一样,也喜欢植物学[当然,更重要的是喜欢亲王的老婆奥古斯塔王妃(Princess Augusta)]。亲王夫妇被乔治二世逐出宫后,就在伦敦郊外的克佑区的一座新房里(还是肯特搞的)安营扎寨。弗雷德里克亲王去世后,比特伯爵和奥古斯塔王妃就开始造园,日后这个园子成了皇家植物园。按理说植物园应该建,因为从美洲、印度等异域归来的探险家和商人每次回英国都带回许多英国本土见不到的植物,这些植物需要有一个分门别类的地方和生长开花的环境。按照比特伯爵的指示,克佑区还建设一批神殿、宝塔、清真寺、哥特式大教堂、阿通过阅读一切书籍使一切知识相互协调的方法)、普适学校、普适学院,还有一种通用语言。夸美纽斯谢绝黎塞留让他去法国的机会;他三次尝试创办一所泛智大学,一次是在英格兰,因内战没有建成,一次是在瑞典,因未获得一点支持而流产,还有一次是在波兰,因资助人去世而作罢。好在夸美纽斯的积极性没有受打击,他写了一本非常有分量的教育专著《大教学论》(The Great Didactic),为教育儿童写了《世界图解》(The Visible World in Pictures),还写了第一部现代语言教程(捷克语和拉丁语逐页对照)。夸美纽斯去世后,德国人莱布尼茨(Gottfried Leibniz)称赞他是首位世界公民;莱布尼茨和夸美纽斯有相同的观点,他本人也在研究用数字创制出一种通用语言。

莱布尼茨令许多人敬畏,多半是因为他是文艺复兴时期最后一位全才,集哲学家、历史学家、发明家、政治家、图书馆馆长以及改革家于一身。他提出了二进制,还和同时代的牛顿(Issac Newton)同时创立了微积分(不过功劳最终记在了牛顿头上)。莱布尼茨还自掏腰包,研究夸美纽斯所说的那种境界:在基本粒子的概念提出之前,他就在1698年提出了基本粒子假说(他的基本粒子也就是他所谓的"单子",单子是构成世界的能动的实体),他以这个假说使宇宙万物达到了和谐,这些基本粒子处于绝对和谐的状态,乃是神的安排的最终产物(也就是他所说的"一切可能的世界中最好的世界")。

莱布尼茨对人生的乐观看法,在爱挑别人毛病的伏尔泰听来是很难接受的——伏尔泰终于逮着机会了。他在1759年创作的小说《老实人》(Candide)里把莱布尼茨狠狠贬了一通,小说中的庞格罗斯博士(Dr. Pangloss)实际就是丑化莱布尼茨的。伏尔泰大半辈子都在忙着揭别人的短,而被他揭短的人也大多是有头有脸的人物,像法国摄政王、国王的重臣、知识界的当权派,还有面目庄严、不苟言笑、信奉加尔文教的日内瓦政府官员,所以,伏尔泰要么是在监狱里一住老长时间,要么是淡出人们尔军布拉宫,以及其他形态多样、风格各异的建筑。奥古斯塔王妃的儿子做了乔治三世后,比特伯爵得了势,1762年还当过几天首相。因为他是乔治的耳目,所以政敌不少。

其中一个政敌康沃利斯(Cornwallis)也是位伯爵,凡是会直接、间接引爆美国独立战争的决策他都反对。不过,他是个素质优秀又服从命令的将军,英国派他到北美打仗,他就去打仗,而且表现也比他的上级要好。可惜呀,康沃利斯到底是以一个失败者的身份走进史册的。1781年10月,他和他的8000名战士奉命固守约克顿,上级告诉他"钉"在那里不动,等待援军,可他等来的不是援军,而是16 000人的美法联军,还有一支进入海湾的法国舰队,切断了康沃利斯的后援,用舰炮轰击他的部队。10月19日,在火力和兵力都寡不敌众,又根本没有增援的情况下,康沃利斯做了明智的决定:投降。这场战役康沃利斯打得很臭,主要是因为法国人为美国出钱、出人、出武器,还有那位法国将军诡计多端(这一点大家都知道),康沃利斯缴械投降理所当然把宝剑交给了法军司令罗尚博伯爵(Count Rochambeau),而罗尚博伯爵则很有绅士风度,把宝剑转交给了华盛顿将军。

罗尚博伯爵被派往美国统领法国远征军之前,已经是历经十几次大战役的老兵了,放弃打英军在纽约的司令部、包围康沃利斯就是他的主意。等尘埃落定,罗尚博返回法国,法国国王为他加官晋爵,荣誉满身。可是后来的情况说明,他回去不是明智之举。10年后,罗尚博伯爵深陷革命者的囹圄,因为他是个贵族,差点儿掉脑袋。与他住在同一监室的狱友亚历山大·德·博阿尔内(Alexandre de Beauharnais)将军却没他那么好运,据说他在美国独立战争期间跟随罗尚博南征北战;他放弃一切贵族特权,政治上表现激进,下令逮捕国王,应该算是一位绝对的革命者,可最终因疏于职守把麦茨城丢给奥地利而被抓进监狱。给他添乱的还有一个细节:他和玛利-约瑟芙-罗丝·塔契·德·拉·帕热利(Marie-Josèphe-

的视线,过隐居生活。他隐居的地方有两个,一个是小情人埃米莉·迪·夏特莱(Emilie du Châtelet)的城堡里,在西雷;一个是费尔奈,那儿离瑞士边界很近,法国当局要来抓他时,他可以跑。伏尔泰和埃米莉待在西雷城堡,那里就像一只知识分子的捕鼠器,不久便吸引来欧洲各国的知识分子,把城堡的门槛都踏破了。也就是住在西雷城堡期间,伏尔泰听说一名叫斯帕兰扎尼(Lazzaro Spallanzani)的意大利学者在做一项有趣的实验,他把蝾螈、蟾蜍、青蛙和蚯蚓的肢体切掉,想寻找被切肢体再生的原因。让伏尔泰特别感兴趣的是有关蚯蚓灵魂的问题:把蚯蚓切成两段,这两段就会变成两条蚯蚓,那么,多出的那条蚯蚓的灵魂是从哪里来的?为了不让梵蒂冈找麻烦,伏尔泰提出了一个解释:动物身上就带有繁衍子孙后代的种子(这个解释后来发展成了生殖生理学)。这个看法虽然不能完美地解答斯帕兰扎尼挑起的神学难题,但解答得已经相当不错了。斯帕兰扎尼做过的科学研究还有很多很多(这些研究都是在一个几乎一切都有待于发现的时代做的)。

斯帕兰扎尼的名气越来越大,德国人恩斯特·阿马多伊斯·霍夫曼(Ernst Theodor Amadeus Hoffmann)在所创作的《霍夫曼的故事》(*Tales of Hoffmann*)中还把他当作科学奇才的原型编了一则故事。霍夫曼是一名诉讼律师,爱好戏剧,也爱喝酒。他写的机器人、超自然、长生不老的故事离奇玄妙,给许多音乐创作者带去了灵感,让他们写出一部部传世之作,如德立勃(Delibes)的《葛蓓莉娅》(*Coppelia*)、奥芬巴赫(Offenbach)的《霍夫曼的故事》、柴可夫斯基的《胡桃夹子》(*The Nutcracker*)。霍夫曼的中间名原来不叫阿马多伊斯(Amadeus),叫威廉(Wilhelm)。他改名"阿马多伊斯"是因为他十分崇敬沃尔夫冈·阿马多伊斯·莫扎特(Wolfgang Amadeus Mozart)。莫扎特偶尔也搞一点神秘怪异的题材[比如,他拿他的朋友梅斯梅尔(Mesmer)医生的磁石来给《女人心》(*Così Fan Tutte*)里

Rose Tascher de la Pagerie)是名义上的夫妻,妻子来自一个名叫"闹闹"*实则宁静的小村庄。后来,她成为拿破仑的第一任妻子,改名约瑟芬(Josephine),这个名字想必大家更熟悉。约瑟芬和博阿尔内的婚姻虽然名不副实,但是两人却生了一个实实在在的儿子兼继承人欧仁(Eugene)。欧仁比他父亲辉煌多了。

法国大革命时期年轻贵族必做的功课是劳动。欧仁学过木匠,那段日子比较痛苦。以后,欧仁事实上的继父拿破仑才让他的日子好过一些。欧仁参加了雾月政变,帮拿破仑当上第一执政官;他打过无数胜仗。有一次有人想谋害拿破仑,欧仁挺身相救,所以,他在当时口碑极佳。拿破仑封他为帝国亲王,把意大利送给他,促成他和巴伐利亚公主结婚——欧仁在1814年拿破仑退位之后就去了巴伐利亚。拿破仑于1815年从厄尔巴岛出逃,卷土重来,搞"百日"复辟,欧仁始终保持低调(倒是写过几封支持拿破仑的信),直到滑铁卢战役结束,拿破仑被流放到圣赫勒拿岛上。

欧仁的岳父马克西米连(Maximilian)是巴伐利亚的选帝侯,实实在在过着帝王般的生活。1801年,为将来打算,他和拿破仑签定一份条约,把四处劫掠的邻居奥地利人给镇住了。拿破仑手里有欧洲最优秀的勘测员,他把他们召集起来组成委员会,勘测被他征服的土地。拿破仑选了几个地形学专家帮助马克西米连实施马克西米连早在心中酝酿的改革计划,这项计划既需要资金(从征收财产税获得),也需要更好的地图(可以告诉他谁是财产所有人,因而知道是谁还欠着什么)。马克西米连设立了一个土地登记处;1805年,他把位于本尼迪克特鲍恩(Benediktbauern)的一座被他征用的圣本笃会修道院改作绝密生产中心,专门生产经纬仪、望远镜等测量仪器上用的透镜。1810年,生产基地已经能制造

---

* 法语原文是 Noisy, 而 noisy 在英语里为"嘈杂喧闹的"之意,作者巧借这个英法同形词造成诙谐的语言效果。——译者

的人物治病*]。和霍夫曼一样，莫扎特也借用别人的故事写他的东西，如《费加罗的婚礼》(The Marriage of Figaro)，取自法国一位失败的剧作者博马舍(Caron de Beaumarchais)的同名剧本。

博马舍写剧本不行，但在别的方面却是个成功人士，是他为美国人打独立战争提供了资助。就在波士顿倾茶事件之前，博马舍在伦敦当了一段时间密探，他发回情报说：英国人私下里已经急着想把13块殖民地甩掉，而法国只需要稍稍下点气力帮一把，就能把美国独立的事办成。法国稍稍下的那点气力——数百万钱款、一支舰队、数万军队，以及远远超过美国需要的军事装备（这还算稍稍下点气力！）——最后把法国掏空了，致使全国陷入混乱，最终发展至无政府状态，也就是后人熟知的法国大革命。不过，那点气力也让法国对英国人竖中指——在法国人看来，整垮英国人是他们的初衷，而美国独立是次要的。

博马舍还很喜欢技术。1783年9月，还在做王室修表匠的他跟着国王和王后玛丽·安托瓦妮特(Marie Antoinette)到阿诺内一同观看最新式的蒙戈尔费埃热气球第一次载荷飞行，上面搭乘了一只羊、一只鸡、一只鸭。1806年的时候，载人热气球已经平常得不能再平常了。那年，两名法国科学家盖-吕萨克(Gay-Lussac)和毕奥(Biot)乘坐热气球上升到12 000英尺（约3600米）的高空，观测高度对磁针的影响。测试结果显示，这样的高度对磁针没有影响。毕奥属于那种只要自己感兴趣就会不计得失、勇于探索的人。他做了许多试验，研究海市蜃楼、气体密度、天文学、声音传播、测量学、鱼鳔、金属导电性、电解等等。最让毕奥着迷的是晶体及晶体对光的作用，即晶体可使穿过其中的偏振光产生旋转。利用这个现象，让偏振光穿过溶有晶体物质的液体，使光束旋转，再进行观察，就能得知溶解于液体中的晶体物质的特征。这就是说，在我们品尝

---

* 该剧第一幕第四场有侍女假扮医生拿出了神奇的磁石救治病人的场景。——译者

出欧洲最好的镜片,这个功劳应记在夫琅禾费(Joseph von Fraunhofer)的账上,他专门负责镜片的生产工艺。

夫琅禾费一直想研制一种不让图像变形失真的透镜;他发现最好的测试办法就是用一束非常细而明亮的单色光,察看光线穿过玻璃时是否有某些变化,于是他就用单色光检查玻璃,保证其纯度。产生单色光束的方法是:让火焰的一束光线通过一个狭长的小口进入望远镜。以后他又用这个办法借助太阳光产生细而明亮的光束(这次是让光束通过棱镜而不是望远镜),他注意到他得到的光并不是一种单纯的亮光,光谱被很细的暗线打乱了:夫琅禾费谱线被夫琅禾费发现了。

第一轨迹完

蔗糖水之前，甚至无需品尝它，就可以通过实验获知蔗糖水的甜度。想当年，毕奥的旋光糖度计是蔗糖工业的宝贝。

难怪毕奥会鼓励像他一样的怪客，这其中就有一位叫德克卢阿佐（Alfred-Louis-Olivier Legrand Des Cloizeaux）的怪人。他怪吗？有一种稀有矿物叫矾铅锌矿，用就用他的姓氏 Des Cloizeaux 命名的。1845年，毕奥为德克卢阿佐安排了一次有趣的旅行：去冰岛研究晶体。德克卢阿佐第二年回法国时，带来一群四下里看新鲜的德国人。这群人中有一位不顾危险，仔细观看了间歇泉和火山喷发（他是个独眼龙，早先的一次实验爆炸夺去了他的一只眼睛）。这个人就是热燃气专家本生（Robert Bunsen）。本生第一个指出，英国的炼铁炉排烟浪费了80%的热量，还丢失了一些宝贵的副产品（如氨）；他认为改变这一状况的好办法就是循环利用燃气。本生还发明了学校学生熟知和喜爱的本生灯。本生灯的高妙之处是它的火焰没有颜色，拿不同物质在本生灯上燃烧，火焰都会因物质不同而变换不同的颜色。

最后……

1859年，本生的老朋友基尔霍夫（Gustav Kirchhoff）用本生灯燃烧得到一束亮光，并让它通过一个三棱镜，就此他解释了夫琅禾费暗线的成因。他发现燃烧的物质吸收了它发出的光波，继而在光谱的相应位置会留下暗线。所以，现在我们可以燃烧某种物质，通过光谱分析来了解这种物质的化学成分。不过，像太阳或者距地球亿万光年之遥的恒星就可以免烧了，因为它们已经在燃烧，不用我们费事了。这个妙招就叫"光谱分析学"。

9 1686年：从政治小曲到尼龙

英国广播公司(BBC)用一首英国老调《利利布蕾落》(Lillibulero)当电台的开始曲。倘若你收听BBC的广播，就是为了听听这首曲子消遣一下，那也不为过。你要是不知道这支曲子，那就打开收音机找到BBC电台听一听吧，没准你很快就能烂熟于心，走到哪里不经意间便用口哨把它吹出来呢。说来挺有意思：这首欢快的小曲儿诞生于17世纪，不过当时它是一首反对天主教的宣传歌曲，今天在贝尔法斯特的某些地方还能听到它。

《利利布蕾落》是不是爱尔兰的传统小曲倒也无所谓;1686年,这首小曲经普塞尔(Henry Purcell)改编,一下成为尽人皆知的名曲。普塞尔是宫廷乐师,他搞作曲就像是和世界顶尖的唱片公司签了约,而且合约是没有限制的。普塞尔侍奉过3个皇帝,分别是查理二世(其间创作了一些圣歌和宗教曲目)、詹姆斯二世(其间的作品有加冕弥撒)、威廉三世(作品有玛丽女王生日颂歌和葬礼用曲)。他是威斯敏斯特大教堂的终身管风琴师,所以他有条件写一些戏剧插曲、配乐和大部头的音乐作品,还有像《狄多与埃涅阿斯》(Dido and Aeneas)这样的歌剧作品,而不必为票房收入发愁。说到这儿,笔者要特别提一提为他写剧本的一位作者——德莱顿(John Dryden)。德莱顿特别喜欢普塞尔为他1690年创作的剧作《安菲提翁》(Amphytrion)谱写的音乐。德莱顿跟所有生活在天主教和新教势力拉锯更迭时期的人们一样,明哲保身,凡事小心谨慎,见风使舵,不吃眼前亏。那时候,言行稍有闪失,便会招来不幸。所以,读德莱顿的重要作品[比如《阿沙龙与阿齐托菲尔》(Absalom and Achitophel)],往往会觉得文意晦涩,无法弄清楚作者的真实立场。今天研究德莱顿文学作品的学子们,如果不了解德莱顿的障眼法,读他的作品简直如读天书一般,免不了昏昏欲睡——尤其是因为那个时代的人写东西,总是摹仿古典样板把自己想讲述的故事情节糅合进去。

这一切都是布瓦洛(Nicolas Boileau)的功劳,布瓦洛是个很有影响力的人物,1668年他在《诗歌艺术》(Art of Poetry)一书中为古典派诗歌定下条条框框。布瓦洛的靠山是路易十四的情妇,因为有这层关系,布瓦洛当上了御用史官,被选为法兰西学院的院士,获金钱无数,大宅一套。受到如此恩宠,布瓦洛自然要使劲提倡君主专制式的人生观——人要想健健康康地生活,那就必须做到凡事皆有法度;这种观念也包括要一板一眼按照古罗马的诗歌风格创作诗歌。布瓦洛创作了不少长篇古风诗词,其中一首诗描述修道院为摆放诵经桌发生争执的故事,气势宏大,史诗

1687年,沃顿(Thomas Wharton)为《利利布蕾落》这首小曲填上词,把它变成了一首讽刺意味很浓的反对天主教的歌,不久便为人们竞相传唱,在支持信奉新教的威廉三世、推翻信奉天主教的国王詹姆斯二世的斗争中,发挥了作用。沃顿本人是新教徒,他在新国王手下很快如鱼得水。不过他为人寡廉鲜耻,特别会撒谎;他迷恋赛马,是举国闻名的浪荡公子,对"罪恶和政治"有超乎寻常的兴趣。名声虽然很臭,可没妨碍沃顿在1706年被提拔为负责英格兰与苏格兰合并事宜的专员,也没挡住他3年后荣升爱尔兰总督。在赴任爱尔兰总督时,他还带了一名作曲家,叫克莱顿(Thomas Clayton),他让克莱顿帮忙组织都柏林城堡的招待娱乐活动。在去爱尔兰的前一年,克莱顿创作了歌剧《阿尔西诺埃》(Arsinoe),在特鲁里街剧院上演,该剧是新颖的意大利风格的全唱式歌剧。克莱顿在艺术上有过短暂的辉煌;创作《阿尔西诺埃》之后,他为了这短暂的辉煌,决定不再用意大利语写意大利式歌剧。1710年,他从爱尔兰返回英国,之后为英国诗词谱写了很多音乐。

克莱顿的创作得到了出版商兼散文作家斯蒂尔(Richard Steele)的支持。斯蒂尔温文尔雅,手里办有一份杂志,名为《闲谈者》(Tatler),每周出版三期,刊载杂谈、政治、文学批评、国外新闻,多数稿子是斯蒂尔自己写的。1711年《闲谈者》停刊,不久斯蒂尔又创办一份杂志,名为《旁观者》(Spectator),大获成功(每周发行量10 000份)。《旁观者》的政治讽刺更尖锐,让政治对头们很是不满,不久就把这份杂志给毙了。斯蒂尔和伦敦的文化精英交往很多,许多时间跟他们泡在一起,常去的地方是以文学、政治为讨论主题的基特-卡特俱乐部。1700—1720年,肖像画家克内勒(Godfrey Kneller)为这个俱乐部的48名成员(包括斯蒂尔)画了肖像。克内勒是个完完全全英国化了的德国人,是历史上最成功的肖像画家之一。他于1677年来到伦敦,在此后的46年间,为10位欧洲当朝君主、14位海军上将、数不清的达官贵人(以及他们的夫人和情妇),还有掏得起味儿浓厚。1713年,有位年轻的剧场设计师兼画家吉洛(Claude Gillot)为布瓦洛的诗作画了插图。路易十五风格*的轻松浮躁,多半源自吉洛等一批艺术家。吉洛的设计以建筑、涡卷纹装饰、贝壳纹雕花装饰,还有穿奇装异服的人物见长,这些设计经常用来装饰镶板、大键琴、悬挂物,还有枪托。当时兴起一种新潮画,名为"游乐画"(fête galante),吉洛算是该画派的先驱。游乐画常以贵族寻找新的行乐方式为主题:贵族们装扮成农民或戏剧里的人物,扎堆儿站在花园里。1708年,吉洛的学生华托(Antoine Watteau)将这种画发展成一个流派。华托的游乐画对人物描画细腻、动人,画面常添加一两个略带顽皮、别有寓意的景象让观者去揣摩画中人物接着可能跑到树丛后面做些什么。其实,华托除正经作画,还顺带画一些很色情的作品,挣点外块。托他作画的人都是他的赞助人,其中一位很可能是银行家兼艺术品收藏家皮埃尔·克罗扎(Pierre Crozat)。1711年,克罗扎邀请华托住在他的巴黎豪宅为他画画,画了整整一年。克罗扎能达到那样的人生高度,多亏有他的哥哥安托万(Antoine)扶持。安托万农民出身,精于算计,最后还借给法国政府很多钱。

1712年,安托万·克罗扎买断法属路易斯安那殖民地的一切贸易权利(路易斯安那包括现在的阿肯色州、伊利诺伊州、艾奥瓦州、路易斯安那州、明尼苏达州、密西西比州、密苏里州和威斯康星州),传说那里漫山黄金和宝石。5年之后,路易斯安那漫山黄金宝石的传说还是传说,无奈,安托万把这一带的贸易垄断权转让给苏格兰人约翰·劳(John Law)。约翰·劳为人刁猾诡诈,要是那时候有冰箱的话,他能哄得因纽特人买冰箱。约翰·劳开始骗那些贪婪的法国投资者,他们被蒙在鼓里,不知道路易斯安那有黄金宝石是个弥天大谎。约翰以前赌博,捞了一大把,他有个计划,可以让法国经济摆脱糟糕的境地。计划的第一步(1717年)

---

*路易十五风格,或称路易十五世风格、洛可可风格,源于法国,在路易十五执政时期最显见于家居装饰,以造型婀娜、优雅,工艺精湛著称。——译者

腰包的风流人物画过肖像。他被加封为准男爵。老年的克内勒舒舒服服地住在乡间的豪华别墅里（就是现在的克内勒宫，位于伦敦郊区的维克汉），美中不足的是他腿脚不便。1721年，他发烧，竟不治而亡。他的私人医生叫米德(Richard Meade)，经验不可谓不丰富，克内勒的病对米德来说本是小菜一碟，可他愣是没有治好。米德跟克内勒很熟，业余收藏艺术品[拉斐尔(Raphael)等名家的画品均有收藏]；因为给牛顿、罗马教皇等名人看过病，所以名气很大，钱也不少挣。

  米德名利双收是在他做过一次著名的实验之后。那次实验是专门演示给威尔士亲王看的：先让7个罪犯感染天花病毒，然后给每个犯人接种一种刚从土耳其传到英国的新疫苗，疫苗的效果其实还未证实；实验的结果是这7名罪犯不仅没出天花，还获得了天花免疫。于是，亲王的孩子们接种了新疫苗，于是，所有人都接种了新疫苗。米德还写了一本谈预防瘟疫的著作，这是世界上第一部讨论公共卫生问题的重要著作。他的唯一一次失误大概就是站在劳德(William Lauder)一边。劳德是一位性格乖戾的学者，专门研究苏格兰经典，不过最后的下场不好。1747年，他宣称：经他分析后发现，弥尔顿(John Milton)的《失乐园》(*Paradise Lost*)是抄来的，被抄的作者达97位。此言一出，一片哗然。劳德的看法是：弥尔顿是个伪造者。在随后的争论中，一位爱好文学的教士道格拉斯(John Douglas)特意跑到牛津大学的图书馆，花费数周时间深入调研，查阅了劳德指证的出处，最后得出结论，有理有据地证明劳德本人才是个伪造者，他的证据全是伪造的。劳德完蛋了，他先坦白交代，然后离开英国跑到巴巴多斯岛。道格拉斯则因为这件事声名鹊起，后来做了大英博物馆的托管人，再后来当上了索尔兹伯里主教。道格拉斯写的评论里爱用一些读起来怪怪的俏皮话。他在1752年写了一篇评论文章（小心得如履薄冰一般），说现代奇迹，譬如"君王一摸治百病"这类，根本达不到《福音书》里列举的奇迹标准，所以不能称之为奇迹。

是：将金属货币转换为以黄金作后盾的纸币，让商业重新运作起来，由约翰·劳接管路易斯安那，掌管法国对外贸易和造币厂（劳负责清偿国债）。计划的第二步（1718年）是：将路易斯安那计划的股票售出，支付上述费用。1720年的时候，法国投资者获利达到了1000%，读者肯定看出来了：要坏事了。没错，物价飞升，接着就是通货膨胀，没多久货币贬值，最后是经济崩溃。约翰·劳撇下烂摊子，逃到了国外。约翰·劳在盛名之时（法国财政总管），和他的老朋友——英国驻巴黎大使达尔林普尔（John Dalrymple）发生分歧，尔后为了安抚约翰·劳，达尔林普尔被英方召回。达尔林普尔在巴黎的主要任务是监视斯图亚特的活动，这位王子是英国的心腹之患。1715年，斯图亚特王子为攫取王位发动政变，但没有成功。英国让达尔林普尔出任驻巴黎大使，是奖赏他在军队的杰出表现。约翰·劳逃亡后，达尔林普尔又回到部队，最后当上英国陆军元帅。

1742年，达尔林普尔担任驻欧洲大陆英军的总指挥，他点名让爱丁堡大学的一位气体力学教授普林格尔（John Pringle）做军医。6年后，普林格尔回到伦敦，开始撰写《军中疾病》（*Diseases of the Army*）一书，首次提出战地医院应具有中立性的主张，一举成名，为后来国际红十字会的建立作了重要铺垫。普林格尔与科学伟人（本杰明·富兰克林和普里斯特利）齐名；又于1766年担任御医，专为国王和王后看病，所以，1772年他当上英国皇家学会会长也是顺理成章的事儿。他当会长当了6年，并没有注意到皇家学会也不是事事都好。1778年，约瑟夫·班克斯爵士接他的班担任会长，对皇家学会的管理机构进行了清理，把自己的亲朋好友拉进学会当会员。他的做法激起众人不满，许多会员辞去不干，不过这样一来，成全了班克斯，他在接下来的42年里成了英国科学界说一不二的人物。这个厉害的班克斯有一段个人背景是确凿无疑的：他曾经跟随库克船长一起出海远航；他自掏腰包（当然是九牛一毛啦）收集植物标本，种类之多，盖世无双；他还说服他的国王朋友修建皇家植物园。1779

他在一封信里阐述了这个观点。这封信是写给一位匿名和他通信的人的，后来才知道这个匿名者跟道格拉斯同在一所大学共事，其名气一点不逊于提出劳动分工、写出《国富论》(The Wealth of Nations)的经济学天才亚当·斯密*。亚当·斯密在1766年访问巴黎，邂逅法国牧师莫雷莱(Abbe Morellet)。莫雷莱名为牧师，实际是个科学家，像他这样的人在18世纪的法国属于少数。启蒙运动的那些大人物他都认识。他对狄德罗主编的《百科全书》贡献很大。他是个自由派思想家，所以也是个亲美派，特别是在1785年莫雷莱认识杰斐逊，帮他把《弗吉尼亚纪事》(Notes on the State of Virginia)译成法文后，他的亲美思想更加强烈。哈，两人的伙伴关系就这样定下了——文人间合作常有这样的事。杰斐逊的生活慰藉是他找了个绝色的英伦美女做情人，这个情人名叫玛丽亚·克斯韦(Maria Cosway)，是个画家，她的丈夫专在鼻烟壶的壶盖上画春宫图，赚了不少钱。玛丽亚最出名的不是画，而是她主张妇女接受教育。她后来成为奥地利女男爵。玛丽亚的哥哥乔治·哈德菲尔德(George Hadfield)是个建筑师，他在1789年结识杰斐逊，5年后，杰斐逊安排哈德菲尔德在华盛顿特区的国会大厦工作。哈德菲尔德成为第一个加入美国国籍的外国人。在杰斐逊的帮助下，哈德菲尔德干得很不错，他设计了华盛顿市政厅、华盛顿剧院，还有(最著名的)阿灵顿舍。阿灵顿舍是1802年乔治·华盛顿·卡斯蒂斯(George Washington Custis)委托他设计的。卡斯蒂斯是伟人华盛顿收养的孙子，这一点卡斯蒂斯本人动不动都要搬出来念叨念叨。他搞过几天戏剧，他的剧本均以国家民族为主题；首场演出常"碰巧"安排在他的养祖父乔治·华盛顿生日那天，怎奈他的作品平庸无奇，紧贴着爷爷的生日也没能挽回上座率，没演几场就演不下去了。于是，卡斯蒂斯就此搁笔，转回头去经营他的家业和阿灵顿舍。

---

* 道格拉斯的这封信是指他的著作《关于奇迹标准的通信》，匿名者是指与亚当·斯密同时代的哲学家大卫·休谟。道格拉斯在该书中批判了大卫·休谟的理性主义。——译者

年，班克斯提出一个好建议：把被判有罪的罪犯（比如偷了一条手帕，这就算犯罪了）运到澳大利亚。1786年，他协助起草多份方案，指导建设和管理流放罪犯的殖民地；殖民地刚一建好，班克斯便于1789年说服年轻的植物学家凯利（George Cayley）前往澳大利亚的新南威尔士，为皇家植物园采集植物标本。

1800年，凯利到达新南威尔士，此后10年，他一边研究植物学（获得桉树的第一手资料），一边探险。他曾经想找一条穿越蓝山的道路，蓝山是向澳大利亚西部殖民扩张的障碍。1804年，凯利和一群不加看管的犯人一起找，也没能找到路。读者从他们给一处险境起的名字便能知道他们这次探索是多么艰险，那个地方叫"魔鬼荒野"（the Devil's Wilderness）；凯利在深山峡谷里上上下下探寻了一个多星期，最后给山岭取了个名——"班克斯山"，然后就返回了。1813年，另一位被班克斯说服来澳大利亚探险的乔治·布兰克斯兰（George Blaxland），沿山脊线找到一条捷径，可以穿越蓝山，到达一处他认为"够牲畜吃30年草的草地"。他有个兄弟叫约翰（Jhon），跟他一起来到澳大利亚。约翰提出改变罪犯监禁地的状况，使贸易更自由、法律更宽容的主张，借以向当局发难；最后他的主张竟变成了现实。他在悉尼郊外购买一套房子，在那里定居。1834年6月，一位叫胡格尔（Charles von Hugel）的奥地利男爵途经悉尼来访问他。那时候，胡格尔的环球旅行刚走完一半，他计划去中东、印度、东南亚等地方游览6年。胡格尔出身富贵人家，也非常喜欢采集植物标本，维也纳园艺协会就是他创建的。长大成人后他一直当兵，直到去世。他多次参与间谍活动，根据自己的不凡经历，写了很多著作。

胡格尔的个人故事虽然记述很多，却没有提及他当初为什么要离开家乡。我们把视线拉回到1831年。胡格尔和美丽的女伯爵费拉里（Melanie Ferraris）订下终身，可是奥国政治大腕梅特涅（Metternich）亲王不答应，想把费拉里夺过来，当他的第三任妻子。梅特涅的第二任妻子为他

1864年，阿灵顿舍由美国政府收购，后改建为阿灵顿国家公墓。改建公墓的主意是梅格斯（Montgomery Meigs）将军提的。梅格斯从军校毕业，先当过一段时间工程师，以后被任命为联军的军需官；美国内战期间，他改革全军的官僚体系，提高工作效率；在那期间他还花费了15亿美元（以当时的情况看，花费之巨有些超乎想象），但他花的每一分钱都说得清、道得明。那时候盛行回扣风，梅格斯将军能做到这一点的确是不简单。梅格斯承担着好些艰巨复杂的任务，其中之一便是确保部队给养安全到达指定的前线位置。所以，铁路的路况、运营状态，还有铁路电报系统显得极其重要。为了做到万无一失，梅格斯聘用前宾夕法尼亚州铁路公司主管托马斯·斯科特（Thomas Scott）。斯科特来华盛顿时，还带着一位才智出众的年轻人卡内基（Andrew Carnegie），他的工作就是管理和维护军队电报通信。内战结束后，卡内基先经营铁路，接着做钢铁和煤炭生意。到1889年，卡内基已经是个亿万富翁了，他到处发表演讲，告诉人们怎样致富，怎么保持财富，富了之后如何在死前回馈社会（卡内基认为，捐资行善才是人生真正成功的证明）。卡内基有许多遗赠，1885年，其中一份遗赠给了剧团经理瑟伯（Jeannette Thurber），瑟伯也是一个爱捐钱行善的人。那时候，瑟伯刚开始组建纽约国立音乐学院。为了创作出具有美国特色的音乐，瑟伯不惜重金邀请德沃夏克（Dvorak）来美国——比他在布拉格多拿24倍的薪水，让他照着已经搞出来的捷克特色的音乐，搞出具有明显美国本土特色的音乐来。德沃夏克不负重托，创作出《新大陆交响曲》（New World Symphony），融会了美国原住民旋律、黑人音乐、殖民地民间小曲，为美国作曲家定下了风格。德沃夏克回到捷克，《新大陆交响曲》于1896年在维也纳首演；在首演音乐会上，德沃夏克和他的音乐领路人、著名音乐家勃拉姆斯坐在一起。成名之前，勃拉姆斯一直为一个室内乐队弹奏钢琴，乐队成员中有格丁根大学的著名外科教授费迪南德·洛迈尔（Ferdinand Lohmeyer）。

生了个儿子,叫理查德(Richard)。理查德跟另一位绝色美人保利娜(Pauline)结婚。理查德到巴黎当奥地利大使不久,保利娜便很快和法国的欧仁妮(Eugénie)皇后交上朋友。这两个女子凭她们的乐趣和游戏——当然还有服饰,把个巴黎震撼得前摇后晃。两人的服饰全是沃思(Charles Worth)提供的(厉害啊),使绢纱、绸缎身价猛涨就是沃思干的。接着,沃思又让巴黎人心头一动,眼前一亮:他为欧仁妮皇后设计的裙子下摆居然离地达4英寸(约10厘米),差点把皇后的脚脖子露出来。

这款裙子实际是沃思服装屋1901年聘用的一名年轻设计师设计的。这名设计师叫波烈(Paul Poiret),他废弃女子紧身胸衣,设计出裙摆上加小开衩的旗袍裙。第一次世界大战迫使不少妇女参加工作;1925年的时候,波烈又把旗袍裙的下摆上提到小腿中间。此后,裙子的下沿就沿着腿继续向上提,提上去就没下来过;第二次世界大战一打起来,裙子更是沿着不断上提裙摆的道路前进:可能是布匹供应紧张的缘故,裙子下摆提到了膝盖。这下问题也来了:那时,所有的蚕丝都被用来做降落伞了,没有多余的蚕丝做长袜给妇女们穿,这可怎么办?

第一轨迹完

1892年,洛迈尔的女儿埃玛(Emma)与格丁根大学物理系的能斯特(Walter Nernst)结婚。能斯特因为提出热力学第三定律而获得诺贝尔化学奖,他还为物理与化学相结合做出了开创性贡献。1900年,年轻的美国人刘易斯(Gilbert Lewis)跟能斯特读了一年研究生。能斯特运用物理学理论解释化学反应,以及1897年电子被发现,这两点让刘易斯很受启发。回到哈佛后,刘易斯提出了原子可以共享电子形成化学键的理论,从而把物理化学又向前推进了一步。1923年,他发表《化合价与原子和分子的结构》(Valence and the Structure of Atoms and Molecules),为现代化学奠定了基础,这一成果激发起另一位美国化学家卡罗瑟斯(Wallace Carothers)的研究热情,不久他发表一篇文章,引起美国杜邦公司的注意。杜邦公司请他做专职研究。1929年卡罗瑟斯发现,高分子链,即所谓的聚合物,是借助简单结构结合在一起的,而且分子链可以无限加长。为了制成世界上最长的链,卡罗瑟斯研制出一种既强韧又有弹性,隔热性也好的聚合物,可以把它拉成极细的丝,纺成丝线。

最后……

卡罗瑟斯的聚合物解决了女裙裙摆短和蚕丝紧缺的问题。1940年，这种新的聚合物被投放市场，取名"尼龙"。

10 1703年:从基特-卡特俱乐部到太阳镜

据说基特-卡特俱乐部的名字取自一家小酒馆,这家酒馆位于伦敦邓波儿吧区。1703年,俱乐部头几次聚餐就在小酒馆里举行,当时的招牌是"猫与提琴"。俱乐部的主旨就是给成员们提供聚在一起高谈阔论喝酒吃饭的地方,当然啦,还要多想一些让政府当局头疼的法子。参加俱乐部的人都是反对派政治人士、贵族,还有搞文学的可疑分子。

俱乐部的创始人之一是哈利法克斯伯爵（Earl of Halifax）查尔斯·蒙塔古（Charles Montagu），他是牛顿、洛克（Locke）、哈雷（Halley）的朋友，还是著名作家康格里夫（Congreve）和阿迪生（Addison）的经济资助人。是他提出了政府向个人借债的现代方式，比如国债（借钱）、附息政府公债（保证偿还）；是他创建了英格兰银行（允许政府债权人凭债券借贷），还设立了保证税（让百姓放心，政府想赖账也赖不了）。这些都是国家大事，不过蒙塔古有机会忙里偷闲，轻松一下。让他偷闲轻松的不是别人，正是牛顿的外甥女凯瑟琳·巴顿（Catherine Barton）。凯瑟琳美貌、机智、魅力无限，平时为牛顿料理家务，给蒙塔古当了14年情妇。按照基特-卡特俱乐部的传统，蒙塔古用一枚钻石在葡萄酒杯上刻下祝辞，赞美凯瑟琳的美丽。1715年，蒙塔古去世，留给凯瑟琳一笔财产，但蒙塔古的家人没让她得到这笔财产。此后，凯瑟琳回舅舅牛顿家待了两年。

两年后，一个男青年出现了，他深为凯瑟琳的美貌所吸引，娶她为妻。新郎名叫康杜伊特（John Conduitt），对伟人牛顿也十分敬畏，牛顿说过的每句话、每个字，他都一一记录在案。牛顿去世后，康杜伊特接任牛顿的造币厂厂长一职；在流行金银币的年代，康杜伊特提出在爱尔兰发行铜币，解决零币短缺问题，由此招来骂声一片。康杜伊特计划为牛顿写一本传记（没写成），他收集了很多关于牛顿的资料，加上他自己的笔记；这些资料后来在其他作者写牛顿传记的时候都用上了。康杜伊特的造币厂厂长职位原本打算留给牛顿的好哥们儿赛缪尔·克拉克（Samuel Clarke）牧师，但赛缪尔不愿任厂长，婉言谢绝，他认为造币厂的工作对于神职人员来说太"世俗"。不过，不愿涉足非宗教事业，并不妨碍克拉克接受造币厂为他儿子提供的工作岗位。克拉克是公认的神学大家，他在王后每周两次的高知茶座上阐述观点，倡导一种理性的基督教。在1724年的一次茶座上，克拉克碰到爱尔兰教士贝克莱（George Berkeley），两人的见解大相径庭，争得不可开交。贝克莱持主观经验论的观点"存基特-卡特俱乐部开张的时候,萨默斯勋爵(Lord John Somers)是俱乐部里比较抢眼(也比较有权势的)的人物之一。他是个很善于打官司的律师,1695年,萨默斯由副检察长晋升为大法官(大法官是英国的第一律师),深得国王信赖,国王常听他的意见;譬如国王威廉三世出国与法国人订立条约(未果)的时候,萨默斯常常主持摄政会议。一帆风顺、官运亨通,萨默斯的人生虽风光但平庸,好在还有那么一个亮点为他平淡的生活增了点令人愉悦的色彩。有个坏蛋叫基德船长(Captain William Kidd),本来奉命去缉拿海盗,海盗捉了多少不知道,基德本人干着干着,却自甘堕落,扬起海盗旗当上了海盗,杀人越货、罪恶累累。1701年,他被抓获,后被处以绞刑。而萨默斯不知怎的被卷到基德的案子里去了。

要说一个权贵与一个罪犯来来往往、勾勾搭搭在当时是很平常的事,况且也没证据证明他们之间有不法行为*,可是把他和基德的事扯在一起,足以让萨默斯被迫辞去大法官的职务。也是在这个时候,萨默斯的妹妹伊丽莎白(Elizabeth)嫁给了另一位律师约瑟夫·哲基尔爵士(Sir Joseph Jekyll)。哲基尔提出《金酒法案》(对烈性酒课以重税),一跃成为政界名人。他的提案在议会通过后,引起酒民的强烈不满,以至于不得不给他派了一名贴身保镖迎来送往。哲基尔是个思想开明人士,他支持立法废止强迫征兵的动议(强征入伍就是强抓壮丁到海军服役,强迫征兵的手段包括拿棒球棒打,灌烈性酒,把被抓人弄昏过去,等他们醒来时,已经被抓到舰船上或航行到很远的地方,没法回去了)。最早提出为强征入伍立法的人是哲基尔的朋友奥格尔索普(James Oglethorpe),他出身行伍,是议会议员。他还有一个更大胆的计划:把伦敦的穷人、受压迫的人送到一个海外乐园(美洲)。奥格尔索普说,那里暖风习习,几乎没有病灾,雨水浸泡树木日久,触之即倒,辟地开荒是很容易的事;另外,那

---

* 基德奉命出海前,萨默斯送给他1000英镑作资助。——译者

在即是被感知",也就是人感知不到的事物是不存在的(不包括在上帝心里)。贝克莱还花了好些年筹集资金,在百慕大创建一所学院,想让福音跨洋越海传到美洲;之所以选址在百慕大是因为那儿气候宜人。英国国会多次答应提供(相当于现在)100万美元左右的资助;有了英国的承诺,贝克莱就待在罗得岛的纽波特等了3年,等这笔巨款来到,在这期间,他影响和改变了美国的高等教育。可是,他等了一段时间,见政府的资助一点没有来的意思,就说了一句挺有哲理的话来安慰自己——"眼不见,心不想";办学的理想泡汤了,他于1732年乘船返回爱尔兰,最后成为一名有名望的主教。

贝克莱来百慕大时,还带着斯迈伯特(John Smibert),他离开时,斯迈伯特留在百慕大,后担任百慕大学院画院(Bermuda College Painting Academy)的院长。斯迈伯特在意大利学过画,画肖像的,但没什么名气。后来,他移居到波士顿,很快发现在这个小地方他就是个大艺术家;请他画像的富商巨贾蜂拥而至,应接不暇。这让他倍受鼓舞,于是锦上添花,又搞起了建筑设计。当地一位德高望重的名士叫法纳尔(Faneuil),斯迈伯特曾为他画过4幅肖像。法纳尔请斯迈伯特设计一个公共市场,这个市场最后以这位名士的姓氏命名为"法纳尔大厅"。法纳尔大厅于1742年竣工,1761年被一场大火焚毁;1805年,布尔芬奇(Charles Bulfinch)重新建造法纳尔大厅。布尔芬奇学习建筑纯粹是业余爱好,一直爱好到1829年他设计出位于华盛顿特区的国会大厦,以后便改弦更张了。在学习建筑期间,他将英式建筑风格传入美国,把波士顿原来的木质结构建筑改造成砖石结构建筑,譬如马萨诸塞的综合医院、马萨诸塞大厦和哈佛大学大学堂等。布尔芬奇有个兢兢业业的助手叫本杰明(Asher Benjamin),他的设计稿都是由本杰明复制。本杰明把布尔芬奇漂亮的建筑推广到一些偏远的小地方(如马萨诸塞和弗蒙特的小城镇)。1806年他出版了《美国建筑师手册》(*The American Builder's Com-*

地方和中国的纬度相同，可以生产蚕丝、葡萄酒、石油、染料、药物等等很多很多东西。这个世间的伊甸园（奥格尔索普还没去过）后来有了名字，叫"佐治亚"。奥格尔索普和20位支持者（包括哲基尔，他还为这事捐了一大笔钱呢）得到英王发的特许状；1732年，他们带着120名英国穷人和受压迫者出发了，他们在佐治亚落脚，建立了一个定居点叫"萨凡纳"。两年后，又有一批穷人和受压迫者来这里定居，这批受压迫者就是路德教派的新教徒，他们从天主教氛围森严的奥地利萨尔茨堡来。1731年，当局命令他们迁出萨尔茨堡，8天内必须卷铺盖走人，尽管欧洲各国已经达成协议——因宗教原因遭驱逐的人在迁出前最少有3年的准备时间，可是这次奥地利萨尔茨堡当局做得很绝。萨尔茨堡两万多名路德教信徒匆匆收拾行囊，逃向欧洲其他地方，想在新教国家找一个避难的地方。其中一群逃难者由英国福音知识传播会接纳为会员，该会安排他们搭乘一艘去往奥格尔索普乐园的轮船，后来，他们在佐治亚建起了一个新城镇——新埃比尼泽。

策划新教徒背井离乡的歪才是天主教门里的一个下流坯，这人不是别人，就是大主教利奥波德·冯·菲尔米安（Leopold von Firmian）。除了驱逐新教徒，这位大主教把业余时间都花在为萨尔茨堡添彩的建筑上，他还为他的管弦乐队聘请了第四小提琴手。这位小提琴手也叫利奥波德，他写过70部交响乐，但是让他永垂青史的不是这70部交响乐（想必读者会赞同我的看法），而是他介绍如何演奏小提琴的著作。后来，也就是在1756年后不久，他就永垂青史了，原因是他生了个举世闻名的儿子——沃尔夫冈·阿马多伊斯·莫扎特。儿子改变了父亲的命运，也改变了其他许多人的命运。利奥波德·莫扎特最喜欢的音乐是12套古钢琴奏鸣曲，作者是意大利作曲家和古钢琴演奏家帕拉迪斯（Domenico Paradies）。帕拉迪斯想写歌剧，但是没写成。他在英国还是很有名气的（1746年他落脚在英国，一直待到去世）。关于他，别的也没什么可说，只有一个细节

panion)，其设计思想才逐渐传开。《美国建筑师手册》是一本具体指导东部地区木匠怎样按照联邦风格*做活儿的小册子。此书的修订版于1811年出版，本杰明在修订版里吸纳了一些最新家居技术的例子，如既能烘烤、又能烧煮的炉灶。这种新型炉灶是本杰明的美国老乡本杰明·汤普森(Benjamin Thompson)的研究成果。

汤普森在独立战争期间曾帮着英国打仗(所以后来受封为爵士)，随后又被任命为巴伐利亚军队的司令(被封为伦福德伯爵)。在担任司令期间，他又是研究火药性能，又是研究炮管钻孔，成为热和光方面的专家，光和热是他一辈子研究的大事。除了大事，还有些让他执着的小事，比如绝缘、马铃薯(由他引进到中欧)、健康饮食、煮咖啡机、标准烛光；他还创建了伦敦皇家学院，让工匠和穷人们受教育(猜猜会教什么？大概是热和光的知识吧)。1801年，伦福德伯爵为伦敦皇家学院请来一位讲师，是个年轻的化学家，名叫戴维，也写过一些什么著作。戴维擅长演讲，不久他的课堂就场场爆满(听课人数最多达到了1000人)，成为伦敦最受欢迎的演讲人。除了讲课，戴维继续搞研究，后来发现电解现象，并用电解的方法成功分离出钾和钠；另外，他还和乔治·斯蒂芬森(George Stephenson)一起发明了矿工安全灯，于是也成为科学应用的巨人。戴维的名气太大了，鉴于其贡献突出，拿破仑于1813年向他颁发奖金(而那时候，英法还在打仗呢)，最后，两国同意放戴维去法国领奖，跟法国的饱学之士，如化学家谢弗勒尔(Michel Chevreul)这样的人聊一聊。论名气，谢弗勒尔甚至盖过戴维，他去世时，法国举国歇业，以示哀悼。谢弗勒尔也是个化学家，有两个造福人类的发明：一是如何制造廉价的肥皂，二是如何制造廉价的蜡烛。

谢弗勒尔还借此取得了另一项成就，那就是他提出了"同时反衬定

---

* 联邦风格指从联邦政府建立的1789年到约1830年美国流行的装饰风格。这种风格受到过英国和法国新古典主义的影响。——译者

值得一提：他有可能抄袭了另一位比他名气稍稍大点的古钢琴演奏家斯卡拉蒂（Domenico Scarlatti）的作品。斯卡拉蒂在伦敦时，辅导过林利（Thomas Linley），林利的歌剧成就远在帕拉迪斯之上。林利出道的时候在巴斯教声乐。巴斯在英格兰西边，富人和名士经常去那儿洗温泉澡，当地的文化环境也很不错。1774年，林利声望很高，被任命为伦敦特鲁里街剧院（Drury Lane Theater）的清唱剧指挥。1775年，他的第一部歌剧《伴娘》（The Duenna）在特鲁里街剧院公演，引来好评如潮。一年后，他买下了剧院四分之一的股份，继续搞创作，但是听者寥寥，可能是因为他的作品"一点没有天分，没有让人耳目一新的地方，所以显得特色不够"（其他作者的创意他倒搜罗了不少）。剧院的另一个股东娶了林利的女儿伊丽莎白（Elizabeth），他就是谢里丹，歌剧《伴娘》的剧本是他写的，写罢《伴娘》，他就成了其作品在舞台上常演常新的剧作家之一。

几年前，谢里丹还是林利家的朋友。有一个军官狂追伊丽莎白，伊丽莎白不胜其烦，决定跑到法国的一所修道院躲起来，摆脱小军官的纠缠，谢里丹答应送她去。一到法国，谢里丹就向伊丽莎白求婚，于是两人就结婚了。婚后，谢里丹回到英国，成就他的戏剧伟业；他写出了《竞争者》（The Rivals）（1775年）、《造谣学校》（The School for the Scandal）（1777年）。1780年，谢里丹与文学和时尚的权威人物关系不错，后来他走了一条很多人一般都会走的道路：从娱乐业脱身，步入政界。他在议会里的表现很快让他出了名（一次发言讲了两天），比他在特鲁里街剧院上演剧目的名气大多了。论排戏演戏，他只出过一次比较严重的差错：1775年，他同意在特鲁里街剧院把新找到的莎士比亚"遗失"的剧作《伏提庚》（Vortigern）搬上舞台。说到这里，读者您肯定知道这件事的其他细节。莎士比亚的"手稿"很多是赝品[包括《亨利二世》（Henry II）和"莎士比亚抵押书"]，《伏提庚》便是赝品之一，它是一个叫爱尔兰（William Ireland）的年轻人托名写的。这个敢想敢干的年轻人在伪造文学领域为自己找律"(就是看到两种放在一起的颜色时,对这两种颜色的认定会受到影响),爱把各种颜色堆砌在一起的印象派画家把他敬为色彩大师。爱玩神秘的浪漫派画家菲利普·伦格(Philipp Runge)在德国也做过类似的实验:他把基色对按色阶涂在一个木球上,加上黑色和白色,研究人的色彩感识的心理特征(找到了"和谐的"和"不和谐的"颜色对)。1810年,伦格的研究引起博学多才的德国作家歌德的注意,歌德是德国文学界和科学界的泰斗,他天赋极高,涉猎极广,小说、诗歌、戏剧、哲学、植物学、光学、矿物学、建筑学、园艺学、比较解剖学等等,而且无不是得心应手。歌德研究的一大重点是形态学,他认为,人们熟知的各种生物其实起源于同一个祖先,这就是"原始型"。1789年在魏玛,歌德给魏玛公爵当导师,其间,他推荐谢林(Friedrich von Schelling)到离魏玛不远的耶拿当老师,而当时的耶拿正是德国浪漫主义的温床。

谢林提出了"原始物质"的思想,比歌德的"原始型"还原始;原始物质是构成世间万物的最基本东西。谢林认为,物质的变化源于自然界对立物之间的冲突以及冲突的解决(论点、反论点以及合题)。这个玄妙的理论就是有名的《自然哲学》(Naturphilosophie)。这个理论一出,令各地搞科研的学者们兴奋不已,因为该理论好像可以解释一种新的神秘力量——电——为什么在某些地方同磁力现象有联系。1820年,化学家舍恩拜因(Christian Schonbein)结识谢林,遂成为他的信徒。从那时起,舍恩拜因就一头扎进对立现象的研究里,比如物质的合成和分解,比如用电分解氧得到臭氧(舍恩拜因发现了臭氧)。不过,1846年舍恩拜因发现有爆炸特性的火棉好像和他的自然哲学观没有什么关系。他把原棉浸入发烟硝酸和硫酸液体中,洗涤晾干后制成火棉。只要点燃火棉,花一块美元就能换来一场剧烈爆炸,威力之大,军界的头头脑脑们闻所未闻。于是,军火商不分昼夜排起长队,等着购买火棉。舍恩拜因接着又迈出下一步("走向未来"系列丛书总爱用这样的词句),他用乙醚溶解纤到了出路。这篇"新近发现的莎翁手稿"在露馅之前,还得到了威尔士亲王的赞赏——这位亲王动不动就爱上当。其实,一些目光敏锐的学者们已经注意到爱尔兰喜欢加双辅音,加得太多,而且每个单词后面都带个"e"。爱尔兰承认手稿是假的,但是不思悔改,继续造假;他还写了大量的小说、诗歌和散文(均不值一读,连这本书都不如)。他本人的劳动成果之一是一部四卷本的肯特郡郡志(1834年著),郡志经他一写,别人也跟着写起来。有一部是艾塞克斯郡志,作者是托马斯·赖特(Thomas Wright)。赖特还第一次将盎格鲁-萨克逊和中世纪英语呈现给大众,所有那些经典文本均被无数次地再版和翻译过。*

1843年,赖特和3位好友成立英国考古协会,第一批会员里有个叫威利斯(Robert Willis)的,是剑桥大学机械学教授,为人不张扬,是传动装置的专家,写了不少让人着迷的著作,譬如《齿轮》(*On the Teeth of Wheels*)。不用说,威利斯对木匠活儿很在行。威利斯的杰作是《机械原理》(*Principles of Mechanism*)——我保证,你要是有失眠的毛病,看看这本书就好了。

威利斯用机械理论研究大教堂的建筑结构,他把大教堂按建筑结构拆解,研究各部分的关系、作用。他在温切斯特、约克、诺里奇、格罗斯特、利奇菲尔德、塞里斯伯里和威尔斯等地就是按此开展研究的;本来计划用这种方法研究牛津和剑桥的几个学院,让后人庆幸的是,没等研究开始,他就去世了,要不然,那些大教堂就该倒霉了。

1849年,威利斯受命考察铁路桥梁上铁的应用情况(载重量与铁轨发生偏斜的关系)。他向剑桥教授斯托克斯(G. G. Stokes)求教。斯托克斯是个学识渊博的数学物理学家,但在其他方面他也有研究:云的形成、什么是荧光、如何计算波形、风中的电报线为何产生呜呜声和光的特性等等。

---

* 指赖特编写的四卷本著作 *Early English Poetry in Black Letter, with Prefaces and Notes* (1836)。——译者

维素六硝酸酯(火棉)得到火棉胶。这个消息于1871年传到公众耳朵里，令大家很是惊讶，因为当时人们都担心大象遭遇灭绝的厄运：发明火棉胶的时候，大象"因过度捕猎，已经濒临灭绝"[《纽约时报》(New York Times)]。

当然，纽约州阿尔巴尼市的印刷师傅海厄特(John Wesley Hyatt)也有一份儿功劳；经过努力，他发明了一种材料来替代象牙制作台球(那时候台球都是用象牙做的)。他将火棉胶、樟脑加酒精混在一起加热，制成了一种可塑型材料(可模压，冷却后变成固态)。这种材料就是赛璐珞。1889年，以前做过记账员的伊斯曼(George Eastman)和一位马鞭制造商(两人合伙制造和销售照相器材)，发现用火棉和酒精也可以制出一种深色的糖浆似的液体，烘干后形成有韧性的薄膜。这就是后来的赛璐珞胶片。造鞭子的商人和小会计把胶片卷进小暗盒里，再把小暗盒装进他们新研制的柯达-布朗尼照相机内，很快就当上了千万富翁。

第一轨迹完

说到这些研究,还得提一提斯托克斯的一位朋友,来自英格兰西部的化学家威廉·海拉派斯(William Bird Herapath)。威廉不研究别的,就研究狗的尿和光。读者可以把一滴碘溶液滴到喂过奎宁的狗的尿液里(我不是瞎说,是真的),可得到碘硫酸奎宁的结晶。这些微小的晶体有一个惊人的特性,那就是光照在上面会发生十分有趣的现象。威廉一高兴,用自己的名字给晶体取名叫"海拉派西特"。炎炎烈日下,你要是不想眯着眼看东西的话,那就要了解一下海拉派西特的功效,因为它的晶体如果按相同方向排列,可使光线发生偏振。

最后……

1930年，美国发明家兰德（Edwin Land）把海拉派西特晶体磨碎，再放进装有溶液的试管里，加磁场让晶体按相同方向排列，然后把一片赛璐珞在溶液里浸蘸，再拿出来晾干，这样，世界上第一片含晶体的带塑料夹层的原型材料就制成了，它可以使光线发生偏振，能保护眼睛，我们现在称之为宝丽莱太阳镜。

11 1770年:从马岛战争到电视机

第一次马岛战争*(1770年)和第二次马岛战争(1982年)开打的情形一样:说西班牙语的军队碰到了数量远远多于他们的英国驻军,而英国驻军却被打得惨败,说西班牙语的军队接管了马岛。但是和第二次马岛战争的结局不同,1770年的马岛战争是英军战败,将马岛丢给了西班牙(但英方坚称拥有岛屿的主权)。其实,西班牙人在战前不久刚从法国人手里买下这些岛屿,而从1764年开始,就有法国人在东福克兰岛上定居;同一年,英国人在拜伦的祖父的带领下登上西福克兰岛,并建立了居民点。这一事实让福克兰群岛问题变得复杂了。各方都认为自己拥有福克兰群岛。

* 全称"马尔维纳斯群岛战争",又称"福克兰群岛战争"或"福克兰海战"。——译者

福克兰岛问题是法国的国务卿舒瓦瑟尔（Choiseul）挑起来的，他负责处理外交事务，是个很精明的外交官；以前当过兵、参加过无数次战斗，在枪林弹雨里走进走出。舒瓦瑟尔是蓬巴杜夫人的情人，而蓬巴杜夫人是法国国王的情妇。舒瓦瑟尔逮着机会就毫不客气地教训一下英国人，一教训英国人他心里就舒坦，因为不久前，英国人从法国人手里抢走了印度和北美洲的大部分地区。为此，舒瓦瑟尔殚精竭虑，着手重建法国海军，收复失地。可就在这时，他那位神通广大的情人不幸去世了，他的事业随之画上了句号，扩军备战的计划也泡了汤。但这事儿并没完结，舒瓦瑟尔后继有人，这个人就是以前也当过兵、也是蓬巴杜夫人情人的陆军元帅卡斯特里斯（de Castries）。卡斯特里斯从1780年起担任海军大臣，是个改革派。他帮助组织法国对美援助；要没有法国援助，美国也许就独立不了。不想几年后（1787年），他也在官场内的权力争斗中栽了。我们把视线拉回到1785年。卡斯特里斯经人介绍认识了一个叫布吕内尔（Marc Brunel）的小伙子。布吕内尔才华非凡，喜欢海上生活，卡斯特里斯安排他当了一名见习海员。年轻的布吕内尔在加勒比海一待就是6年。1792年，布吕内尔所在的舰艇退役，全体船员领饷回家，他去了纽约，最后当上了纽约市总工程师。1799年，他来到伦敦，动脑筋向英国海军兜售他的机制滑轮组（就是那种木制的玩意儿，水手们常把绳索穿在上面，可以轻松拉动船帆、枪械、货物或其他重物）。布吕内尔用他的发明制造滑轮组，制造速度比当时的普通速度快10倍，为此他找来了机械工具专家莫兹利（Henry Maudslay）。莫兹利用新型滑动刀架车床制造出40台做滑轮组的机器。这批机器于1806年安装在朴茨茅斯的海军造船厂里。

以后，莫兹利还发明了用于测量微小物品的工具，提高了金属车削和机械制造的精度。莫兹利做这些精细工作的时候，身边有一位重要的帮手，他就是图样设计师克莱门特（Joseph Clement）。克莱门特的唯一爱

1770年6月,5艘西班牙护卫舰载着1600名士兵和强大的火炮,扬帆驶进西福克兰群岛的埃格蒙特港港湾(Port Egmont)。港湾里只停着一艘英国战舰;西班牙人请英舰的舰长法默(George Farmer)检阅他们的舰队,以示军威。福克兰岛局势至此到了千钧一发的危急关头。法默被围困,兵力又严重不足,他开了几炮装装抵抗的样子,随后便缴械投降了。他写了一封信给西班牙舰队司令,申明福克兰岛还是属于大英帝国的版图,之后便驾船返回英国。鉴于当时兵力悬殊,英国没有追究他的责任。1773年,法默指挥"海马"号驶向东印度群岛,船上有位年轻的见习军官纳尔逊,那时的他还是个无名小卒。另外还有一位叫特鲁布里奇(Thomas Troubridge)的年轻海员,精明强干。1797年之前,特鲁布里奇的行伍生涯有些平淡,晋升很慢;1797年,他和当年的同船战友——现在的上将、民族英雄纳尔逊再度并肩作战,他的军人生涯峰回路转,华彩不断。他们俩一起在地中海驱逐法国舰队,打了两年。1799年,特鲁布里奇还在为荣耀无比的尼罗河战役(纳尔逊大胜,拿破仑大败)做着战前热身,不巧的是,他的战舰搁浅了,尼罗河战役打响时他无法出战,错过了这场好事。不过,仗着是纳尔逊的哥们儿,特鲁布里奇虽然待在礁石上没有参战,还是获得了一枚金质奖章,封了准男爵。没有多久,他就在圣文森特伯爵(Earl St. Vincent)手下做了海军部的一名副官。圣文森特伯爵也是一位骁勇善战的海军英雄,打赢过圣文森特角之战,让英国的许多城市获得了自由,受到陆军部的感谢。圣文森特伯爵作风硬朗:他绞死反叛分子,规定海军军官只能在船上睡觉,不论是靠岸还是在海上都对下属严格约束,做事雷厉风行。

他负责的政府委员会在调查海军腐败、盗用公款等问题时也展现了他的办事风格(1805年,他指出,海军的腐败和盗用公款问题让政府一年损失数千万)。他的报告说,渎职犯罪现象可以追根到上层,比如,陆军部长和海军财务主管梅尔维尔勋爵(Lord Melville)。这一件件事都击中好就是玩精度。1828年,他发明了自矫正式双驱动中心卡盘。读者就先知道这么多吧。克莱门特出名还因他要价高(特别爱宰美国客户);因为他爱狮子大开口,他做英国政府资助的一个项目时,没做多久就不做了:项目没有什么油水(克莱门特不干,英国政府也不干了)。这个项目就是找个办法,实现某些数据的自动计算,比如经度表、保险精算表、税率税额,还有商业部门常遇到的那些计算。会自己运算的小机器(最终没有搞成)就是"差分机",设计的计算精度可以达到50位。差分机是英国数学奇才巴比奇(Charles Babbage)想出来的。他虽然是数学奇才,但老是有始无终,这或许是因为他感兴趣的东西太多,什么密码分析学、概率论、地球物理学、天文学、测高学、检眼镜、统计语言学、气象学、保险统计计算科学、灯塔技术,就连如何借树木年轮看历史气象记录他都感兴趣。他讨厌街头手摇风琴师,也讨厌军队里拿科学当玩意儿耍的非专业人士。

这后一类人巴比奇是有所指的,这人就是萨拜因(Edward Sabine)上校。巴比奇还写了份报告,批评萨拜因把皇家协会搞得一团糟,说他是一个"假内行",连自己的数据都弄错(有一次错得很离谱,误差达10倍)。巴比奇说的数据是一些地磁变化数据,那是萨拜因花了大半生在世界各地的地磁观测站收集(或组织人收集)的。萨拜因的环球地磁考察活动也证明了他提出的地球南北两端有两个磁极的理论。他还发现了太阳黑子的活动周期与磁暴有密切关系。可是,为了给自己喜欢的研究项目拉赞助,他把大部分时间都花在和官僚周旋上。他有两个项目,一个是研究格陵兰的鸟类,另一个是研究因纽特人。1836年,萨拜因认识了本杰明·富兰克林的曾外孙贝奇(Alexander Bache)。贝奇对地磁学研究也很着迷。他是西点军校的毕业生,那段时间一直忙着替美国政府把锅炉烧爆炸,研究爆炸的原因。除了研究这些官方指派的爆炸研究项目外,他作为一名老资格人士,还负责协调政府与科学之间的微议会鼓吹者的软肋。我们把视线拉回到1872年*,梅尔维尔带头猛批英属印度事务的负责人,控诉他管理不善,最终让他受到了审判。现在轮到了梅尔维尔,他有两个选择:一是"大罪和小罪"一起算,被议会弹劾;二是当犯罪分子接受审判。他很知趣地选择被议会弹劾。议会审议了15天;对梅尔维尔最厉害的指控是他让他的助手把英格兰银行里的钱全部提走,但是议会议来议去,认为梅尔维尔没有犯这条罪。不过,支持给予梅尔维尔免罪处理的议会多数是个微弱多数,免罪和加罪的力量差不多旗鼓相当,这让免罪处理实际成了有罪判决:梅尔维尔的仕途完了。在整个事件中代表政府的关键人物是惠特布雷德(Sam Whitbread),以前是酿酒厂业主,他在议会的发言次数比其他议员都多。他赞成自由派改革,支持免费教育,给真穷人配发徽章(假穷人不发)。1812年英国和美国打仗,他站在美国一边。就在那一年,他认识了乔治亲王(Prince George)(王位继承人)的妻子卡罗琳王妃(Princess Caroline),深为其震撼。卡罗琳与众不同,她从不洗漱,一张嘴就爱跟人说"下流话"。大概是因为她老公至少搞了两个情妇,另外,她和他自1795年结婚后只在一起过了两三个星期就非正式分居了,所以,卡罗琳也搞了很多情人。不过,公众还是非常喜欢她的。1814年,卡罗琳在受尽王室上下孤立她、虐待她的苦痛之后,远走意大利,投奔到一个情人那里。1820年,轮到乔治登基了,卡罗琳想回来当王后。没门儿。他们连威斯敏斯特教堂的大门都封了。乔治觉得卡罗琳太过分,他想给离婚找个理由,就安排英国议会进行"审理"。1821年,卡罗琳去世。

在议会里替卡罗琳辩护的律师布鲁厄姆(Henry Brougham)是个很有抱负的家伙,因经手此案而成名,后来当上大法官(律师的最高职位)。他是伦敦大学和实用知识传播学会(Society for the Diffusion of Useful

---

* 疑原文有误,应为1802年。——译者

妙关系。

1843年,贝奇担任美国联邦政府海岸勘测主管。那时候,海岸勘测是个肥差,得到的联邦资金比其他项目都多(聘请的科研人员也比其他项目多)。1843年,应聘来从事非科研工作的人员中有一个叫史蒂文斯(Isaac Ingalls Stevens)的人,也毕业于西点军校,刚刚打完墨西哥战争解甲归来。后来,史蒂文斯支持皮尔斯竞选总统;皮尔斯如愿当上了总统,史蒂文斯则受命担任新设立的华盛顿领地的区长。任职期间,有人提出做一次地质勘察,通过勘察确定横贯大陆的北部铁路建在哪里好(当时有4种方案)。考虑到领地的发展(和自己的仕途),史蒂文斯立即行动,亲自挂帅抓勘探工作。北方勘探路线从明尼苏达的圣保罗开始,到普吉特湾结束。史蒂文斯决定兵分两路:一路从圣保罗开始向西进发,一路从温哥华港向东进发。史蒂文斯派麦克莱伦(George McClellan)为后一路人马的领队;麦克莱伦在墨西哥战争中曾经和史蒂文斯共过事,他的任务是找一条贯穿喀斯喀特山脉的通道,将来就沿着这条通道修铁路。1853年,在靠近加拿大边境的科尔维堡(Fort Colville),麦克莱伦和由东向西勘探的史蒂文斯的队伍会合,他向史蒂文斯报告说他只发现两条勉强可用的通道,但这两条通道在冬季积雪很厚,不适合铺设铁路。史蒂文斯不畏困难,派他的手下重新进行勘探,结果又另外发现5条可以铺铁路的山间走廊(冬天的积雪厚度也不成问题)。这5条通道麦克莱伦都漏掉了,或者他是想偷懒,根本没有认真勘探过。

勘探之后,陆军部长戴维斯(Jefferson Davis)最终在南部选择一条路线铺铁路,史蒂文斯在北方所做的一切都成了学术研究,没有实践意义。说来也不奇怪,谁让人家戴维斯是南方人呢。从内战的酝酿到内战的爆发,戴维斯一直竭力支持各州权利,为奴隶制撑腰打气,但他在政治上却是个和事佬。内战爆发的时候,他当选为南部邦联总统,将手中的权力扩充到了前所未有的程度,譬如大搞征兵、建设强有力的中央政府、

Knowledge)的创办人;他发明了布鲁厄姆四轮马车(比四轮大马车小,更像是加了四个轮子的休闲椅);他在戛纳修建一所别墅,引发了法国南方热。另外,布鲁厄姆还为《爱丁堡评论》(*Edinburgh Review*)撰写文章,无所不谈,最精彩的是文学评论,篇篇切中要害。他文章的编辑是性格温和的内皮尔(Macvey Napier),参加过《大英百科全书》第7版的编辑工作;1829年,内皮尔开始担任《爱丁堡评论》的主编。他很会和那些心高气傲的投稿者打交道,所以他的杂志里经常可以看见一些大牌作家的名字。其中一位大牌作家就是威廉·汉密尔顿爵士,他发表了一系列文章,赢得国际声誉。汉密尔顿还是第一个将谓词量化的人。读者可能对他和法国哲学家摩根(De Morgan)的争论有点云里雾里的感觉;摩根认为汉密尔顿不对,因为:命题"'所有A是部分B,部分B是所有A'当且仅当'所有A是所有B'的情况下才成立"。他俩还有一场争执呢:摩根向著名教授威维尔(William Whewell)送审一篇论文,不久他读到汉密尔顿的一篇论文,于是从威维尔那里召回自己的论文重新写了一遍。汉密尔顿骂他"剽窃",而摩根则声称是"添了几笔"。

　　据笔者所知,威维尔教授没理他俩的事。他的研究领域是历史、科学哲学,还有一些比较宏观的东西,这些宏观研究要是按现在的博士水平看也就是皮毛功夫。威维尔常写一些训诫、诗歌,把一些希腊语和德语作品翻译成英文,另外,他还研究结晶学、地质学、神学、政治经济学和建筑学。他造了不少新词儿,像"物理学家"、"科学家"、"离子"、"阴极"、"阳极"等。威维尔是自牛顿以来在潮汐研究方面做出突出贡献的人。他当过剑桥大学的副校长,由于他的坚持,剑桥的课程设置到19世纪还在使用。1832年,威维尔说服一批俊才钻研新兴的而又费解的专业统计学。其中有一位俊才就是比利时天文学家凯特莱(Quetelet),他想出了"一般人"这个概念,这是他论述"社会物理学"(就是社会学)的专著里的一个重要概念。他还创造性地提出了"具有统计学意义的样本"(某些时废黜人身保护、政府直接控制铁路和船运等等。所有这些措施都是为了一个目的：尽量弥补南方诸州资源匮乏的缺陷。可最终，北方的工业势力还是占了上风。1863年，戴维斯致信教皇庇护九世（Pope Pius IX）请求和平，教皇回了信；按戴维斯的说法，这是教皇间接承认了南方邦联的主权。两年后，戴维斯被送进一所战犯监狱，庇护九世又给他写信，这一次还附带寄去一幅自己的画像，画面上的他摸着一顶荆棘冠*。庇护九世和戴维斯一样也打了败仗。他想在教皇国**实现政治自由，但几经尝试反倒把教廷中的激进派给惹怒了。1848年，庇护被一帮暴民紧紧地围困在罗马，要不是法国军队赶来罗马保驾，庇护在教皇的位置上就难坐稳。1860年，意大利的国家统一已势不可挡，这主要得归功于一位穿着红衬衣的魅力超凡的冒险家加里波第（Giuseppe Garibaldi）。

　　加里波第先在南美洲流亡长达12年，后来在美国待过一年，然后又回老家意大利，打打闹闹搞过一段时间革命。1860年，加里波第率领1000名红衫军攻打罗马，想建立一个统一的意大利。1870年的时候，庇护九世的领地只剩下小小的梵蒂冈国。在战斗的最后时刻，加里波第差一点得到810名英国志愿军的支援。英国政府对志愿军参战这个举动睁只眼闭只眼，只要志愿军穿制服是"为了互相识别"，带武器是"为了自卫"，政府才不管他们到哪儿去。社会学家乔治·霍利约克（George Holyoake）是这支勇敢的志愿军的组织者，他的思想比激进分子还激进（敢于挺身而出打先锋）。乔治造了一个词叫"世俗主义"，曾经因亵渎上帝而获

---

* 耶稣被钉上十字架之前，士兵们用荆棘编成一个冠冕，戴在他头上，戏弄、侮辱他。荆棘冠上的刺戳破了耶稣的头皮，但他忍受着这一切，直到被钉死在十字架上。"荆棘冠"此后就被基督教徒视为克己和谦卑的象征。文学作品中常用"荆棘冠"象征磨难。人们也常用此典故来比喻为了正义和信仰而甘愿忍受磨难乃至舍生取义。——译者

** 教皇国位于亚平宁半岛中部，是由罗马教皇统治的世俗领地，也是一个已经不存在的国家。1861年，教皇国的绝大部分领土被并入撒丁王国，即后来的意大利。1870年罗马城也被并入意大利，教皇国领地退缩至梵蒂冈。——译者

候,读者您就是这样本里的一分子)。凯特莱的研究方法源于天文学家计算某些数据用到的数学方法,譬如计算轨道(笔者是这么想的),还有计算其他变化的现象,譬如天气。说到天气研究,凯特莱也很厉害,第一届国际气象大会就是他召集的。他的一位气象学好友叫高尔顿(Francis Galton),发现并命名了反气旋*。

高尔顿酷爱收集各种样本,搞过什么全英极品美女产地调查(调查结果是阿伯丁)、祈祷效力调查(没多大效力)、英国贵族三代人平均体重调查等。他的表兄达尔文发表了大作《物种起源》(On the Origin of Species),轰动世界;高尔顿一见,马上投身遗传学、优生学研究(成果被后来的纳粹分子滥用,搞种族净化)。达尔文身体不好,毛病多,除了研究,还得考虑怎么治病。他选择当时非常流行的水疗法,水疗中心的老板叫格利(John Gully),是个学医的(曾在技术最先进的巴黎几家医院里接受过科班训练),能说会道;经他一宣传,丁尼生、狄更斯(Dickens)这样的社会名流都来他的水疗中心养身健体,连南丁格尔(Florence Nightingale)都说水疗可以治头痛病。后来,格利跟一个毒死丈夫的女人不清不白地搞在一起,事业一落千丈。不过,他趁着有人还瞧得起他,跑去给通灵大师(说跑江湖的也不为过)、美国人霍姆(Daniel Dunglas Home)当大夫。还在年少之时,霍姆走到哪里,哪里就会发生桌歪椅斜、灯光闪烁的怪事,现场的人还能听见当当的敲击声。

1855年,霍姆来到英格兰,一夜间成为轰动人物。不久,他为欧洲各国的君主们表演催眠(这个活动最终让他把俄国沙皇的堂妹娶到了手,沙皇还赠他一颗大钻戒呢)。[除了罗伯特·勃朗宁(Robert Browning)]大家信他信得不得了,连教皇都接见他。1871年他通过了最终测试,主持测试的是大科学家、物理学家威廉·克鲁克斯爵士(Sir William Crookes)。

---

* 反气旋是从高压中心向外形成的大范围旋风系统,在北半球按顺时针方向旋转,在南半球按逆时针方向旋转。——译者

罪入狱。他卖力鼓吹诸如新闻自由、竞选改革之类的胡思乱想;和他那一类人一样,他两次访问美国,亲眼看见那里正在朝着自由开明的前景迈进。1884年去美国访问对他来说是一次令人振奋的经历:他和纽约的殖民援助协会(Colony Aid Association)建立了联系。这个协会的宗旨就是按照道德原则处置西方社会。参与做这件善事的一个重要人物是伊丽莎白·汤普森(Elizabeth Thompson)(霍利约克在美期间是她出钱相助)。汤普森早年贫寒,9岁就开始工作,后来嫁给一个比她大23岁的富人。丈夫去世时为慈善事业捐了好多钱(譬如捐给殖民地工程,捐了一所女子医院,为瓦瑟学院捐了一台望远镜)。19世纪80年代,汤普森开始给科学研究及其实践成果捐钱。1889年,她的科学基金会向德国两个闷头搞科研的家伙捐了很多钱。这两人一个叫埃尔斯特(Julius Elster),一个叫盖特尔(Hand Geitel),搞科研从来都是一起做。他们对大气电流、放射所做的基础研究具有重要意义,同时他们还研究有些矿物质在光的作用下释放电子这一自然现象。1893年,两人研制出一种器件,受光照射时(甚至受到紫外光照射时)就会产生电流,电流的大小取决于光的强弱。1899年他们研制成功这种器件的完全实用版,取名为"光电管"。

第一轨迹完

克鲁克斯在对受试环境(温度、室内物品总重量和总日光量等)进行测定之后报告说:霍姆的确可以离开地面、远距离移动物品、意念写字,还可能做其他常人做不了的事情。请注意! 克鲁克斯并非绝对客观公正。比如,他受了一个名叫金(Katie King)的灵异蛊惑,居然看见他的手风琴凌空演奏。虽然有这段插曲,1878年,他还是抽时间做了一些经得起检验的科学实验,比如用真空管内的超低压气体进行实验,真空管内装有两个电极,给电极施加高压电,玻璃管内就会产生辉光(由电子流引起),在磁场的作用下,辉光可以发生偏转。

1897年,一个名叫布劳恩(Braun)的德国人(他的博士论文讨论的是弹性线或杆的振动问题)很快便搞懂了布鲁克斯的发现。他给电子束附近加上产生交变电磁场的电流,让电子束击打涂有荧光粉的真空管管壁,这样管壁上的光点就可以形成图像。他把这个发明叫作"示波器","示波器"很快成为科研人员的必备工具。

最后……

1908年，英国人斯温顿（Alan Swinton）描述了他的想法：如何将图像聚焦在感光元件的感光面上，如何利用阴极射线探测光电池发出的电流的强度，如何把强弱不同的电流发送到示波器的阴极上，又如何用阴极发出的电子束勾画出原始图像。这个妙招最终变成了人们熟知的电视。

12 1724年：从石器时代的男孩到静电复印机

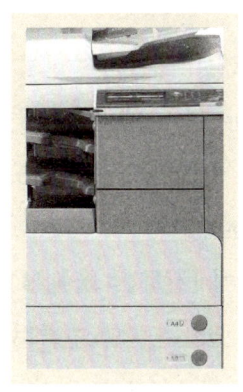

在1724年夏天的一个早上，德国北部小城哈梅林郊外的一片空地上，有人发现了一个全身赤裸的男孩。这个男孩就是"野孩儿彼得"，给人的印象是他身上还带着野性：走路时四肢着地，能像猴子一样爬树，臀尖坐在地上，只吃生菜和青草，不会说话。启蒙时代的人们对"野孩儿彼得"表现出了极大兴趣，就像酒鬼走进了酒厂。难道这个孩子就代表着现代人类的祖先吗？要是能教会他说话，他会不会告诉现代人，未被文明污染的人是怎样看待这个世界的？他的状况是否能说明先天和后天的关系？

1726年2月,"野孩儿彼得"被当作礼物送给了英国的威尔士王妃,威尔士王妃费了很长时间也没能教会他说话,后来她把"野孩儿"转送给她的私人医生阿巴思诺特(John Arbuthnot)。阿巴思诺特是个心不在焉的人,"野孩儿"在他那里也没多少长进。再后来,"野孩儿"又被送回德国。他长大成熟了,却一直没有学会说话。阿巴思诺特对数学很有兴趣,他开始拿数学研究伦敦1629年至1710年间的洗礼记录,之后,他公布了一个惊人的发现:每天世界上出生男孩女孩的数量几乎是相等的,这就是现实生活中神的意志体现(Providential Involvement)的活例子。自然界为每个女孩配了一个男孩,还多送几个男孩儿作为备用,因为男人比女人的死亡率高——这是人们首次使用数学统计方法进行推论性研究。

阿巴思诺特的社会地位让他有机会和文人才子来往。他很快就成了"涂鸦俱乐部"(Scriblerus Club)的一名写手,专门讽刺时政的浮夸之风。他在涂鸦俱乐部里有一位好友,名叫蒲柏(Alexander Pope),也是位讽刺作家。读了蒲柏,就感觉讽刺文学是他同世界抗争的甲胄。他是个畸形人,身高仅4英尺6英寸(不足1.4米)。1711年,蒲柏发表《批评论》(An Essay on Criticism),旋即名震遐迩;单看书名就很引人入胜。这是一部用诗体写就的文学评论,可谓妙语连珠,格言警句举不胜举,有些警句说不定您看了上句就能接下句,譬如"天使畏惧处……"*、"学问浅薄……"**、"凡人皆有过……"***等等。没过多久,蒲柏就成为讽刺作家队伍中的一员。除了写文章剪裁别人,蒲柏还十分热衷在自家花园里做

---

* 全句原文是 Fools rush in where angels fear to tread(天使畏惧处,愚人敢闯入)。——译者

** 全句原文是 A little learning is a dangerous thing(学问浅薄,如履薄冰)。——译者

*** 全句原文是 To err is human, to forgive divine(凡人皆有过,宽恕则是神)。——译者

早在"野孩儿彼得"去世之前的1775年,布卢门巴赫(Johann Blumenbach)曾专门研究了他的情况。"高加索人种"这个说法就是布卢门巴赫提出的(直到现在警察局作笔录的时候还用这个词儿)。布卢门巴赫根据头骨形状,把人分为5个人种:高加索人种、马来人种、埃塞俄比亚人种、亚美利加人种和蒙古人种。你把头骨置于两脚之间,仔细观察头骨的形状特征,这就是从"布卢门巴赫的视点"来观察它。这个方法是布卢门巴赫提出的若干实验方法之一,它标志着现代人类学的发端。布卢门巴赫的主要目的是破解人类起源的神话。他的代表作《人类的先天差异》(On the Natural Varieties of Mankind)一经问世便广受欢迎,因为它否定了无头人、肩膀长眼的人、长狗头的人、身高超过20英尺(约6米)的怪人等种种奇谈怪论。"野孩儿彼得"之谜也让他给破解了;他说,人们发现彼得时,这孩子身上有碎布块,大腿皮肤泛白,而小腿明显晒黑,这说明他穿过衣服,很可能是被人丢弃的哑巴孩子。

布卢门巴赫算是爱收集神话奇谈的人,他在格丁根大学的朋友里还有一位跟他一样喜欢收集神话奇谈,此人叫海涅。海涅起初是钻研古代典籍的(没钱,经常打零工,到贵族家的图书馆给图书编目),1763年,他应邀在格丁根大学讲诗学和修辞法,并开始从科学的角度审视希腊神话。他从关于美洲原住民口头相传文化的最新资料里获得启发,提出这样一种观点:神话其实是古代人对世界运转方式所作的解释,而要了解史前人类的情况就必须弄清楚他们的世界观。(他的这个观点现在已被普遍接受。)总之,要欣赏古代社会的艺术,就必须了解古代社会的运转机制。

早些时候,也就是在1753年海涅还干图书管理员的时候,他结识了温克尔曼(Johann Winckelmann),他把他的思想讲给温克尔曼听。温克尔曼那时正帮助一位伯爵整理图书。在做这份纤尘飞扬的工作时,温克尔曼碰巧接触到了希腊艺术,立刻对之如痴如醉。后来,他跑到罗马,为点剪枝裁叶的事。他的花园就在伦敦郊外的特威肯纳姆；在这里，他跟当地（圣玛丽教堂）的教区牧师黑尔斯（Stephen Hales）比邻而居。黑尔斯牧师是个性情平和的人，自学成才，说话有些结巴。他在泰晤士河岸种盆栽植物，由此成为英国最伟大的科学家之一。他的成就还让一些知识精英受到启发，譬如，发现氧的普里斯特利、发现氢的亨利·卡文迪什（Henry Cavendish）、发现潜热的布莱克（Joseph Black）。

黑尔斯不傻，可他却和树液有不解之缘*，因为有一个问题让他特别关心：为什么树液会沿着树干上升，树液的量有多少呢？为了寻找到答案，他用植物做实验，把玻璃管子扎进植物的茎秆里，观察树液在不同条件下上升的高度变化，比如夜晚、白天、热天、冷天和季节交替时的变化。研究发现，植物里的液汁压力是狗体内血压的7倍。他知道狗的血压，因为他在不止一条狗身上做过试验——那些狗算倒了霉了。试验结果让他确信：当血液到达毛细血管时，血液流动的力量还不足以让肌肉产生动作（现代理论）。黑尔斯还发现树液里有气泡，于是开始研究植物的呼吸现象（以后又研究一切植物的呼吸），打那以后，监狱、轮船都安装了通风设备，抽排污浊空气。一番艰苦的、累得人气喘吁吁的研究工作之后，终于有了结果：开创了现代呼吸医学。一位说话结巴的牧师生生开创了一门和说话有关系的学科，还不错吧？ 1753年，黑尔斯得到两位皇室成员（威尔士亲王和王妃）的赏识，后来他成为皇家艺术学会**的创建人之一。

创建皇家艺术学会的点子是希普利（William Shipley）出的；要不是拿出这个点子，他也就默默无闻了。他的立意是"增强实业、普及科学、

---

* 原文 Though he was certainly no fool, Stephen Hales and sap are inextricably linked。sap 既意为"树液"，也意为"傻子"。作者巧借同音词制造语言诙谐的效果。——译者

** 学会的全称为"The Royal Society for the Encouragement of Arts, Manufactures and Commerce"。——译者

几家收藏的藏品编写详细目录,亲自去考古发掘现场,还和乐天达观的艺术人士混得稔熟。1764年,他发表了《古代艺术历史》(History of the Art of Antiquity),这本书开创了艺术史这一研究领域;但书里只字未提海涅。

温克尔曼早年旅居罗马时,钱花光了,是他的好友阿尔巴尼(Alessandro Albani)帮他找到工作。温克尔曼以前一直跟着阿尔巴尼挖坑刨土。阿尔巴尼是罗马教皇的侄子,红衣主教的兄弟,他本人也是红衣主教,还是一位王子,生活上不算拮据。这时的他还是个小有名气的艺术品商人(以他的地位,给那些仰慕罗马艺术的外国贵族阔佬们找点东西还是不成问题的)。他的藏品非常多,甚至不得不修建一座别墅专门存放它们。他的社会地位让他能信步出入所有社交场所——在帮另一个发掘文物的朋友施托施(Baron von Stosch)时,他的社会地位也派上用场。施托施有三样爱好:宝石、钱币、堕落。施托施从来没有名正言顺地当过外交官,但他掌握的古玩知识却为他的另一个活动——当间谍提供了极佳的掩护。这事他干得也很出色。他为英国人当间谍(探得的内部情报都是万事通老朋友阿尔巴尼给他的)。他每周从罗马向伦敦发出一份快信,快信是用特殊墨水写的,肉眼看不见,交寄人写的是"约翰·沃尔顿"。刺探情报活动一直干到1731年,施托施的间谍身份才暴露。身份暴露没多久,一天晚上,施托施被三名持枪男子拦在街上,他们礼貌地请他离开罗马。于是施托施就搬到了佛罗伦萨,一直住到去世。

搞间谍活动、刺探情报的原因是:1715年,英国的前苏格兰裔王族图谋政变,差点搞成功,这一闹腾,把刚入英国继承大统不久的外来户日尔曼裔王族闹得有些脚下无根。但是政变失败了,发起人詹姆斯·斯图亚特(由于密谋篡权而被称为"觊觎王位者")逃往罗马,要求罗马教皇庇护,择日(不知道是哪天)卷土重来——于是才有施托施搞间谍活动。其实,政变构成的威胁不大。詹姆斯天天喝得醉醺醺的,完全是废物一个提升技术、改进工艺、广布商业"。无怪乎皇家艺术学会最初的目标就是鼓励种树（1821年的时候，已种植树木5000万株，很多树现在还活着呢），后来又在加勒比海地区建立种植园。那时候，英国人掌管着加勒比海地区，他们在近期的一场战争中打败法国人，夺取了这片岛屿（最重要的是抢到这片岛屿出产的糖，在当时，糖的经济价值和今天的石油一样）。派一名职业军人掌管圣文森特岛的原因就在于此，这名职业军人就是梅尔维尔（Robert Melville）上将。1763年，他在西半球建立了第一个植物园。

梅尔维尔上将也是皇家艺术学会的会员，当兵当了大半辈子，按惯例"政府表示感谢"，请他当总督，算作解甲时的一个大礼包。1759年，他发明了一种精致小巧的8英寸（约20厘米）榴弹炮，可以装在舰船上射击，将附近的法国人打得落花流水〔1782年，英国海军上将罗德尼（Rodney）就是使用这种榴弹炮，把法国海军上将格拉斯（de Grasse）打惨了〕。1779年，坐落在苏格兰卡伦河岸的一家钢铁厂开始制造这种榴弹炮，厂主叫罗巴克（John Roebuck）；制造榴弹炮的时候，罗巴克的心思已经转到更伟大的事业上。他是一名医生，对化学很感兴趣。早先，他靠硫酸（用于漂白）挣了一大笔钱，用这笔钱投资建起钢铁厂，又用钢铁厂赚的钱开煤矿，生活过得豪华奢侈。正在顾盼自雄的兴头上，好运气没了：几个煤矿严重透水，水多得都来不及排。绝望之中，他拿出一批钱给瓦特（James Watt），资助他搞技术发明（瓦特发明的蒸汽机最初是当水泵用的，过了很久才用在火车头上），可是瓦特研发的时间太长，罗巴克等不及了，不得已卖掉了所有的股份，改做煤矿经理。1794年罗巴克去世；7年后，当地的一个不声不响的钢铁行家马希特（David Mushet）有了一个大发现，要是罗巴克在世，这个发现说不定会让他时来运转。

1801年，马希特发现了储量丰富又极便宜的黑矿层铁矿石，可以源源不断地生产出钢铁，但美中不足的是，炼制这种铁矿石需要大量燃料，

（身边除了几个死不悔改的反英的法国人外，几乎没有支持者）。他弄来弄去，混得和英国詹姆斯三世很像（要不是当初情况有变，他就是詹姆斯三世）。他的儿子查尔斯也好不到哪儿；开始的时候查尔斯还是挺不错的（追随者称他为"美王子查理"），1745年的起事失败后，他就步了老子的后尘，靠欧洲几国的宫廷供着他，后来移居罗马，跑到教皇那儿蹭饭吃，自诩英国查理三世（要不是情况有变，他就是查理三世）。他和路易丝·冯·施托尔贝格（Louise von Stolberg）结婚时就用了"查理三世"这个头衔。他们是1772年结婚的，确切地说，是找人代婚*；路易丝还以为自己嫁了一位闯劲十足的年轻骑士（他的简历是这么说的）。她哪里知道夫君是个酒鬼，大提琴拉得哼哼呀呀难以入耳。1773年，路易丝开始寻找慰藉，找了3年，在1776年找到了意大利诗人阿尔菲耶里（Alfieri）。1784年，她和查尔斯离婚，同阿尔菲耶里一起移居到佛罗伦萨。阿尔菲耶里到佛罗伦萨就变成了工作狂，心无旁骛。1793年，路易丝再度开始寻找慰藉。这一次，她没有等很长时间，因为当时一个叫法布尔（Francois-Xavier Fabre）的法国流亡者和他们住在一块。法布尔是个画家，心地良善，富有同情心。

几年后，英国的霍兰勋爵（Lord Holland）来到城里，法布尔给他画像。当时换妻游戏很火，霍兰对伊丽莎白·韦伯斯特夫人（Elizabeth Lady Webster）（朋友之妻）动了情，而伊丽莎白那时是一个人待在佛罗伦萨，跟她的一个女朋友在一块，这么说吧，她也在瞄男人呢。没多久，霍兰就被她瞄上了。你知道她动作多快，霍兰那头"离婚"还没出口，她就把离婚办妥了。她和霍兰结了婚（即使在那个放荡无羁的年代，也算是一桩丑闻），返回伦敦，在"霍兰雅舍"安顿下来。说起霍兰的这座宅子，你要是想找个地方，找几个对手练练你的伶牙俐齿，去霍兰雅舍就正合适。据

---

* 新郎或新娘因故不能参加婚礼，找别人暂时代替他（她）举行婚礼。——译者

而购买燃料花的钱比卖铁挣的钱还多。所以，因为燃料的问题，在此后的26年里，这种矿石一直无人问津。26年后，格拉斯哥煤气厂的经理尼尔森(James Beaumont Neilson)想为他的煤气寻找新的市场(凡是燃烧的东西他都感兴趣)，他算了一笔账：空气先经过巨大的煤气管加热，再把加热的空气吹入炉膛，这样就有钱可挣。比如，采用这种方法，同量的煤炼出的铁比原先多两倍——炼黑矿层铁矿石正好需要这样的方法。早在"工业革命"之前，人家住在苏格兰低地的人就已经在"工业革命"了，此后一路走向辉煌。

尼尔森的想法实现了(情况总是这样)，因为这股热风吹得是地方，吹得是时候。马金托什来得也正是时候，他给尼尔森一笔钱，让他安装一套这样的吹风系统，两人遂成合作伙伴。马金托什和尼尔森其实已经做过一笔生意，就是把煤气厂原来当作废物丢弃的副产品煤焦油运走。马金托什从煤焦油里提取氨(比从尿甲提取更便宜)，拿到他的印染公司使用。提取氨时产生的气味极难闻，而就是在提取的过程中，马金托什注意到他也在制造另一种副产品——石脑油，这是一种能够使橡胶液化的化学物质。1822年，他将液化橡胶刷在布的两面，发明了雨衣(英国人到现在还称雨衣是马金托什)。不过，这种雨衣有一个瑕疵，就是材质不够稳定：冬天，橡胶会变硬变脆，容易折断；夏天，橡胶遇热变黏，发出难闻的气味。解决雨衣的毛病成为查尔斯·固特异(Charles Goodyear)毕生的工作。查尔斯不是科学家，他的方法就是屡试屡败，屡败屡试，走很多弯路，最后他发明了橡胶硫化技术(就是把橡胶和硫、氧化铅混在一起，然后加热)。这项技术立马将橡胶变成了经济效益极好的东西——但查尔斯并没有受益，因为橡胶硫化技术专利被盗，他又心地单纯、不藏奸，结果查尔斯经常被债权人打发进监狱(获得荣誉军团勋章时，他正待在法国的一所监狱里)，去世时他还负债累累。但是，他毕竟成名了。1898年，另一个美国人希柏林(Frank Sieberling，割草机和收割机制造帝国的说还有些药剂师专卖一种药片,在霍兰雅舍的饭桌上唇枪舌剑练嘴皮子时不幸被糟踏得一头狗血的人,买几片吃了,可以平肝息火;霍兰雅舍斗嘴皮真会要了人的命,除非你经历过更厉害的场面。在伊丽莎白喜欢的客人里就有一位是大风大浪里的过来人,他就是法国外交官兼万人迷的塔莱朗(Talleyrand)。法国大革命时期环境那么凶险,塔莱朗愣是凭手腕,打通关系,前脚跟拿破仑套近乎,拿破仑倒了,后脚他又跟保皇派套近乎,摇来摆去,过得踏踏实实,活了很大年纪,还做了法国驻伦敦大使。

早年,有个爱吃甜食的人带塔莱朗去过巴黎的一家很有名的法式蛋糕铺。一到蛋糕铺,塔莱朗就喜欢上一个年轻的面点师做的甜得发腻的点心。面点师叫加莱姆(Carême)。塔莱朗高价把加莱姆挖走,跟着他干了10年。之后,加莱姆又向俄国沙皇、英国摄政王,还有多位名流展示他的面点技艺;名流中当然少不了罗特希尔德一家(Rothschilds)。加莱姆在巴黎做饭做得最火爆的时候,他经营的餐馆吸引来了一位正在博洛尼亚(美食王国)学习的顾客。这人钟爱美食,他写的所有歌剧里都扯上美食(不光是歌剧里有,你能想到的其他场合他都扯上美食)。他说:"给我一份洗衣服的单子,我把它谱成曲子。"这个人就是作曲家罗西尼(Rossini)。据说,加莱姆就是为罗西尼创制了传世佳肴"罗西尼嫩牛肉片"(牛肉片与黄油片一起煎,用烤面包一夹,上布煎肥鹅肝和块菌,再淋上用马德拉葡萄酒和酱汁在平底锅里熬出的汁)。罗西尼热爱歌剧、美食和美女——他各方面做得都十分出色,唯有一件事有点闹心。1822年,他的歌剧《灰姑娘》(Cenerentola)受到法国评论家的严厉批评,指责他抄袭一位不知名的作曲家在1810年创作的《灰姑娘》(Cendrillon,"辛德瑞拉")。这位不知名的作曲家化名"马耳他人",马耳他是他的出生地,他的真名叫伊苏阿尔(Nicolas Isouard),马耳他骑士团是他的靠山。他是喜歌剧的早期代表,他创作的《灰姑娘》是当时喜歌剧中最成功的一部。读者一定纳闷了,罗西尼到底想糊弄谁呢? 1822年,伊苏阿尔创作《阿拉丁》

继承人)开办橡胶公司,为纪念查尔斯,希柏林给公司取名叫"固特异"*。由于汽车制造业突飞猛进,汽车轮胎的需求量也急剧增加;1916年的时候,这家公司已经发展成为世界最大的橡胶公司。这一切使阿克伦地区兴旺起来**。

1889年(要么就是1890年),固特异公司收到外科医生霍尔斯特德(William Halsted)的建议。霍尔斯特德吸食过可卡因和吗啡,为了测试局部麻醉(神经封闭)的效果,不惜以身试毒,结果染上毒瘾;他的研究工作为他赢得美国牙科协会的金质奖章。最终,他戒掉毒瘾,过上了正常人的生活。他给固特异公司提建议时,已经是约翰斯·霍普金斯医学院的外科学教授。他的护士长(后来成为他的妻子)因接触消毒剂而患上皮炎,为此很苦恼。固特异公司按照霍尔斯特德的要求,制造出外科专用手套,由此使医疗实践发生了革命性的巨变。他们还想出方便戴手套的好方法,方法很简单,就是将手套沾上一种粉末(其成分中有石松孢子),这种粉末在20世纪20年代的医院里广泛用作消毒剂。20世纪30年代,他们发现这种粉末会对开放性伤口产生毒副作用,于是暂时停止使用石松粉。

第一轨迹完

---

* 全称为固特异轮胎与橡胶公司(Goodyear Tire & Rubber Company)。——译者

** 在20世纪初期,阿克伦市以"世界橡胶之都"而闻名。——译者

(*Aladdin*)[或称《神灯》(*The Wonderful Lamp*)],再次引起轰动;在剧院演出的时候,他第一次使用了煤气灯,用得无比聪明。

那时候,欧洲和美国的大小城市都用上了这种新奇的照明设备,而各个煤气厂则在日复一日产生着成吨的臭哄哄的副产品——煤焦油,就近排放到江河湖泊里。要是一种东西得来不花钱,有经济头脑的人肯定会打这种东西的主意,这是定律。1839年,一些想赚钱的药剂师用煮沸、稀释和蒸馏的办法加工煤焦油,从中提取出石脑油、氨、杂酚油和防腐剂。1865年,煤焦油提取的医用防腐剂让年轻的英国化学家柏琴(William Perkin)浮想联翩。他认为这种发着臭味的黑泥里一定藏着人造奎宁的秘密。可惜!玩黑泥的柏琴最后提取出的不是人造奎宁,而是世界上第一种人工合成的染料——苯胺紫。这下让服装时尚业欢天喜地,柏琴也因此成了富翁。柏琴来了劲,又做深入研究。1869年,他通过煤焦油试验制取出蒽,对蒽的工业生产具有重要意义。

第二轨迹完

最后……

1938年，美国人卡尔逊（Chester F. Carlson）将蒽涂在一块锌板上形成极薄的感光层。他让锌板在受光照射的图像下曝光，于是感光层上有图像的区域就带正电荷，接着他把带电荷区蘸上石松粉和碳黑，再在锌板上放一张加载了负电荷的纸，锌板上墨粉就会被吸附在纸上，然后再对纸加热，墨粉就会熔化凝结在纸上，复现出原图像。今天，我们把这个过程叫作静电复印。

13 *1745年：从莱顿瓶到保鲜膜*

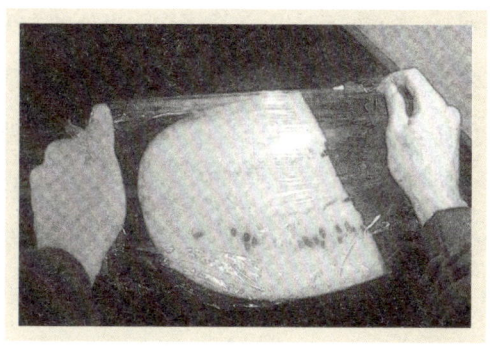

有时候，一种想法大家会不约而同地隐隐感觉到，捕捉到它的发明家也不止一个两个。1745年的德国和1746年的荷兰就发生过这样的事情：两个发明家不约而同地将装满水的玻璃容器用软木塞塞住，木塞中间穿一根电线，触到瓶中的水面；手握住玻璃瓶，将静电源和露在外面的电线端接触，然后移走静电源。握着瓶子的手不松开，用另一只手触摸瓶外的电线就会被电一下。这一下电击就是储存在"莱顿瓶"里的电能产生的。

首先发明莱顿瓶的是德国人克莱斯特（Ewald von Kleist），那是他上了莱顿大学之后搞出来的。莱顿大学就是那个时代的麻省理工学院。克莱斯特说话有些结巴，他后来犯了个愚蠢的错误：他在演示莱顿瓶的时候，竟忘了提醒大家注意在给瓶子充电时，拿莱顿瓶的手不能松开，用另一只手触摸电线时，拿瓶的手也不能松开；一松开就不会产生电击了。结果，别人按照他的讲解做莱顿瓶实验时发生了问题——没感觉到电击呀。没有电击，大家便觉得无趣，只好等他"摆弄好了再说"。可怜的老克莱斯特沦为无名之辈，这都怨一个用火花点燃酒精的教授逗起了他对电的兴趣。这个教授就是博泽（Bose），以前写过一些研讨日食月食和医生犯错的文章，后来开始研究电。博泽在构思他的电火花演示时也犯了错。德国有座大学名为维滕堡*路德大学，办这所大学意在对抗罗马的邪恶势力。1752年，博泽把自己的研究成果从维滕堡路德大学寄给罗马教皇本笃十四世（Pope Benedict XIV）。文件装帧得很漂亮，里面还附了一封热情洋溢的信。读者可注意了，本笃十四世可不是个普通的教皇。当教皇之前，本笃就当了多年的魔鬼代言人，负责细审严察申请加封圣徒的申请书。加封圣徒的程序要求候选人展现他的"英豪之德"和四件奇迹，而本笃的任务就是把想当圣徒的人放在神学的显微镜之下仔细检查，看有没有造假的证据。本笃非常热衷于见微知著，同时又是数学专家，还通晓科学常识，这对他审查圣徒候选人的工作很有帮助。所以，男生玩的玩意儿有多大分量他心里有数，事后证明，女生玩的玩意儿有多大分量他也有数。

有这么个例子，就是阿涅西（Maria Gaetana Agnesi）小姐。她9岁时就能流利地说7种语言。本来她是进修道院的，怎奈父亲需要照顾，她只得待在家里操持家务。她祈祷，做了很多善事。她30多岁时，编写了第

---

* 维滕堡位于德国东部的易北河上。——译者

另一个发明人发明莱顿瓶完全是偶然。1746年,莱顿大学教授彼得鲁斯·范·米申布鲁克(Petrus van Musschenbroek)在做实验:在用穿过软木瓶塞的电线为一瓶水加电时,他的助手一只手握着瓶子,另一只手触到了电线,结果马上获得"意想不到的发现"。随后,彼得鲁斯把发现的过程详详细细作了说明,人们根据他的说明可以重复实验。不久,莱顿瓶里储存的电能被人用来干好多事:庸医拿它治病,它让一排手拉手的僧侣蹦起来等等。彼得鲁斯出名了,好些人找他联系;其中一个人是1754年从英国来的工程师斯米顿(John Smeaton)。斯米顿走遍荷兰各地,参观堤防、风车、运河,还有该国作为低洼之地、水泽之乡特别擅长的东西。一年后,靠近英国普利茅斯的木结构的埃迪斯通灯塔发生火灾被烧塌了,之前还有一座木结构灯塔曾被风吹倒。斯米顿想出一个建灯塔的点子,既能抵御风暴,也能防御火灾:用带燕尾槽的大块石头垒砌灯塔。1759年他重建一座灯塔,这座灯塔用了118年。接下去,斯米顿又修建了桥梁、运河和港口。1771年,他为同行开办了一个俱乐部,这个俱乐部就是英国土木工程师学会(Institution of Civil Engineers)的前身。不久,斯米顿在修理纽科门蒸汽机*时认识了马修·博尔顿(Matthew Boulton)。马修对修理蒸汽机的事有些了解,因为他的合伙人瓦特就要搞出新型蒸汽机了,修理过时的纽科门蒸汽机很快就要成为白费工夫的技术。

博尔顿起家时是做金属鞋扣的,后来不光做鞋扣,还做鼻烟盒、手表链、各种艺术品的金属仿制品。1780年,他接收瓦特专利的一部分股份(作为结清瓦特债务的回报),那台新型蒸汽机到处有人租,两人靠它挣钱。就博尔顿而言,挣钱靠的是他制造的蒸汽驱动式钱币冲压机,好多国家的政府用这种机器制造钱币。1780年,博尔顿和瓦特还临时雇请绘图师威廉·普莱费尔(William Playfair)。1789年的时候,普莱费尔是办

---

* 纽科门(Thomas Newcomen),英国工程师,蒸汽机的发明人之一。——译者

一本微积分教材。本笃十四世获知此事,让她当了博洛尼亚大学的数学教授。阿涅西喜欢做善事,喜欢自己钻研;她提出的三次曲线现在被称为"阿涅西曲线"。熟悉数学的读者肯定和当年的本笃十四世、还有一个叫科尔森(John Colson)的英国人一样,对这个细节印象深刻。是科尔森在1760年之前不久将阿涅西的著作翻译成了英语。而科尔森本人也非等闲之辈,在翻译阿涅西的书之前就已经出版了牛顿评传;他还在剑桥大学担任卢卡斯数学教授;一个自学成才、没有学位的数学爱好者能走到这一步是非常不简单的。科尔森有个好朋友叫科尔(William Cole),是位牧师,论学识,当个牧师有点亏了。科尔这一辈子常干两件事:一是净往受灾的地方跑,从一片狼藉跑到另一片狼藉(他家的房子也被洪水冲塌,财产尽失);另一件是一辈子为钱犯愁。科尔研究古董,他的名气多半来自他在几十年间写下的100卷本手稿:这些手稿记载了他对事物的见解。除此以外,还有他为读过的每一本书所做的读书笔记,有教堂的绘画作品、甲胄、雕塑,以及其他五味杂陈式的记事。

1765年,科尔去法国走了一遭(他想找个便宜点的地方住下来,但没找到)。和他同行的是伊顿公学的老校友沃波尔(Horace Walpole)。沃波尔是英国首相的公子,本人是伯爵,非常富有,他开创了两个风格:一个是建筑风格,一个是文学风格。先说建筑风格:1747年,他把他在伦敦郊外的一处小宅子改造成一座小而华美的中世纪城堡,这座城堡一修建,就为"草莓坡哥特式"建筑风格定下基调。再说文学风格:一日,他在这座镶金嵌玉的城堡里从一场噩梦中醒来,他把梦境所见记录下来(到处是鬼魂、莫名的恐惧,还有前跑后追的片段,被追的女主人公沿着一段地道猛跑,一个不知名的东西在后面紧追),于是写成了第一部哥特式小说《奥特朗托堡》(The Castle of Otranto),这部小说也是惊悚小说的先驱。

1765年,沃波尔与科尔在法国旅行,中间在巴黎停留。沃波尔爱上了一个盲女——暴躁而又无聊的沙龙女主人德芳夫人(Mme du Def-

理俄亥俄移民的一个代理人。接着,他参加了攻打巴黎巴士底狱的行动,后来他想设计一套好用的信号机,但没有搞出来,再后来他就做起了写手,编写小册子,搞点翻译,余生过得饥寒交迫。从某种意义上说,这也是他哥哥约翰·普莱费尔(John Playfair)比他名气大的原因。

约翰为人严谨,是爱丁堡大学的数学和自然哲学教授,兼任《苏格兰皇家学会杂志》(Scottish Royal Society Journal)的编辑。他认识好些大人物,像经济学家亚当·斯密、地质学家赫顿(James Hutton)等,而且是在他们还没有名气的时候就认识了。要不是普莱费尔,赫顿怕是永远也当不上名人。赫顿原是农场主,改行当了地质学家(那时候还没地质学这个学科)。他多年手持小锤子漫游在苏格兰高地,敲击岩石,他发现岩石的侵蚀过程从有岩石那会儿就开始了。这个看法引导他做了一些简单的加减运算,最后豁然开朗,明白了一个大道理:地球诞生时间比那年头人人认可的正统时间——公元前4004年——还要早一些。"早一些"可不止"一些",实际是"比人们想象的早得多得多"。赫顿继续研究,最后竟说他也无法想见地球始于何时、终于何时,这让每个爱好地质学的人震惊不已。

或者说大家本该震惊不已,无奈他解说这一切的著作《地球论》(Theory of the Earth, 1795)虽然写得洋洋洒洒,却晦涩难懂。好在赫顿在1797年去世后,他的好友普莱费尔对原著作了修订,使文字通俗易懂。这一改有两个结果:一是让赫顿成了名人,二是开创了现代地质学。有个苏格兰学者叫詹姆森(Robert Jameson),也爱研究石头;读过《地球论》的修订版之后,立即来了精神,提笔著书,反驳赫顿的理论;他说,赫顿关于地球内部炙热岩浆流到地表而形成岩石的学说是错误的。1804年,詹姆森毕业后在爱丁堡大学任自然史教授,他讲的内容都是和赫顿的理论唱对台戏,这让来爱丁堡大学游学的年轻学子达尔文感觉乏味极了,以至于他后来读剑桥时干脆不去上地质学课。詹姆森很多年都忙着捍卫

fand），以后沃波尔经常和她通信。德芳夫人的沙龙是作家、哲学家、政客、科学家、艺术家和有高论要宣讲的人聚会的场所；因为来这儿的名人太多，所以连伏尔泰都不算什么。德芳夫人之所以开办沙龙，是因为她的生活让普通法国贵族的乏味无趣弄得苍白暗淡（她说："一切于我似乎都是不幸的，天使也罢，牡蛎也罢。"）；只要是最新时尚，无论是戏剧还是教育学，一概针砭一通，然后拒之门外。1752年，德芳夫人失明，她说服年轻美丽的朱莉·德·莱斯皮纳斯（Julie de Lespinasse）搬来跟她做伴儿。朱莉是一个贵族的私生女，论起来可能还是德芳夫人的侄女。她们俩一同打理沙龙十来年，朱莉经营沙龙的能力越来越强，开始自行其事；趁德芳夫人下午睡觉，朱莉就在自己的住处办沙龙。结果在1764年，两人大吵一场，朱莉离开了德芳夫人，拉走一批名人熟客；靠着从富人朋友那里弄来的旧家具和钱，她另打锣另开张，自办一间沙龙，挤兑德芳夫人。

1772年，朱莉热恋某个西班牙贵族无果，转而爱上了一个实实在在的无赖，就是吉贝尔（Joseph Count de Guibert）。吉贝尔自负、傲慢，对朱莉很不好。他跟可爱的朱莉谈恋爱的同时还包养了一个情妇，而在两个女人都不知情的情况下，又用剩余时间跟一个妙龄的女继承人谈婚论嫁，最后把人家娶到手。1773年，吉贝尔上校发表了《战术论》（Essay on Tactics），成为各个沙龙的热门谈资。军事和政治机构对这本书大加赞赏。吉贝尔在《战术论》中提出了一种新理念：军队应该实行征兵制，军队应该是革命性的，军队赢在数量上的绝对优势，赢在对敌人的无情；军队不应体现职业传统，而应体现政体的思想意志，这就是市民军队。难怪拿破仑会喜欢吉贝尔的建军理念，借助它征服了欧洲。著作一经出版，吉贝尔便被他的另一位崇拜者腓特烈大帝（Frederick the Great）邀请去，参加普鲁士的军事演习，腓特烈大帝认为，《战术论》是军官们必读的少数经典之一。

腓特烈基本上是个明君：他战无不胜；擅长吹长笛，还会作曲；有自他的德国导师、德国弗赖堡矿业学院的维尔纳(Abraham Werner)的理论，维尔纳认为岩石是海水中沉淀出来的。维尔纳的研究还让美国善人麦克卢尔(William Maclure)来了兴致。麦克卢尔赚足了钱，34岁时就退休了，退休后就到欧洲、加勒比海和美洲的广阔天地里旅行、收集岩石标本。1809年，他绘制出第一幅美国东部地区地质地图。在地图绘制的准备过程中，他于1805年来到巨石之国瑞士，结识裴斯泰洛齐(Heinrich Pestalozzi)，被他的业绩深深震憾：斐斯泰洛齐在伊弗东开办了一所小学。

斐斯泰洛齐体系乃现代初等教育的基础，采用一种非常大胆、激进的教学法：不用教科书，而是用大量的练习和音乐，孩子们互相教，禁止体罚，不靠死记硬背；最主要的特点是"讲演结合法"。在给孩子讲述如何阅读关于某个事物的文字或记述该事物之前，他先给孩子们机会去体验这种事物，通过这种方式，让孩子们学会根据个人的经验来判断事物。斐斯泰洛齐的办学方法吸引了世界各地的人来观摩。有个叫尼夫(Joseph Neef)的人很早就是他的信徒，他当过神学院学生，后来服兵役，打仗时鼻子和右眼之间挨了一颗子弹，既而退役，此后，他被无休止的头痛折磨着。1802年，他在巴黎开办一所斐斯泰洛齐学校，拿破仑甚至来视察过该校；麦克卢尔也来参观过，他劝说尼夫到美国传播斐斯泰洛齐的教育思想。尼夫于1806年到达美国，建了三所学校，两所在宾夕法尼亚，一所在肯塔基。1824年，麦克卢尔又说动尼夫到印第安纳的新哈莫尼建乌托邦公社体验一下。这个公社是英国的开明人士兼纺织巨头罗伯特·欧文(Robert Owen)创立的。乌托邦的结局都差不多，围绕着谁来掌权这个问题燃起内讧，最后归于失败。1827年，乌托邦的社员分道扬镳，各走各的路了。

欧文重回英国，闹了一辈子社会主义；麦克卢尔退休到了墨西哥。欧文的大儿子罗伯特·戴尔·欧文(Robert Dale Owen)不知怎的，又跑到另外一个乌托邦体验去了。这个乌托邦是英国女权主义分子弗朗西丝·赖己的管弦乐队；聘请伏尔泰为常驻普鲁士的思想家；他废除酷刑；推行义务教育；改革法律程序，并使之制度化；他改善交通条件，提倡宗教宽容，允许新闻自由；大力加强普鲁士科学院的实力，吸引一批欧洲的人才来科学院任职。1772年，年轻的波得（Johann Bode）应邀来到位于柏林的普鲁士科学院天文台工作。

同年，波得发表了世称"提丢斯-波得定则"的理论（提丢斯也是提出者之一）。该定则可以求得已知七大行星之间距离的近似几何级数。举个例子：如果将太阳到地球的距离设定为1.0，那么太阳到水星的距离为0.4，太阳到金星的距离为0.7，太阳到X行星的距离为2.8，太阳到木星的距离为5.2，太阳到土星的距离为10.0，太阳到Y行星的距离为19.0。其中，X正确预测出了小行星带的位置，Y正确预测出了天王星的位置。1781年，威廉·赫歇尔发现天王星，由波得命名为"天王星"。威廉的妹妹卡罗琳（Caroline）患过斑疹伤寒，身体发育迟缓，身高只有4英尺3英寸（不足1.3米），母亲很爱面子，谎称卡罗琳是家里的佣人。卡罗琳一生未嫁。1757年，她跟着哥哥威廉离开德国来到英格兰，一辈子给威廉当天文学助手，为威廉打磨镜片，记录他的观测结果，编制星表*；后来她渐渐有了自己的发现（她发现了几块星云和8颗彗星）。卡罗琳做得非常好，乔治三世还给她发养老金，这在英国历史上还是头一次。1835年，85岁的卡罗琳编制完成了2500块星云的星表。为表彰她的贡献，皇家天文学会接纳她为首批荣誉女会员之一。和卡罗琳同时荣誉加身的还有一位伟大的女性，她就是玛丽·萨默维尔（Mary Somerville）。玛丽自学成才，成为数学家、天文学家、植物学家、矿物学家、地理学家，还能说希腊语。她最后和19世纪的科学巨人，如巴比奇、洪堡、戴维、阿拉戈（Arago）和盖-吕萨克等齐肩。1831年，萨默维尔将拉普拉斯（Laplace）的《天体力

---

* 星表（star catalogue）是记载天体各种参数（如位置、自行、星等、光谱型等）的表册。——译者

特(Frances Wright)在田纳西州的纳朔巴为获得自由的黑奴创建的。罗伯特用两种方式在历史上留下了印迹:其一是在赖特的影响下,撰写并发表了美国历史上第一部节育小册子,其二是在印第安纳立法机构连做三届议员后,又想办法当上国会议员,而在国会期间,他以印第安纳民主党代表的身份,主持起草法案,支持接受英国人史密森的捐赠,美国人用这笔捐赠创建了史密森学会。他在众议院任两届议员后连选失利。1853年,他被任命为美国驻意大利那不勒斯王国临时代办。1855年,年轻的美国人怀特(Andrew White)来到意大利,欧文的世界政治观完全把他给镇住了。怀特回到美国,当了一名学者、一位废奴人士兼纽约州参议员。1865年,已经是教育委员会主席的怀特认识了康奈尔(Ezra Cornell),对这个凭自己本事奋斗出来、由木匠起家最后当上百万富翁的人非常欣赏。康奈尔这个时候正在为创建一所新的州立大学四处游说。这所大学后来从"莫里尔公地拨赠法案"(Morrill Land Grant)得了好处;另外,它完全不受教派的影响,还在课程设置里加进了机械工程。当年的木匠拿出50万美元:成交!怀特当上了新大学的首任校长,学校以木匠的名字命名为康奈尔大学。出身卑微、干过农场和杂货店营生的康奈尔把巨额财富投在了技术领域。

我们把视线拉回到1839年。康奈尔在拿到缅因州新型犁的销售权时,认识了一个人,这人已经跟别人签下合同,要帮莫尔斯(Samuel Morse)从巴尔的摩到华盛顿铺设一条电缆;1844年,这条电缆为国会做了精彩的电报演示(莫尔斯当时发了一句名垂青史的玩笑话:"看看上帝创造了什么?")。康奈尔设计出一种挖掘机,使电缆铺设工作的自动化水平大为提高;设计出来后又把挖掘机毁了,好让莫尔斯万一推迟发报有个借口。这算是打出了头一炮吧。随后康奈尔逐步把电报线铺遍了美国东部地区。他以前购买的电报公司的股票也慢慢升值,从只能靠投机碰运气得点便宜的股票,变成了众人追捧的潜力股。起初,电报线的学》(Celestial Mechanics)翻译成英语,继而作为重要的科学作家,深得这位思想家的喜爱。拿她的名字命名牛津大学的萨默维尔学院,那可不是随随便便的事。她翻译的拉普拉斯的著作给法拉第(Faraday)留下了深刻印象,那时的法拉第已经是电学权威,因为他发现磁铁在线圈中运动时可以产生电流。

法拉第主管皇家研究所。1860年圣诞节,他为少年儿童举办科学讲座,他讲的内容由助手克鲁克斯(William Crookes)记录成文字。克鲁克斯本人以后也成为物理学名家,但同时还支持装神弄鬼的通灵研究[像什么降神会、反重力、天籁,还有一个叫卡蒂·金(Katie King)的鬼魂——他对卡蒂十分倾慕]。有一段时间,克鲁克斯和迪尤尔(James Dewar)一起研究低温对镭辐射的影响。迪尤尔称得上是"冷王",1892年他发明一种保温瓶,用于储存液态气体;后来专门研究低温对磷光、颜色和材料强度的影响。东西只要叫得出名,迪尤尔都能把它给冷冻了。第一次世界大战让迪尤尔不能再玩这种昂贵的游戏了,他转而去找一些便宜点的乐趣,于是开始造泡泡。他让一只气泡3年不破,在这段时间里,他发现了薄膜的重要特性。

第一轨迹完

绝缘是用线掺上虫胶实现的。但是,铺设大西洋海底电缆时,需要更好的绝缘材料。杜仲胶可以经得起任何海水侵蚀。随着海底电缆线需求量的增长,人们急需要找到自动给电线涂杜仲胶皮的方法。

于是,1879年,格雷(Matthew Gray)发明了挤出机。他在容器的一端灌入杜仲胶,再用旋转螺杆将杜仲胶送到容器的另一端,同时,在固定压力下,杜仲胶从特定形状的孔里挤压出来,当电缆从挤出机中间的孔中穿过时,杜仲胶就可以附着在电缆表面形成连续的绝缘胶层。

最后……

20世纪初人们发明了塑料,把迪尤尔的薄膜技术和改进型格雷氏挤出机结合在一起,生产出第一种包裹食品的专用材料——保鲜膜。

14 1790年：从《费城大众广告报》到化学疗法

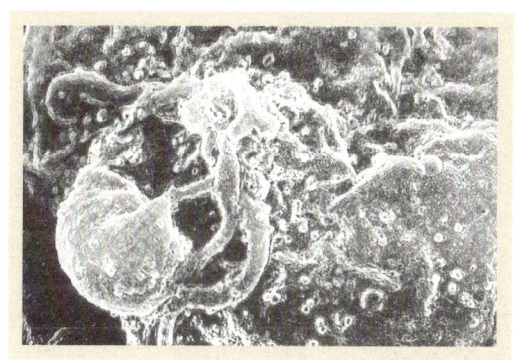

创刊于1790年的《费城大众广告报》(Philadelphia General Advertiser)，刊头印着"求真、文雅、实用"，也弄不清这几个词到底要表达什么。那时候，华盛顿总统还在第一任期，两大党派还在慢慢适应新环境，寻找途径，传达各自的消息。《广告报》就是共和党的喉舌。一开始，它报道国会的辩论和一般事件，可是，人和人的"实用观"是不一样的，随着时间的推移，该报的党派倾向性越来越明显。

《广告报》的创办人是本杰明·富兰克林·贝奇(Benjamin Franklin Bache),在他身心成长过程中有7年是跟着外祖父(你知道是谁*)待在法国和瑞士的日内瓦。这7年对他的影响很大,令他对法国和革命多少有些偏爱。虽说如此,但只要他在联邦派身上,特别是华盛顿总统身上发现丑事,他会毫不犹豫地将丑事抖露出去曝光。1785年在巴黎,他的外祖父叫他在迪多·圣莱热(Didot St. Leger)的印刷厂当学徒,大概是那时候他的心里已经饱含了革命激情。1796年,印刷厂的工人都去参加拿破仑的军队了,迪多急需工人开工。工厂经理罗伯特(Nicholas Robert)冥思苦想,设计出来一台造纸机,这是世界上第一台同类的机器,它能生产出24英寸(约61厘米)幅宽的连续纸带,正好满足当时流行的壁纸热。迪多看出来这台造纸机用来印钞票很合适,所以兴奋异常。后来,有好几个国家的政府都出钱购买这种机器,再后来又为它的专利权争得不可开交。1802年,迪多让罗伯特负责照管印刷厂,自己跑到英格兰,跟几个投资人在一块,销声匿迹了17年。

罗伯特出名是因为发明了造纸机,其实让他出名的还有一件事(也就这两件事)。那是在1783年,他坐上了他的好朋友夏尔(Jules César Charles)发明的第一个氢气球。夏尔有名主要是因为他老婆公开给他戴绿帽子,和抒情诗人兼政治人士拉马丁(Alphonse de Lamartine)偷情。夏尔放飞氢气球的时候,工程师、战士兼海水淡化专家梅斯尼埃·德拉普拉斯(Muesnier de la Place)就已经意识到氢气球这东西以后指定会引发空中军备竞赛(坐在上面的人可以居高临下拿枪打下面的人)。梅斯尼埃此时正在设计一种可控方向的、由手动操作推进器作动力的气球(但最终没能飞上天)。梅斯尼埃为研究大量制备氢气的方法做出了可贵的贡献,大大提高了国家安全的水平,他先于其他人(尤其是英国人)研究出了氢气制备法。

* 本杰明·富兰克林·贝奇的外祖父是本杰明·富兰克林。——译者

《广告报》亲法反英(法国是美国新交的朋友,为美国独立战争供应钞票;英国是美国新结的仇敌),这种态度不久便昭然若揭。1783年,新任法国驻美国公使热内(Genêt)上任时,受到《广告报》的热烈欢迎,相比之下,美国政府对热内的欢迎仪式则显得有些低调。狂热的法国革命分子前不久刚处决了法国国王*,这让华盛顿总统感觉不爽,另外,美英关系正在修好,恰在这当口儿,热内公使来了,要搞法美经济联盟,这不是明摆着给英国人颜色看嘛。

或许是想表明他不是闹着玩的,热内到任不久就自掏腰包,在一艘被俘获的英国船"小萨拉"号(后更名为"小民主党"号)上加装了装备,派它出海打英国船只。他真就这么干了,未经美国官方批准,便驾船从费城港出航。华盛顿总统了解到热内擅自炫耀武力的情况后,勃然大怒,立即要求法国政府召回热内。可是,在热内来美国后不久,巴黎的局势发生了剧变,现在是另一批不太讲民主的革命分子掌权,显然,热内公使如果这时被"召回"巴黎,那就等于送他上断头台。鉴于这一情况,美国政府准许热内留在美国,热内马上和乔治·克林顿(George Clinton)的女儿结婚,算在美国立住了脚跟。

这件事发生在1794年。那时候,乔治·克林顿还在纽约州担任州长,这是他的第五个任期(一共连任六次),离总统的位置也就差一步了。可惜的是,他始终没有能跨过这一步,虽然他两次担任副总统。克林顿是政坛老手,他在烟气腾腾的密室里使尽招数,就庇护谁、州权、"百姓的利益"等等问题玩博弈,为的是保住自己的官位,操纵纽约州的政务。他从政20多年就是这么搞过来的,纽约从殖民地变成州,都是他使帆掌舵,一路走得波澜不惊。克林顿出道时是个民兵,1760年他参加了攻打蒙特利尔的战役。这次战役后,英国将军阿默斯特(Jeffrey Amherst)就把法属殖民地加拿大全占了,当然也粉碎了法国人长久以来想把加拿大和路易斯

---

* 指路易十六。——译者

细论起来,在这个最终结出硕果的研究过程中,梅斯尼埃与拉瓦锡(Antoine Lavoisier)的贡献一比还得排在后面;不管何时、何地,用什么标准来衡量,拉瓦锡都是最伟大的化学家:是他提出现代化学命名法、给氧取了名,证明氧是燃烧的必要成分。拉瓦锡热心公益(倒是个好事,那时候革命派正掌管大事呢)。他替政府当局管着火药制造局,还兼任几个委员会委员,什么事儿都管,什么屠宰场选址呀,什么苹果酒掺假呀,什么动物磁性呀,还有普通工业活动。当然啦,还有大量制备氢气的办法(他把水分解,然后就制出了氢气)。遗憾的是,这些好人好事都没能让拉瓦锡活命,1794年,他被送上了断头台。

他死了,但是今人还能知道拉瓦锡长得什么样,这要感谢伟大的新古典主义画家大卫(Jean-Louis David),是他为拉瓦锡和妻子画了肖像。在去罗马前,他是个洛可可风格的画家,技法非凡;到罗马之后,就像他本人所说的,他觉得如拨云见日,眼界豁然开朗。他的画气势宏大,承袭希腊罗马之风。有些巨幅作品有拿破仑的形象(或是为拿破仑而作)(拿破仑说过:"要美一定要大。")。

按照这个标准,大卫的杰作就该是《拿破仑加冕礼》(*Coronation of Napoleon*)了。这幅气势恢宏的油画描绘的人物多达几百个,其中有70位重要人物,观赏者(以及人物本人)一般都认得出。有些人物不在场,比如拿破仑的母亲,她不喜欢约瑟芬*。要说缺点,大卫的缺点就是画面比例把握不好;于是,他聘请在巴黎歌剧院做舞台背景设计的德高提(Ignazio Degotti)来帮他标出背景的透视效果。画成后,画面栩栩如生,很多人拿它当集体合影的实景。

说来蛮有意思的,德高提的学生里有一个叫达盖尔(Daguerre)的,后来竟是靠拍集体照出了名。达盖尔画过22年舞台布景,以后又开办巴黎西洋镜艺术中心(坐椅可以旋转,把观众带到不同场景前:阿尔卑斯山、

---

* 拿破仑的妻子。——译者

安那连成片的梦想。

蒙特利尔之战有点令人扫兴。本来是要大打一仗的,阿默斯特统率3支部队,总计17 000人,远远多于法国守军的人数;守城法军见状,没有抵抗就缴械投降了。几个月前,阿默斯特的部队攻陷魁北克,随后他指派一部分兵力乘船顺圣劳伦斯河逆流而上。虽然法国人把河里的行船浮标都撤掉了,但阿默斯特的部队照样逆水行船,这多亏了两名勘测员的水道勘测工作做得好。这两名勘测员一个叫霍兰特(Samuel Hollandt),一个叫德巴尔(Joseph Desbarres),一个是荷兰人,一个是瑞士人,两人同是皇家美洲军团的团员,又都对地图测绘非常着迷。运兵船出发前,霍兰特和德巴尔先期对圣劳伦斯河进行了勘测,他们的工作受到了高度评价。后来,两人又接到一项极为宏大的测量任务:测量美国东海岸地区(有朝一日,万一有谁跟这些殖民地人民打起来仗,这个测量成果说不定就是登陆部队的宝贝呢)。两人绘制的代表作题为《大西洋》(*Atlantic Neptune*),这是一套宏大的作品,刻画精细,把新斯科舍到墨西哥湾沿东海岸的每个角落、每处港口都做了清晰的标记。可惜呀,这部作品一直到1777年才出版,而刚才咱们说的那场万一打起来的战争已经是历史了*。

德巴尔和霍兰特在测量加拿大的山山水水、角角落落的时候,有一个年轻人加入了他们的测量团队,此事是在魁北克之战爆发之前。这个年轻人叫库克,可以说生就一双使用经纬仪的好手。库克带着他新近发现的技能于1768年来到太平洋(还拉了一船观测员),观测金星的凌日**。尔后,他启程去找寻南方大陆(Great Southern Continent)。南方大陆是想象出来的,那时人们认为地球南边一定有一大片陆地,和北半球的陆地保持对等平衡。不管是什么大陆吧,反正库克找来找去没有找

---

* 指美国独立战争。——译者

** 凌日:金星或水星从太阳和地球之间经过,有时从地球上看有个黑点出现在太阳表面(实际是金星或水星的投影)的现象。——译者

城市街景、乡村,达盖尔还利用烟雾、日光和夜光灯实现特殊的视觉效果)。后来,达盖尔经营西洋镜厌烦了(正好,艺术中心也着火烧毁了),1835年,他发现一种使用化学材料成像的方法(铜板上涂上感光材料碘化银,影像照在上面可使其产生化学反应,然后用一种盐溶液来固定影像)。照相的人只要不动,照出的效果会非常好。这种照相法就叫"达盖尔银版照相法",问世后引起轰动。

达盖尔照相术让当时待在欧洲的莫尔斯激动不已,他带着一架达盖尔式照相机回了美国老家,来到纽约开办一家照相馆,把新式照相术的消息传播开去。不久,莫尔斯就可以用自己的发明把信息传播出去,传播方式令世人叹为观止。经过是这样的:他把亨利(Joseph Henry)的电学技术(归属不明)和韦尔(Alfred Vail)的编码技术(归属不明)结合起来,使用康奈尔的犁(归属明确)挖坑开沟,埋设一条电报电缆,后因电缆绝缘失败,改用电线杆架线,一路从巴尔的摩架设到华盛顿。1844年的5月24日,莫尔斯用著名的嘀嗒信号将消息瞬间传送出去,让华盛顿的国会议员惊奇不已。康奈尔是小有成就的木匠兼杂货店老板,将来会走到哪一步他看得清楚(干脆点说吧,就是铁路要铺到哪里),他想法儿拿到了沿铁路线铺设电线杆的合同,然后购买后来的西联公司的股票,最终成为大富翁(想不赚钱都不可能)。1868年,他的钱多得自己捐了一所以其姓氏命名的大学——康奈尔大学。

纽约至伊利的铁路是第一批沿线铺有电报线的铁路之一。1851年,铁路主管迈诺特(Charles Minot)走到纽约的哈里曼不走了,他乘坐的火车要等往东行驶的火车通过后,才能继续开向高盛*(这就是单线铁路的问题:要么让车,要么迎头相撞)。迈诺特想了一个主意:向高盛发电报询问另一列火车是否驶离车站。得到的答复是:还没有。他发报要"那

---

* 美国印第安纳州北部城市。——译者

到。他在绘制了一年航海图之后回到英国,接着又招募了两船痴人,再次出海寻找南方大陆,回来时说:"没有啊。"

库克第一次出海找大陆时,带着一名叫索兰德(Daniel Solander)的博物学家(费用是索兰德自己出的)。索兰德在英国经常跟人说起他的瑞典老乡林奈(Carl von Linne)[即林奈乌斯(Linnaeus)]的分类体系(如爬山虎属的爬山虎等)。索兰德做分类做得非常好,有人在新建的大英博物馆给他谋得一份好差事。他再也没回过瑞典,特别是在他获知伦敦协会发现了他之后——伦敦协会很喜欢探险故事(而他以前在火地岛的雪地上睡过一夜,差点送命),特别是在他成为时髦酒会上经常被人祈福祝酒的人之后。其中一位祝酒者叫伊丽莎白·蒙塔古(Elizabeth Montagu),她富有、聪颖、珠光宝气,面相十分年轻。谁要是被她邀去到她位于伦敦梅菲尔上流住宅区的家里做客,那他一定是一位新潮新风的开创者——就像是1775年的那个夜晚围坐在桌旁的那群人一样。这群人中有文学老前辈约翰逊博士和绘画老前辈雷诺兹(Joshua Reynolds)。雷诺兹是英国最伟大的肖像画家,他掌管着皇家学会,君临艺术界长达20年,这期间,他本人的艺术生涯辉煌了7个年头。雷诺兹的诀窍是画肖像的时候把描绘的对象放在一个能令人生发意象的场景中,他一年为150人画肖像,用的都是这种场景。你是个要人,雷诺兹就给你画肖像,比如你是皇室贵胄、政治家、艺术家,当然,库克或阿默斯特这样的人他也画。1782年,他为22岁的贝克福德(William Beckford)画像。贝克福德刚刚写完一部有东方韵味的哥特式小说《瓦提克》(Vathek),这部小说充满了怪异的想象,可谓文如其人。

贝克福德继承了一大笔财富,平时就忙着花钱,恣意挥霍:他由一名随从陪着到欧洲大陆游山玩水了20年,一边走一边收集他喜欢的东西,尤其是图书(可能还搜罗了几个娈童呢)。收集的东西大部分存放在冯特希尔修道院(Fonthill Abbey),那是他在1794年修建的一座华美的仿哥辆火车待着不动"，然后亲自驾驶他乘坐的火车向前行驶(火车司机不相信他的邪点子，拒绝开车)，由此发明了铁路信号系统，还有多种保证铁路安全运行的办法。

我们再回到1846年。伊利铁路的铺设多亏了一份风险很大的供货合同，根据这份合同可以按(从欧洲进口的)现价的一半供应12 000吨铁轨，签合同的一方是一家宾夕法尼亚州的濒临破产、勉强维持的制铁制钉铸造厂——拉克瓦纳钢铁煤炭公司，公司老板叫霍洛(Slocum Hollow)。那时候，公司周围堆满了无烟煤和铁矿石原料。拿到了铁轨生产合同，他们只需要想办法把制成的铁轨运出去就行了(这是美国历史上第一批大批量生产的铁轨)。

1851年，为了实现把成品运出去的目的，成立了特拉华-拉克瓦纳-西部铁路公司。以后，该公司和公司的所有人斯克兰顿家族的名气越来越大，钱也越挣越多，还修建了一间豪华的会议室。会议室里只缺一幅反映公司特点及其对景观构成的影响的大幅油画。1855年，公司把画画的任务交给一位正为事业打拼的年轻人乔治·英尼斯(George Inness)，总共付给他75美元。乔治在罗马待过一段时间，接到绘画任务时刚从罗马回来不久。以后，他成为美国的伟大画家之一，他的作品《拉克瓦纳山谷》(The Lackawanna Valley)(画面上一条铁轨从山谷里穿出)成为很有影响力的美国艺术精品。

有影响力的画家很多，其中一位叫路易斯·艾尔希米厄斯(Louis Eilshemius)，但他的艺术事业不怎么顺利。艾尔希米厄斯没有做过一件错事：上康奈尔大学，参加纽约艺术学生联盟，去巴黎艺术学院读书，在安特卫普*自开小灶补课。但是伴随这一切而来的是他的精神问题越来越严重；1911年他就出现过精神病症，那时他放弃了学院派风格，转而为报

---

* 安特卫普是比利时的一个港口城市。——译者

特式建筑,是他把原来已经相当华美的帕拉第奥建筑式的房子拆除后,在原址上建造的。冯特希尔修道院正中有一座中世纪式的高塔,它的窗户都用直棂,整体给人以高峻挺拔的印象。贝克福德在修道院外面筑起一道高高的围墙,之后便隐居在院内,闭门20年,相伴左右的有一位医生、一位管家、一位法国牧师,还有汗牛充栋的图书及各式各样的古玩(可能也有娈童)。我们把视线拉回到1792年的瑞士洛桑。贝克福德暂停旅行,跑到自己刚花钱买下的一个图书馆里读书消遣,他把馆藏的书读了个遍,其间,他在日内瓦湖畔开了一次联欢会。他委托一个叫拉梅(Joseph Ramée)的法国建筑师和风景画家负责联欢会的装饰工作。拉梅遭革命派通缉,从老家法国逃出来,那时的他四处流浪,走到哪儿,就在哪儿搞建筑设计,足迹遍及比利时、瑞典、瑞士、德国、丹麦和美国(他从1812年起在美国待了4年)。在美国,他的设计作品有纽约的斯卡奈塔第联合学院(Union College),这是美国历史上第一座综合规划校园,是他留在美国的一处不可磨灭的印迹。杰斐逊创办弗吉尼亚大学的建校思想说不定也是受了他的影响。拉梅还设计了德国路德维希斯卢斯特(Ludwigslust)的多利斯圣殿式陵墓,但知道的人不多,(为什么鲜为人知呢?因为)该陵墓设计得粗粗笨笨,是专门盛殓梅克伦堡-什未林公主(Princess Mecklenburg-Schwerin)的遗体的。公主是当地大公的儿媳,而这位大公和其他王公一样有自己的乐队。

乐队的首席小提琴手叫利奥波德·阿贝尔(Leopold August Abel),是巴赫的学生,有两个儿子,一个是小提琴手,另一个是画师,专为大公画像。画师的儿子觉得在当地没什么前途,就跑到英国寻找光明前程。偏偏他的儿子弗雷德(Fred)(是不是有家族传统啊?)对危险的试验很感兴趣。他被录取到新成立的皇家化学学院后就开始搞军火,不久,当上了英国陆军部的专家,专门研究爆炸和爆炸的化学反应。经过一番研究,他让英国人走在了制造大爆炸竞赛的前列:他和保温瓶权威迪尤尔一起纸画插图,为香烟盒和瓶盖作画。他常常对着他的作品说话,特别爱画受虐的裸体(这可要得罪女权主义者啦);他还经常为《纽约太阳报》(New York Sun)写文章。什么都写一点儿。就在他的作品博得人们的喜爱之时,他彻底变成了疯子。他的姐姐范妮·艾尔希米厄斯(Fanny Angelina Eilshemius)和他一点也不一样,她改变了世界。

范妮去瑞士求学(她妈妈是瑞士人),学的是法语和家庭经济。随后同父母一起游览欧洲时,范妮邂逅瓦尔特·黑塞(Walther Hesse),两人于1874年结婚。黑塞是区卫生干部,在德国和捷克边境的山地采矿区工作,非常注意空气质量(因为很多矿工得了肺病)。1881年的夏天赤日炎炎,黑塞不畏酷暑,研究细菌污染空气的情况;他把空气吸入涂有凝胶的玻璃管中,凝胶可以吸附细菌,为细菌培养创造了条件;确切地说,凝胶只有在遇热不熔化时,才可能为细菌培养创造条件。范妮建议瓦尔特试用一下她在做汤、牛奶冻、果冻等食品时使用的胶凝剂,代替凝胶。胶凝剂是一种海藻提取物,也叫琼脂。实验证明,胶凝剂是一种理想的、不熔化的且无毒的细菌培养基。瓦尔特把情况向他的老板作了汇报。他的老板就是细菌学家科赫,当时正在寻找结核病的起因。科赫用琼脂做实验发现了结核杆菌,由此赢得殊荣。

第一轨迹完

发明了无烟炸药。

　　让弗雷德走上研制军用杀伤武器道路的人是奥古斯特·霍夫曼（August Hoffmann）教授。1845年，霍夫曼担任弗雷德就读的皇家化学学院首任院长。那时，煤气灯制造商已经把煤焦油（造煤气灯的副产品）当作废物往附近的废料仓库里扔，也就在这时候，霍夫曼提出了"你能从煤焦油里弄出什么颜色？"的问题，继而掀起煤焦油试验热，引来一大批化学家投身煤焦油的研究。霍夫曼手下新毕业的学生中有一批人最早摆弄这种废弃物，其中一位发现了第一种苯胺类染料（就是"帕金苯胺紫"*，用它给第一张邮票上了色），其他研究者也顺着这条道研究，包括霍夫曼，后来，他制成了名噪一时的"霍夫曼紫"。1870年，德国法兰克福附近的巴斯夫染料公司（BASF）实验室主任卡罗（Heinrich Caro）仔细研究了霍夫曼研制出霍夫曼紫的过程（他以前在英国工作，后来发现化学研究的风水转到了老家德国，于是就回来了），然后从煤焦油里提取了一种新染料——亚甲基蓝。

第二轨迹完

＊1856年英国人帕金合成苯胺紫。——译者

最后……

1882年前后，科赫的同事、一位德国的医学研究人员埃尔利希（Paul Ehrlich），在使用范妮·艾尔希米厄斯的琼脂组织培养物研究时，发现亚甲基蓝能给细菌染色，这么一染色把结核杆菌的仪态风姿全展现出来了。科赫发现有些培养物没有染色，觉得奇怪，他猜想培养物可能将染色剂吸收了，这就说明研究人员可以使用不同的染料来研究细菌。又过了7年，埃尔利希研制出605种不同的染料配方，之后，他制成了"六零六"[即"胂凡钠明"（Salvarsan），是第一种治疗细菌感染的"特效药"，那时专用于治疗梅毒]。1908年，埃尔利希因开创化学疗法有功，获得了诺贝尔奖。

15 1664年:从镜片打磨机到理发

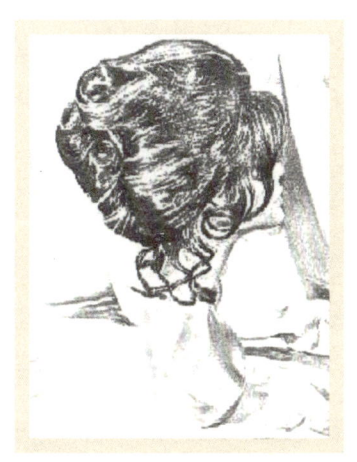

使用长焦镜头能够看得很远,看到很多东西,于是,在1664年,一位由农民转行当仪器制造师的意大利人发明了一台打磨镜片的专用车床。他用这台车床制成焦距达到150英尺(约45米)的透镜,一时之间,人们用上了超长焦望远镜,看见了很远的物体,比如土星的卫星等等。这得感谢车床的发明人康巴尼(Giovanni Campani)。

康巴尼发明镜片打磨车床,立马成为托斯卡纳(Tuscany)大公费迪南德二世(Ferdinand Ⅱ)的红人。这位大公曾经受教于伽利略,是个科学迷。他和他的哥哥利奥波德(Leopold)还一起出钱赞助一些大学者研究最新、最热门的问题(像真空啊、天文学啊)。这些思想家、大学者都属于一个名为"西芒托学院"的学究俱乐部(院训是:细勘严察,止于精纯)。学院有一位丹麦籍访问学者,名叫斯坦森(Niels Stensen),1666年找工作找到这里。因为他是一个主要的唾液腺(腮腺导管)的发现人,所以被热情迎进学院。进了学院,他就着手研究鲨鱼。1666年晚些时候,他在里窝那*逮到一条巨型鲨鱼。斯坦森仔细观察鲨鱼的牙齿,发现和他先前在马耳他看见过的小块"舌形石"极为相似。瞧见没有?这就是科学。"啊哈,"他想,"原来舌形石不是石头,而是古代鲨鱼的牙啊!"于是开辟了一个新学科——古生物学。18个月后,他写了一本书,可以说是第一本探讨地质学原理的著作,还有沉积理论、层序等等。尔后,他为恪守清贫誓言,主动放弃了一切,之后竟活活饿死了。瞧,这就是人生啊!

　　也好,别人再怎么说剽窃这、剽窃那,斯坦森是听不见也看不着了。事情是这样的:有一个叫胡克(Robert Hooke)的人很生气,声称他发现化石比斯坦森早,斯坦森的化石理论是剽窃他的。胡克动不动就叫:"我被打劫了。"他说的"打劫"的事不光牵扯斯坦森的化石理论,还有惠更斯(Christiaan Huygens)的发条钟表和牛顿的万有引力定律。所有这些谁先谁后的争议争的都是一个问题:究竟是胡克先一步,还是别人先他一步?胡克一说起来就唠叨个没完,所以才有争议,他要是不说,谁也不理这茬儿。不过,说胡克是皇家学会最优秀的仪器制造师并不为过:他制造了计程仪、虹彩光圈、螺旋齿轮、气枪、气泵、车轮计程仪和万向接头等等,这些只是他发明的一小部分物件。他对燃烧、光学和薄膜也有研究,还是个超一流的小提琴手;但是,讽刺作家、桂冠诗人沙德韦尔(Thomas

*意大利西部港口城市。——译者

1665年1月,法国《学者杂志》(Journal des Savants)创刊号报道了康巴尼发明的镜片。《学者杂志》是世界上第一份科学期刊,主编是萨洛(Denys de Sallo),他觉得应该让民众及时了解最新的发明发现。萨洛最初是个律师,后来从政。他如饥似渴地读书,还聘请了两个专职秘书,负责把他口述的见解、想法记录下来。凭这个,他发表了很多著述,内容涉及广泛,如科学研究、向皇后面陈事务等,可谓无所不论。

《学者杂志》只办了13期就被封杀了,原因是它跟权威叫板。1702年,《学者杂志》经过政府审查,确认没有冒犯皇帝和教会的内容后复刊,新任主编叫比尼翁(Jean-Paul Bignon),是个牧师,社会关系广,人缘好,具有(政治立场正确的)科学学识。他先后担任法国科学院院长、副院长达40余年;还当过国王图书馆的馆长,其间,每周向公众开放图书馆3小时——够大方啊。他统领着法国的科学研究,著有《阿卜杜拉历险记》(The Adventures of Abdallah)。所以,毫不夸张地说,放在那个时候,谁都得买比尼翁的账。1710年,有比尼翁做靠山的雷奥米尔(René-Antoine de Reaumur)送了一份礼物给比尼翁。为什么?因为他想讨好比尼翁。这份礼物是一双精美绝伦的、用蜘蛛丝制成的手套;雷奥米尔是一个新生的技术精英,他的工作就是让科学为国家(也为比尼翁)服务。

后来,雷奥米尔受命主持编辑一部工业大百科全书,他很快就成了生产钢铁、马口铁和瓷器的行家;他发明的一种陶瓷至今还用在火箭的鼻锥体上。他还是个蜜蜂专家,撰写过多卷本研究昆虫(见蜘蛛丝手套)和虫害防治技术的专著。雷奥米尔还研究了当时争论得异常热烈的自然发育问题(例如,蚯蚓为什么被切成两截后还能再生)。他专门研究了蚜虫的单性生殖能力,继而提出:证实蚜虫为单性生殖的唯一方法就是在蚜虫出生后就隔离饲养,观察蚜虫是否会产生后代。瑞士青年博内(Charles Bonnet)*按照雷奥米尔的建议做了实验,于1746年把卫矛树上

---

* 又译作邦纳。——译者

Shadwell)却老是把他拎出来批。沙德韦尔当桂冠诗人出名,酗酒、吸鸦片更出名。1676年,他的剧作《大师》(The Virtuoso)让大家笑翻了天,该剧写的是皇家学会的事,沙德韦尔从非常严肃的《哲学学报》(Philosophical Transactions)上取来资料戏说了一番。剧中的主角是两个胡克式的怪人:尼古拉斯·华不实爵士(Sir Nicholas Gimcrack)和他的伙伴正经·无聊爵士(Sir Formal Trifle)。所谓"大师"(即科学家)就是"整天绞尽脑汁想某个怪物究竟是什么",搞一些像称称空气多重、如何在桌上上游泳课等无聊实验的家伙。同年,沙德韦尔还创作了悲剧《风流才子》(The Libertine),该剧的配乐[包括著名歌曲《仙女和牧人》(Nymphs and Shepherds)]是年少才高的亨利·珀塞尔(Henry Purcell)创作的。那时,珀塞尔只有18岁,而他总共才活了36岁。就在这短短的十几年间,他创作出许多音乐作品,成为英国最伟大的作曲家之一。他创作了50余部舞台剧,写了大量的歌曲、赞美诗、管风琴作品,还有安魂曲。他还是第一部假面哑剧《狄多与埃涅阿斯》(Dido and Aeneas)的作者[读者可以听一听剧中那首《狄多的悲歌》(Dido's Lament),绝对过耳难忘]。无怪乎有人说珀塞尔是英国音乐界的莎士比亚。

1679年,珀塞尔担任皇家礼拜堂的管风琴师,两年后,他遇见伯纳德·史密斯(Bernard Smith)[也叫伯哈德·施密特(Bernhardt Schmidt)]。史密斯那会儿正忙着为国王修理管风琴。后来,他在英国各地建造了许多宏伟的管风琴。接着,珀塞尔参与那场有名的"管风琴大比拼":1683年,有人要史密斯和哈里斯(Renatus Harris)两人竞标,为伦敦圣殿区的律师们(很牛的一帮人)建造管风琴。竞来争去,最后决定来一场比赛。珀塞尔弹奏史密斯建造的管风琴。哪架管风琴更好一些,谁也下不了决断,最后把这事交给一位处事公正的法官来裁定,法官判史密斯获胜。陪审团难断输赢,这让时任王座法院(king's Bench)大法官的杰弗里斯(George Jeffreys)遇到了新问题。杰弗里斯是个粗人,很多人都知道他醉的一只雌性蚜虫隔离饲养,结果发现这只雌蚜虫生下了95只小蚜虫,全是她独个生的。试验结果震惊了科学界。

博内的另一项试验再一次震惊了科学界:他把水螅切成26段,结果生长成25条水螅。博内是"生物链"理论的主要鼓吹者。生物链理论认为,一切生物都在天造地设时按照一种普遍的、由低等到高等的序列创造出来了,这个序列从最低等的黏液组织一直到最高等的天使。博内还研究植物的叶子,差一点就发现了光合作用。此外,他还想用科学理论来解释人的灵魂,但未能自圆其说。

1777年,博内接待了一位客人,他是又一位来欧洲大陆作文化旅游的英国贵族,名叫贝克福德。这个贝克福德12岁时就成为英国最富有的人(他父亲在加勒比经营种植园,给他留下巨额财产)。1796年,他在冯特希尔(Fonthill)建造了一座宏伟的、仿哥特风格的修道院;他在修道院里生活了20年,两万多册图书和伦勃朗(Rembrant)、委拉斯开兹(Velázquez)、提香(Titian)等名人的画与他为友,各种各样的艺术品与他相伴。1822年他手头没活钱了,于是就把财产全部变卖,搬到巴斯的一座塔里住下。

笔者请读者回头看看贝克福德尚未住进冯特希尔修道院之前的情况。他先后在西班牙和葡萄牙待过一段时间,遇到了博凯里尼(Luigi Boccherini),一位非凡的大提琴演奏家,弦乐四重奏的创始人。那时,博凯里尼还在马德里给奥苏纳(Osuna)女伯爵当乐师;而此前,他在卢卡、威尼斯、的里亚斯特、维也纳、巴黎、罗马、尼斯、佛罗伦萨、莫德纳等地卖艺,哪里有赚钱机会就去哪里。音乐家的生活就是这样。他在1786年认识贝克福德的时候,刚刚得到一份应该是他梦寐以求的工作:为普鲁士腓特烈·威廉二世(Friedrich Wilhelm Ⅱ)写曲子,但又不必离开西班牙。腓特烈·威廉是个业余大提琴手,被他笼络住的作曲家还有海顿、贝多芬和莫扎特(单看莫扎特创作的普鲁士四重奏中的大提琴演奏的部分,就醺醺的就敢上法庭，素质比较差，在交叉讯问时常常恃强凌弱。他还是个虐待狂，先对犯人说可以从宽处置，让他们招供，招供后却判他们绞刑——而且是当场施刑。被他处决的犯人共有600人，他由此得个了"吊死官杰弗里斯"的外号。这家伙够狠吧。好在他帮詹姆斯二世不久就受到应有的惩罚。他帮詹姆斯二世镇压新教牧师，不得人心，结果詹姆斯二世被赶下宝座，流亡国外。杰弗里斯也急着往国外逃，半路上走进一家酒馆，想喝最后一杯酒，结果被捉住，关进伦敦塔。被镇压的牧师里有一位反罗马天主教人士，名叫康普顿（Henry Compton），是伦敦主教，复职后为新君主加冕。

康普顿是个植物学迷，他在伦敦主教官邸福翰宫（Fulham Palace）的花园里栽种各种珍奇植物（几座花园现在还在）。那些稀有的植物均来自美洲，为他提供种子的是斯波蒂斯伍德（Alexander Spottiswood），弗吉尼亚副总督。斯波蒂斯伍德从1710年起就待在弗吉尼亚，他快速敛财置地，比如他拥有85 000英亩（约350平方千米）的地产，还拥有大英帝国最大的炼铁厂。他是殖民地邮政局副局长；他聘用本杰明·富兰克林；还铲除了海盗黑胡子船长（Captain Blackbeard）。帮他干收集种子、制作标本这类零碎活儿的是一个名叫凯茨比（Mark Catesby）的植物学家兼鸟类学家。凯茨比来殖民地两次，均是受英国植物栽培者和标本收集人的委托。他在阿巴拉契亚、巴哈马群岛和牙买加各地搜寻，采集了很多数据，画了很多图画，最后把这些资料集结成两卷本著作；这套著作也是论述美洲植物（flora Americana）的绝对权威论著。伟大的植物分类学家林奈在1736年前往牛津大学，中途在几个地方停留，一个地方就是去凯茨比那里，参观他收集的物种。林奈是瑞典人，心里惦记着一件事：想把混乱的自然史研究理出个头绪；自然史研究之所以混乱，是因为从东、西方探险带回的新物种太多太多。1753年，他创建了一份大型的分类表，列有8000个物种，每种物种都按属、种名来命名，清晰明白[如"香水月季"

知道威廉的演奏水平肯定不一般)。腓特烈·威廉的音乐天赋想必多半来自他的叔叔腓特烈大帝——大帝的其他天赋他倒是一点也没继承。大家都知道,威廉是个性情随和、悠哉游哉的窝囊废。还算不错,赶在拿破仑用侵略和打仗考验他之前,他就从宝座上掉下来了,那是在1797年。可惜呀!新任美国公使昆西·亚当斯(John Quincy Adams)到任时,威廉离下台就差几天了。

亚当斯干等了很长时间,直到腓特烈·威廉三世接班。亚当斯如饥似渴地阅读德国的文学和哲学,他当时的志向就是当作家。1799年,他白天黑夜地忙着翻译一部描写仙女故事的小说《奥伯龙》(Oberon),作者是维兰德(Christoph Martin Wieland)。1801年,昆西在对译稿作最后加工润色时,忽然听说别人翻译的一个译本快要出版了,而原著者维兰德对那个译本喜欢得不得了。于是,昆西又转了志向,打算当一名政治家,最后他当上了美国历史上第6任总统,他翻译的维兰德小说在100年后才摆上了书架(不用急着买)。

有人认为维兰德是德国的伏尔泰,可是他的作品温文尔雅、雕凿得有些过分,不一定对得上你的胃口。维兰德试笔试了几年,写过无韵诗悲剧,写过一些色情诗词。那几年他有好几次差不多快要结婚了,可旋即婚事又吹了。1772年,他的一部小说引起了魏玛大公夫人的注意,她请他给儿子卡尔·奥古斯特(Karl August)当家庭教师。维兰德接受邀请,他结了婚,生了14个孩子,在清静的魏玛安顿下来。可是,清静的日子没有维持多久,因为卡尔·奥古斯特当了大公,想做点儿事让自己出出名。他做的第一件事(好事)就是邀请哲学家、作家、全才的歌德来治理魏玛。歌德的治理措施包括把军队人数从520人裁减到142人,提高魏玛公国大学(在魏玛附近的耶拿)的知识标准,发展本地实业(纺织、玻璃和采矿)。

1800年,魏玛公国已经是欧洲的文化中心、浪漫主义的摇篮,但工业

(Rosa odorata)]。他在瑞典的乌普萨拉当教授时也收集了大量标本，后来他在那儿去世。几位负责管理他的物种收藏的托管人多次想把藏品卖掉，但没卖成，最后转手送给英国诺里奇的詹姆斯·史密斯(James Edward Smith)。史密斯知恩图报，把林奈的著作翻译成英语，还于1788年创建伦敦林奈学会。同年，他发表一篇论文，论"植物的应激性"。他花了9年时间游历欧洲的植物园和博物馆，遍访植物学权威，这其中就有马斯卡尼(Paolo Mascagni)。后来，马斯卡尼因为使用第一套真实大小、与讲演相结合的解剖学教具而渐有名气，这套教具就是三张展现肌肉和血管解剖细节的巨幅彩色挂图。

1815年马斯卡尼去世，家人请他的助手安托马尔基(Francesco Antommarchi)帮忙出版这套挂图。1819年，拿破仑聘用安托马尔基作私人医生(那时拿破仑已经被流放到圣赫勒拿岛)，安托马尔基将这些挂图随身带着。后来，他比照原图自己画了一套，将剽窃来的挂图出版了。在圣赫勒拿岛期间，安托马尔基接替了从1815年拿破仑到圣赫勒拿岛起就一直当他私人医生的奥马拉(Barry O'Meara)。奥马拉是个可耻之徒，他暗中担负一项特别任务，挣钱很多。这项特别任务就是监视和报告拿破仑的一举一动。圣赫勒拿岛的都督劳(Lowe)对奥马拉的工作不满意，奥马拉就把情报披着不给他；解雇后，他回到英国。1822年，也就是在拿破仑去世的第二年，正当人们对其去世提出许多怀疑的时候，奥马拉发表一本书，披露了劳虐待法国皇帝的细节，引起轩然大波。

再往后，奥马拉与激进派政治家奥康奈尔(Daniel O'Connell)过从甚密，奥康奈尔不管当不当议会议员，都是卡在英国政府喉咙里的鱼刺。从1821年直到他去世，这个起初当律师、最后成为博物学家的爱尔兰人都在为爱尔兰的独立而斗争；最重要的是，他一直为改善爱尔兰饥肠辘辘的农民的生活条件而斗争。农民们靠租种田地生活，大东家以及敲骨吸髓的二东家都欺压他们。他们一天到晚主食就吃土豆。奥康奈尔20

战线的事却进展得不那么尽如人意,虽然有化学家德贝赖纳(Johann Wolfgang Dobereiner)在不懈努力。歌德把德贝赖纳引进到魏玛,意在充实耶拿大学的技术力量。德贝赖纳在大学任教期间,还给一些工匠和技师上化学课。他研究马铃薯转化糖的工艺,还做了一系列的煤气灯试验,最后,煤气灯试验以1816年的一场大爆炸收场。德贝赖纳研究过元素周期表,发明了气体打火机,改进了酿酒工艺;因为做出很多贡献,他获得了白色猎鹰十字勋章。贡献之一就是给从前的药剂师弗雷德里希·伦格(Frederich Runge)当老师。伦格此后改写了药物史,说不定他还挽救过您的性命呢。

伦格研究过颠茄制剂,发现了咖啡碱,但他成名不是靠这两件事,也不是因为他提取出杂酚油可以少砍伐千万棵树木(特别是在美洲地区,很见效)——杂酚油能将铁轨枕木的使用寿命提高15倍。让伦格的名字永载医院功劳簿的原因是:他从制造煤气灯产生的黏糊糊的副产品煤焦油里用蒸馏法提取了一种叫石炭酸的物质,这种物质有杀菌消毒作用。约瑟夫·李斯特利用石炭酸消毒,拯救了生命无数,石炭酸的功劳应该排在手术刀之前。

李斯特听说把石炭酸撒入下水道,可以杀死让家畜染病的虫子,他便着手把患者上了手术台不知能不能活着下来的外科治疗,改造为真正能救死扶伤的医术。他的办法就是在石炭酸里掺点水。1865年到1867年间,由于采取了抗菌措施,在格拉斯哥医院治疗的每11个有创骨折的患者中,超过9人康复(而此前的标准治愈率是零)。1873年,李斯特收治了一位患者,是个年轻诗人,因患结核性关节炎已经失去了一只脚,而他的另一只脚,甚至性命,也快保不住了。李斯特为他做了抗菌手术,治疗18个月,脚和命都保住了。

这个年轻人就是亨利(W. E. Henley),他在《医院诗集》(*Hospital Verses*)中详细记述了这次治病的痛苦经历。劫后余生的他成为一位重要年来一直在提醒人们依赖单一作物作食物来源的危害。1845年闹土豆荒,他的警告得到了证实。美国开到英国的船上生成了一种孢子,这种孢子经爱尔兰被风吹到了英格兰,不久,把庄稼毁了个一塌糊涂——这种现象持续了6年,饿死者达百万人之多,另有近百万人背井离乡。人们开始热烈议论造成植物枯萎病的病因是什么(是菌类?是害虫?还是人自己?),以及今后怎么对付它。

在法国,一个特别委员会发表报告,赞同真菌是造成作物枯萎的元凶的理论。提出该理论的是帕扬(Alselm Payen),他是那时科学界的"重量级人物"。我们把视线拉回到1826年,帕扬写出的第一本著作就是研究土豆的;后来他一步步成为研究淀粉的世界级专家,之后他又着手研究植物纤维,不久发现植物细胞里充满淀粉样物质。1839年,他把这种物质取名为"纤维素"。1881年,在伦敦的皇家植物园里,克罗斯(Charles Cross)和贝文(E. J. Bevan)研究出一种处理纤维素的方法,将纤维素变成浆——一种黏稠的液体,将这种黏稠液体经喷嘴喷出,变硬后即可造出人造纤维。两人把这种人造纤维命名为纤维胶。1908年,一个在服装厂工作的瑞士青年勃兰登堡格尔(Jacques Brandenburger)把纤维胶变成透明的薄膜,他称之为玻璃纸。

第一轨迹完

的杂志编辑和文学批评家,由他引介和提携的作者很多,如威尔斯、吉卜林(Kipling)、叶芝(Yeats)、罗丹(Rodin)、惠斯勒等;当然还有罗伯特·史蒂文森,他去医院看望亨利之后,两人遂成为莫逆之交。那时候,史蒂文森打算放弃法律搞文学。1876年他在法国爱上一位年龄比他大的女士奥斯本(Fanny Osbourne)。1888年,他和奥斯本在旧金山弄了一条游艇,带上必要的东西,去南太平洋生活。在旧金山的湾区停留时,史蒂文森撰文记述了"旧金山治安委员会"的头头科尔曼(William Tell Coleman)。科尔曼恶名昭彰,从前是大富翁,差点当上总统候选人,他是个刺儿头。1882年他在死谷的硼砂主矿里发现了硼酸钙石。

第二轨迹完

最后……

1915年，内斯特莱（Charles Nestlé）[真名内斯勒（Karl Nessler）]用吸水纸蘸着硼砂糊把女人的头发卷起来，然后用玻璃纸做的卷发管夹住吸水纸，再用加热器为卷发定型。1927年，杜邦（DuPont）改进玻璃纸，制成防水玻璃纸；内斯特莱在纽约开了一家发廊给人烫卷发。美发业从此长盛不衰。

16 1773年:从波士顿茶党到隐形眼镜

一群化了装的男子在1773年12月16日晚上7点左右登上英国商船"达特茅斯"号,悄然有序地把船上价值不菲的茶叶(一共342箱)倒进波士顿湾。这些茶叶本来定好要折价直接卖给消费者,不经过中间商。茶叶款里虽然含有支付给英国的茶叶税,但价钱还是比波士顿人常喝的走私茶叶低得多。这下当然把波士顿本地的茶商给惹恼了。但是,波士顿茶党翻搅起的决不只是几箱湿湿的茶叶。

这批茶叶定好要发给马萨诸塞总督哈钦森(Tom Hutchinson)的亲戚朋友们,这事让他左右为难。哈钦森对整个事情的处理受到了不公正的评论,一是因为他对待本土利益总是持保护态度,二是他提出过几个殖民地联合起来的计划,三是他批评英国人对待在美洲的同胞弟兄太过傲慢。不过,当时波士顿人的情绪太激动,哈钦森冷静理智地维护法治,主张深思熟虑、实行渐变让他们很不耐烦。1774年他被英国"召回伦敦磋商",波士顿人想:这下好了,总算走人了。哈钦森回到伦敦,在一年后的一个音乐晚会上,邂逅了一个叫保利(Pascal Paoli)的外国人,两人遂成为朋友;保利同意哈钦森的看法,认为波士顿人操之过急了。保利是科西嘉人,干过革命,武装斗争很在行。他和占据科西嘉岛的热那亚人打过仗,而后跟法国人达成协议;后来法国人耍两面三刀,违背协议。保利逃到英国(在那儿他第一次见到哈钦森)。以后,他又被闹过大革命的法国人迎回科西嘉,接着又让法国人坑了(他一气之下把拿破仑家的房子给点着了)。保利请英国人接管科西嘉,后来,他的科西嘉同胞又起来反抗英国人,于是保利又回到伦敦。保利对祖国始终不渝的忠诚让一位非常浪漫的意大利浪漫派人士阿尔菲耶里伯爵引以为光辉的榜样,1788年,他把他的一部悲剧献给了保利,这是他创作的诸多悲剧中的一部。

阿尔菲耶里的生活比较符合诗人的形象:神气活现,放荡不羁。他在欧洲各地都生活过,又曾经多年闭门苦读,自杀过几回,决斗过几次,喜欢马,和施托尔贝格相恋了一辈子。施托尔贝格是阿尔巴尼女伯爵,身世不幸,丈夫美王子查理疏远她(美王子查理住在佛罗伦萨,自诩英王查理三世,而实际上他不是)。他的父亲早先想夺王位未遂,却坚持称自己是英王詹姆斯三世(实际上他不是)。查理的哥哥,英王亨利九世(实际上他也不是)为阿尔菲耶里和施托尔贝格提供了一个华丽的爱巢——就是他众多宫殿当中的一座——供他俩颠鸾倒凤。亨利是个心地善良的王子,信教,他变卖家里的珠宝,帮罗马教皇给拿破仑进贡。1799年的英国财政大臣决定对美国进口茶叶征收关税来解决预算短缺问题,波士顿茶党闻听,大闹了一场。接着,英国议会又把美国销售茶叶的垄断权交给东印度公司,这下让革命势不可挡。时任英国财政大臣的汤森德(Charles Townshend)是个贵族,有一个非常富有的老婆,他本人与公学的校友联系广泛,业余还搞点经济研究。追溯到1763年,那时候汤森德为了给继子找私人家教,跟格拉斯哥大学道德哲学教授亚当·斯密套近乎。亚当·斯密在4年前撰写的《道德情操论》(Theory of Moral Sentiments)给他留下了深刻的印象。斯密在书中论述"看不见的手"如何让个人原始的利己之心减轻到一个适当的程度,使之能够在开放的市场条件下为公共利益劳碌。这本书为他的鸿篇巨制《国富论》打下了理论基础;他在《国富论》里提出了劳动分工说。在为汤森德的继子做家教期间,斯密游历了法国,在那儿结识了一批启蒙运动的知识精英。这批精英大部分时间待在美女主持的沙龙里高谈阔论,其中一位美女叫格鲁希(Sophie de Grouchy),她在1789年将斯密的《道德情操论》译成法文。

格鲁希活泼、美丽,(她的对头们则说她)心狠、有野心。她开的沙龙闻名国际,赶来聊哲学的不仅有英国人、法国人,还有美国人。在时局朝着革命方向发展的时候,格鲁希的沙龙逐渐成为极左派人士的活动中心,随即又变成激进派人士的温床。这一切(加上格鲁希的野心)把她那位爱钻研数学、性情温和的丈夫孔多塞侯爵(Marquis de Condorcet)推进了凶险的政治泥潭。孔多塞侯爵学业起步时平平淡淡,21岁时写了一篇研究微积分的论文,颇有见地。他的大事情就是他所说的"社会数学",运用社会数学可以预测社会行为,可以做到一劳永逸。他的朋友杜尔哥(Turgot)担任法国的财政大臣时,孔多塞为运河、牛瘟、社会福利、度量衡等事情忙活了两年,他还帮忙制定国家的教育方案,这个方案直到现在还实行着。可惜他干政治没能像研究微积分那样得心应手。法国大革命时期,他站错了队,支持分裂集团,最后于1794年死在监狱里。不过,时候，他的财产仅剩下100万，而这点财产后来还被法国人抢了去。亨利逃到威尼斯，变卖银器维持生活，直到从英王乔治三世那儿收到养老金。这都多亏了约翰·希皮斯利爵士（Sir John Coxe Hippisley）不断为亨利争取。希皮斯利时任驻意大利的外交官，后来是议会议员。1823年，他成了"踩踏车大辩论"（Great Treadmill Debate）的明星。希皮斯利是个不切实际的社会改良家，他认为：让犯人承受踩踏车（用脚踩动踩踏车来磨面或驱动织布机）这种苦役是不应该的；该刑罚很危险，会损害身体；他主张，应该取消踩踏车，改用手摇式磨面机。他的想法在当时看是过于激进了。

希皮斯利的观点得到同僚古德（John Mason Good）的支持，古德还提供了医学证据。古德是个诗人、药剂师、外科医生，还是个监狱改良者，他最少能说9种语言，他写的东西范围广泛，骨相学、哲学、汉语语法，没有他不谈的。1804年，古德和一位自学成才的数学家一起编辑一部百科全书，数学家有一个已经成家的女儿，取名哈多克（Haddock*）。这位数学家就是格雷戈里（Olinthus Gregory）（伦敦大学的创建者之一），后来做了一项重大实验，使得原本平凡的生活变得很不平凡。1824年，他使用火箭、加农炮、迫击炮和钟，在不同的气象条件下，分昼夜时段，在陆地和水面测量声音的速度；事后他得出结论：风向和温度均能影响声音的速度，而回声速度既不会变慢，也不会变快。格雷戈里还翻译过一部天文学著作，是一个法国爱科学的牧师（就职于巴黎圣母院）写的。牧师名叫阿维（R. J. Hauy）；除了这部天文著作，让阿维出名的还有两件事：一是他对晶体的研究，二是他的兄弟瓦伦丁（Valentine）。瓦伦丁就是创建巴黎皇家盲人学校的那位。1823年，一个叫巴尔比耶·德·拉塞尔（Charles Barbier de la Serre）的法国陆军上尉把他的一个想法介绍给了盲校；他曾

---

* haddock，即黑线鳕，学名 *Melanogrammus aeglefinus*，是生长于大西洋北部水域的食用鱼。——译者

他的结局要比他的好友拉罗什富科公爵(Duke de la Rochefoucauld)好一点点。拉罗什富科公爵两年前就被暴民弄死了；他的死说明，有公爵身份也逃不了接受革命的审判。公爵属于思想开明人士，还是一个君主立宪派，他是一个好兵，法国名门之后，业余爱好科学研究，写过植物学方面的东西。他曾经当过炸药部的头头儿(时间不长)，他对植物腐烂的了解非常透彻(19世纪前主要从堆肥中获得制造炸药的基本成分)。他非常支持美国的独立战争，1785年成为纽约市的荣誉市民，同年，公爵结识了到巴黎访问的杰斐逊。

同杰斐逊一起去巴黎的还有秘书肖特(William Short)。刚到巴黎，肖特立刻爱上了(比他小30岁的)拉罗什富科的娇妻罗莎莉(Rosalie)。不久，肖特和罗莎莉勾搭上了。肖特本来前程光明，这时候前程成了两人关系的绊脚石，因为美国政府老是把他召来唤去，从一个地方调到另一个地方(荷兰、西班牙和华盛顿)，最终让罗莎莉对他心灰意冷。不管怎的，罗莎莉都想待在法国，从没想过当肖特夫人，过平常人的日子；于是，她嫁给了一个年长的贵族表兄。肖特回到美国，在费城安了家，做过几笔投资，赚了大钱，很多访美的法国大人物都是他当东道主接待的，像托克维尔(Tocqueville)、拉斐德(Lafayette)，还有(1815年来美的)约瑟夫·波拿巴(Joseph Bonaparte)。约瑟夫做过很多事：当过律师，写过书，还做过科西嘉的大佬；他的弟弟(读者知道是谁吧)四处征战时，是他在法国国内主事。为此，拿破仑封他为那不勒斯王和西班牙王。肖特见到约瑟夫的时候，拿破仑还在流放，皇室伟业一片狼藉，而此时的约瑟夫很快要成为新泽西州博登镇(Bordentown)的居民了。在新泽西，约瑟夫满嘴Zee呀Zee的法国腔，住在黄白相间、富丽堂皇的大房子里，俨然是一位让人喜欢的主人。他的豪宅取名"点点微风居"(Point Breeze)，四周是广阔的土地，屋里随处可见一个贵为亲王的人平日里搜罗的名家名作，如缪利罗(Murillo)、委拉斯开兹、提香、凡·代克(Van Dyck)、拉斐尔、卡诺瓦经向法军人事部门介绍过他的想法,但那些人都是典型的鼠目寸光,对他的想法一点不感兴趣。

巴尔比耶的想法让人们有可能摸黑读书写字,这种读写方式靠的是在羊皮或纸上扎出凸起的点阵构成文字;读的时候,用手触摸点阵即可。阿维让盲校的学生试用这种盲文,有一个11岁的男孩对巴尔比耶盲文做了几点改进;3年后,还是这个学生又对盲文做了重大改进,使排列点阵更为方便,每个点阵由6个点构成,分为两列,每列3个点。新版盲文后来为世人所熟知,并以这位盲童的名字命名为"布莱叶盲文"。1838年,因为没有政府的支持,盲校的境况十分困难。恰在这时,一位政界要人访问了学校,而后他返回议会,强烈要求政府拨款资助。这位要人就是拉马丁;多亏了他的热心,盲校得救了。1816年,拉马丁和法国科学院图书馆馆长的妻子有染,成为名噪一时的人物。4年后,拉马丁出版的第一部浪漫诗集敲开了巴黎女人的闺房(拉马丁说过泡女人让他轻松)。1832年,他和他的英国妻子到中东做为期两年的旅行,其间,他跑到斯坦厄普(Hester Stanhope)女士在黎巴嫩山上的城堡里同她见面。斯坦厄普是个名闻遐迩的怪人,在山上的城堡里住了20年。斯坦厄普的日子过得像个阿拉伯公主,她抽大麻,宾客寥寥,偶尔来一个两个,她就缠着人家喋喋不休地讲她年轻时做英国首相皮特(Pitt)的侄女和管家如何如何风光。拉马丁来访后又过3年,斯坦厄普少女时的一个朋友的儿子来到她家。他就是金雷克(William Kinglake),是来中东旅行的,历时一年半,目的是暂时离开伦敦的名流生活,摆脱萨克雷、丁尼生等文坛名流的小圈子。他在斯坦厄普女士那儿待了一些日子,然后又回到文明世界。有人建议他把此次旅行写下来,于是,他在1844年出版了游记,很快成为畅销书*。金雷克迷恋旅行,一年后,他又动身前往当时被法国占领的阿尔及

---

* 即《日升之处》(*Eothen*)。——译者

(Canova)、达·芬奇(da Vinci)、鲁本斯(Rubens)的画作,还有很多裸体女人的画,在这里都看得到。庄园的一处小房子里住着他的侄子夏尔·吕西安·波拿巴(Charles Lucien Bonaparte),他后来娶约瑟夫的女儿为妻。

夏尔·吕西安·波拿巴只顾忙活他的嗜好,没有参与波拿巴的权力角逐。1823年他来到美国,不久便加入费城自然科学院,着手研究美国的禽鸟。1838年他回到欧洲时,已经是一位了不起的鸟类学家(他的一部主要著作对费城和罗马的鸟类做了比较研究)。人们说起夏尔·吕西安,都说他"架子大、不讨人喜欢",这正是他和画鸟的画家奥杜邦结为好友的原因。他们在1824年认识,夏尔请奥杜邦为他的书画插图;其他插图画家都很不喜欢奥杜邦,拒绝与他合作。奥杜邦没办法,只能远走欧洲。在欧洲,他就是一个纯朴的美国边民,他的魅力迷倒了一大片人,他画的美洲禽鸟也发表了。你要是喜欢巧克力盒上画的那类装饰画的话,看他的画正好。奥杜邦说是搞研究的,嘴里讲的是英语,其实他更是个画家,更像个地道的法国人(他出生在法属圣多明各);1830年他访问苏格兰的时候,专门聘来本地一位年轻的博物学家威廉·麦吉利夫雷(William MacGillivray),一边帮他纠正英语语法和发音,一边给他提供动物学的详细材料,为他的作品配文字说明。两个人为奥杜邦的巨著《禽鸟传》(*Ornithological Biography*)断断续续合作了9年。

麦吉利夫雷少年时代足迹踏遍了苏格兰高地和大小岛屿,他到处打猎,为的是做解剖,也因此为他平生中的两个重要活动做好了准备。第一个活动是他(随身带着笔记本)从阿伯丁*(Aberdeen)步行837英里(约1340千米)到伦敦,参观了大英博物馆的鸟类藏品;第二个活动是他(第一次)从解剖学的观点(而不是看鸟类的羽毛)对禽鸟做了分类。趁着来来去去徒步考察的间隙,麦吉利夫雷还找时间生了13个孩子。大儿子约

---

* 英国苏格兰东北部城市,位于迪河在北海的入海口。——译者

利亚。他在那儿和当地的一个传奇人物、勇敢的圣阿尔诺(St. Arnaud)上校交往(还记述了他的事迹)。圣阿尔诺就是"飞行纵队"(是圣阿尔诺自己这么叫的)的领头人。其实他也就是个捐税征收官,真名勒鲁瓦(Achille Leroy)。

圣阿尔诺在阿尔及利亚搞了几年(非常惨烈的)军事斗争,于1851年回到法国,接着发动政变,他本人也晋升为陆军元帅,担任克里米亚半岛战争法军总司令。1854年9月,他和英军司令拉格伦勋爵(Lord Raglan)联手打赢了阿尔马河之战。而拉格伦则把自己搞得声名狼藉(有人说冤枉):就在阿尔马河之战结束一个月后,拉格伦命令"轻骑兵"出击;他的命令不太清楚,有些模棱两可,600名英国骑兵误解了拉格伦的意思,策马冲到俄军的炮口下,结果损失惨重,可能就剩下一匹马了。有几篇发自前方的战地快讯把拉格伦搞得像热锅上的蚂蚁、瓮中之鳖[发表在伦敦的《泰晤士报》(The Times)上],快讯的作者叫威廉·拉塞尔(William Russell),可算是历史上最伟大的战地记者。

拉塞尔用他的笔记述了驻扎在克里米亚半岛的英军遭遇的可怕处境,让有身份、有地位的《泰晤士报》的读者们大为震怒(生生把当届政府给轰下了台)。此后拉塞尔继续写战地报道,登在刊头的文章越写越多,他报道过的战争有6场:美国内战、普奥战争、普法战争、祖鲁战争,还有印度兵变(英军对印度的士兵起义进行镇压)等。报道印度兵变时,他因距离前线炮火太近而负伤,差点儿丧命,多亏外科医生医术高超,(据拉塞尔报道说)还为他使用了一种新型抗菌药:碘。碘是一位法国火药制造商在19世纪早期发现的。他把酸和海藻灰混在一起,碰巧沉淀出碘晶体。他用海藻灰代替木炭灰是因为树木缺乏,木船造得太多。本来布列塔尼半岛和苏格兰海岸的海藻养殖者非常贫困,生存条件也非常不利,自打有了用海藻生产火药的技术后,这些地方焕发出生机。人们找到大量的天然海藻,便有兴趣研究能否使用海藻作其他方面的开发,获取经翰(John)追随父亲成为博物学家(不是当真跟在他后面四处游走)。约翰做过3次长途探险,第一次是在1842年考察澳大利亚海岸和大堡礁*,第三次是1852年考察南太平洋,这次(因为"生活习惯不检点")他被搁在悉尼,一直在澳大利亚待到死。第二次探险是在1846年去澳大利亚,乘坐英国皇家军舰"响尾蛇"号。

约翰的一位随船同伴叫托马斯·赫胥黎(Thomas Henry Huxley),他是船上的助理外科大夫,性情忧郁。赫胥黎一路上不停地从水里捞东西,他发现了一类新的海洋生物,为此他受到高度赞赏(成为英国皇家学会会员)。他还是研究水母的大师,写过研究乌贼、动物个性、头骨和马化石等方面的文章。1859年,他收到达尔文巨著的样书,随即成为进化论的最坚定的捍卫者,人称"达尔文的斗犬"。赫胥黎在美国各地发表演讲,听者如云,座无虚席。而后在一些较小规模的聚会上,比如伦敦的哲学俱乐部,他就"青蛙是否有灵魂?"之类的问题作演讲。1856年在皇家学会举办的一次讲座上,赫胥黎听说学会的丁铎尔(John Tyndall)教授(和赫胥黎一样也是位致力于普及科学的人士)提出一种令人振奋的假设:晶体受压造成片状裂纹的现象可能有助于说明冰川的结构。丁铎尔和赫胥黎不愧是维多利亚时代的人物,凡事爱较个真儿,不怕麻烦,他们决定去阿尔卑斯山仔细考察一番。尔后,丁铎尔发现了流动冰川,爱上了爬山,成为最早登上马特豪恩峰的人之一。

丁铎尔首登阿尔卑斯山时,和老朋友、化学家弗兰克兰(Edward Frankland)在勃朗峰上住了一夜。弗兰克兰趁这个机会得出一个结论:蜡烛在山顶和山下燃烧速度相同,但在山顶发出的光要比在山下的弱。这个结论启发弗兰克兰研究大气压力对燃烧的影响(气灯制造商可能会感兴趣,准备在高处点引信的军人也可能会感兴趣)。1865年,弗兰克兰

---

* 世界上最大的珊瑚礁,长约2011千米,在澳大利亚东北部沿海。——译者

济效益。这种前因后果的事情很多很多。

　　1863年，化学家斯坦福(Edward Stanford)担任苏格兰海藻工业顾问，接着又担任英国海藻公司的经理。1883年，斯坦福经过多年研究发现海藻含有褐藻胶。再往后，一种从褐藻胶(褐藻酸盐)里提取的水状胶体成为许多产品的主要原料，墨水呀、冰淇凌呀、口腔科用的牙印模子呀，都要用到它。用褐藻酸盐制成的牙印模有一个很大的优点：不粘牙，所以，印模在口腔里定型后很容易取出来。这个特点，在20世纪30年代，引起了匈牙利眼科医生戴罗斯(Joseph Dallos)的注意。

第一轨迹完

还协助他的妹夫、苏黎世生理学家阿道夫·菲克（Adolf Fick）完成了另一个山顶实验。菲克爬到一座瑞士高山上［即弗尔洪峰，海拔6417英尺（近2000米）］做实验。实验前，菲克坚持膳食中不含蛋白质；爬山时，他定时测量自己尿液中的氮的含量，用这种方法证明肌肉的能量来自蛋白质而不是脂肪。阿道夫有个同名的侄子，是个眼科医生，不过他把自己的眼界放得很低，他研究的问题是角膜突出造成的散光（即角膜向外突生，形成圆锥状），这种散光用眼镜无法矫正。阿道夫有个想法：用透明的壳状玻璃代替角膜。1888年，菲克试着给自己的眼里装了一块壳状玻璃，但是遇到一个问题：怎么才能让这块镜片服服帖帖地戴在眼球上呢？

第二轨迹完

最后……

戴罗斯用褐藻酸盐做了一个不粘眼球的眼球模子,这个模子可以给菲克的隐形镜片定型,这样隐形眼镜会非常贴合眼球,佩戴后眼睛不会不适。

17 1742年：从伦敦博街到条形码

英国伦敦的博街*18世纪时是个乱七八糟的居民区，满街尽是酒肆、妓院和罪犯，那些罪犯为抢一个先令就能割人咽喉、要人性命。因为这个，世界上第一支警察队伍就在这里组建。博街离特鲁里街剧院很近，拐过街角就到了，所以，1742年英国三个最著名的演员就住在博街6号。

---

* 又名弓街。——译者

麦克林（Charles Macklin）和他的妻儿住在博街6号公寓楼上。一年前，麦克林在莎士比亚的《威尼斯商人》(The Merchant of Venice)一剧中首次扮演狠毒的放高利贷者夏洛克(Shylock)，表演得很成功。在接下来的56年里，他几乎没有离开过舞台。麦克林傲慢自大、心胸狭窄，脾气还很暴戾，1735年，他为了一顶假发和一位演员同事打起来，竟出手杀人，在法庭上他为自己辩护（辩护的结果还不错）。麦克林这辈子动不动就要跟人决斗（从来没有决斗成），惹来官司。不管是粗俗的滑稽戏还是高雅的悲剧，他都演过角色。85岁那年，他举行告别演出，再度饰演夏洛克。此后，他常常酗饮烈酒，竟不可思议地活到了90岁。住在博街6号公寓楼下的是最著名的女演员沃芬顿（Peg Woffington），约翰逊博士形容她是"致命的诱惑"。1742年，她和另一个最著名的演员加里克(David Garrick)做搭挡兼相好。

沃芬顿一开始在都柏林站街卖菜；1740年，她在《哈里·威尔德尔爵士》(Sir Harry Wildair)里饰演角色，轰动伦敦，因为她大腿露得太多，引起了骚乱。雷诺兹*为沃芬顿画过像，经他一画，沃芬顿深受大家的喜欢，莎士比亚剧中的所有女主角她都演了一遍。1744年，就在她要和加里克完婚的当天，两人闹别扭分手了。沃芬顿先搬到一个贵族情人那里，后又在伦敦郊外一个时髦村子特丁顿（Teddington）弄了一套房子。她成了圣玛丽教堂的牧师黑尔斯负责的教区的居民。黑尔斯是英国伟大的科学家，他研究的东西大多精深复杂，不便向读者描述。他给植物插进玻璃管，测量树液上升的力量，他还在动物身上做过类似的试验。不多说了。黑尔斯对呼吸（空气是什么）和生理（肌肉的工作机理）着迷得了不得。肌肉问题促使他研究人的体液，他想搞清楚人的体液是不是控制着肌肉的伸缩。他研究空气时使用一只真空泵，并且亲自试验自己

---

* 约舒亚·雷诺兹(1723—1792)，英国肖像画家及批评家，被认为是英国绘图史上最重要的人物之一。——译者

博街6号公寓的楼下还住着加里克,是他首次把现代技巧融入舞台表演。1741年,加里克饰演的第一个重要角色是查理三世,他因此一夜成名。此后,这位表情丰富、躁动不安的小个子统治英国舞台达35年之久,他饰演的角色各种各样。他非凡的艺术才能使他有机会接触到很多重要人物,艺术家呀、作家呀、政治家呀、学者呀,还有皇亲国戚们。1747年他接管特鲁里街剧院,实行几项人们闻所未闻的改革措施,譬如演出开始后关闭剧院大门,对迟到的观众不再执行票价打折优惠,等等。1771年,加里克结识了卢泰尔堡(Philippe Jacques de Loutherbourg),为他的表演做舞台设计。卢泰尔堡是个事业有成的艺术家,他加盟加里克的剧院,在舞台表演区搞了很多创新,比如燃烧的房屋、瀑布、烟雾、闪电变换、华美的背景幕布、快倒塌的墙壁、起伏的大海、音效,还有木偶等,这些新东西彻底地改变了观众的戏剧体验。他既搞戏剧表演创新,又是皇家美术学院的一名积极分子,创作过一些题材严肃的风景画,还为书本画插图。

1786年,卢泰尔堡和妻子离开伦敦前往瑞士,在瑞士他耗尽钱财,回来时一贫如洗,当了一段时间给人念咒治病的郎中。这回改做装神弄鬼的行当可能是受了当时跟他在一起旅行的游伴的影响,这个游伴名叫卡廖斯特罗(Cagliostro),号称"伯爵",其实是个纵横国际的骗子,搞幻术的行家。卡廖斯特罗是西西里人,本名叫巴尔萨摩(Born Giuseppe Balsamo),曾跟着专干小偷小摸的罪犯学过手艺,后来才入江湖行骗,干卖大力丸这一行,从欧洲诸国那些一懵就能懵住的贵族的腰包里结结实实掏走很多钱。卡廖斯特罗将又傻又贪的主顾钓上钩的诱饵就是他说他能把不值钱的金属变成金子。1773年,卡廖斯特罗已经是凡尔赛市的显赫人物,后来他没收住,玩过了头,案子牵涉到宫里的一名侍臣、玛丽·安托瓦妮特皇后和一条钻石项链。结果,卡廖斯特罗被关进巴士底狱,关了6个月,出狱后,他跑到伦敦去了(最后跟卢泰尔堡一家去了瑞士)。

靠呼吸自己呼出的空气在不造成严重后果的情况下能坚持多久(大约一分钟)。不良的空气显然会损害健康,于是黑尔斯发明了通风机,装在运送奴隶的轮船和监狱里(这两个地方空气都污浊得很)。

1751年,奴隶船船主埃利斯(Henry Ellis)在他的船上使用黑尔斯发明的通风机后,写了一份报告给予称赞。埃利斯以前参加过一次寻找西北通道*的航海活动,他在大西洋上航行来航行去,时间长了成了一个美洲通。1757年他去佐治亚担任总督。他做了几件事:一是养蚕,二是往英国老家运种子、植物、动物,三是跟瑞典学者林奈通信,四是用黑尔斯的名字命名了一种灌木。作为总督,他克尽职守,政绩突出,故而被指派担任新斯科总督(未到任)。后来,他继承了一笔丰厚遗产,提早退休。他从1757年到1761年在佐治亚,其间,担任宪兵司令的是诺克斯(William Knox);诺克斯后来当了佐治亚和佛罗里达两地的英国代表(曾提议让殖民者获得议会席位,被驳回)。美国独立战争爆发时,他是美洲事务助理次官,战后,他没能在缅因给替英国人打仗的亲英派美国人弄一块殖民地。末了,他创建了新布伦兹维克,好多效忠英王的美国人都去那儿了。1769年诺克斯写出一篇文章,回应一个住在伦敦的美国医生写美国的小册子。这个医生名叫爱德华·班克罗夫特(Edward Bancroft),后来当了特务。他在苏里南待过一段时间后,跑到伦敦定居;他的大都会的生活作派较之像本杰明·富兰克林那样讲究生活品位的人更容易博得人们的好感。1776年,他应征从事间谍活动,为迪恩(Silas Deane)打探英国人的情况;迪恩当时正在巴黎忙美法签定条约的事。而在同一时间,班克罗夫特又被在苏里南的老朋友温特沃思(Paul Wentworth)(时任英国特务机关头头)招去巴黎打探美国人的情况。

温特沃思特别能侃,法语说得很流利;他操纵着英国在欧洲的间谍

---

* 从大西洋到太平洋的水路,穿过加拿大北部的北冰洋群岛,沿阿拉斯加北部海岸。——译者

卡廖斯特罗犯的致命错误是他是共济会会员(Freemasonry),加入共济会在北欧国家有好处,跑到罗马却很危险——罗马的宗教裁判所对随随便便入这个会、那个会的人可不客气,给卡廖斯特罗判了个终身监禁。卡廖斯特罗还在法国南部赶路时,遇到了共济会会员卡萨诺瓦(Giovanni Giacomo Casanova),论胡吹滥侃和腐败的水平,共济会会员里能敌得过卡廖斯特罗的恐怕只有卡萨诺瓦。关于此公,还有一点不能不提,那就是他说他做的事他可能当真都做过,特别是勾引女人的事;被他骗得失身的女人有122名(这是他自己数的,包括他的私生女),搞了人家之后就从后楼梯溜掉。他一辈子大部时间都在搞这个,每几个月搞一回。他当过兵、探过险、做过外交官、干过特务(在法国、威尼斯共和国)、写过书、当过图书管理员。卡萨诺瓦(从他开设的巴黎彩票里)挣了100万,过后把这些钱全花在玩乐和看病上(他有花柳病)。1797年,在布拉格,他帮助莫扎特修改歌剧《唐璜》(Don Giovanni)的剧本。这部歌剧是他的朋友写的,卡萨诺瓦曾向这位朋友讲述过自己的冒险经历,《唐璜》的主人公可能就是以他为原型*。这位朋友叫达·蓬特(Lorenzo da Ponte),莫扎特的《女人心》和《费加罗的婚礼》的唱词也是达·蓬特写的。达·蓬特最初是当牧师的,1781年的时候,跟着莫扎特在维也纳歌剧院的劲敌萨列里(Salieri)做事,后来一场变故让他背了一屁股债,被迫离开维也纳跑到伦敦。为了脱身,他于1804年移民去了美国,在纽约定居。此后的33年里,他开过杂货铺,当过书商,在哥伦比亚大学教过意大利语,日子过得凑凑合合。好像是开书店时的一次偶遇,他才找到教意大利语的工作。

来书店的顾客名叫莫尔(C. C. Moore),从哥伦比亚大学毕业没多长时间,父亲是哥伦比亚大学的校长。莫尔在曼哈顿纽约神学院教授希伯来语和希腊文学,著述有希伯来语-英语辞典和阿尔巴尼亚爱国英雄斯

---

*《唐璜》又名《浪子受罚》。——译者

网。眼看着法国人要和美国佬签订反英协议,温特沃思想出了一个妙招儿:美国国会的议员们如果都能做亲英派,就送给他们(总计)3000万英镑,外加200个贵族爵位。可惜交易没做成。温特沃思、班克罗夫特(还有迪恩,温特沃思不知道)就这个危局各自施展高招,就像炒股票似的操纵市场朝着有利于自己的方向发展。风浪过后,迪恩回老家向国会汇报班克罗夫特的情况,结果死在途中,死得很蹊跷。

与此同时,有人从巴黎的树桩里取出隐形墨水以及被泄露的备忘录(装在空瓶里,未注明寄信人),送交给英国大使斯托蒙特勋爵(Lord Stormont)。斯托蒙特还密切监视着一对炼铁的英国兄弟,他们是约翰和威廉·威尔金森(John and William Wilkinson)。1774年,约翰改进一套设备,这套设备可以把一块实心铸铁钻孔制成枪管、炮管,用这套设备制成的枪管发射枪弹时不易爆炸,法国人对这项技术很感兴趣;他们正打算向美国出口军火,援助它打仗。1775年,一个法国将军参观威尔金森兄弟的工厂;1776年,威廉来到法国,他用从英国走私的材料开设一个铸造厂,又安装了炮管制造设备[该公司现在还在,就是拉科洛索(Le Creusot)公司,专门生产厨具]。

在英国,威尔金森兄弟的钻孔机很好用,因而开创了工业革命,因为瓦特和他的伙伴博尔顿需要他们的钻孔机制造出功效更高的蒸汽机。威尔金森设法制成了一台薄壁汽缸,长9英尺(约2.7米),直径6英尺(约1.8米),尺寸非常精确,使瓦特蒸汽机的密闭性特别好(蒸汽的利用率很高)。1803年,富尔顿(Robert Fulton)找到瓦特和博尔顿,商量为他的新汽船造一台发动机。富尔顿以前是搞艺术的,后来转行搞工程。他答应不再为法国制造潜艇,这样就绕过了把技术转让给法国人这道障碍,于是新发动机按时运抵美国。1808年,富尔顿和合伙人利文斯通(Livingstone)承包哈得孙河沿河商业服务和水上营运,并且拿到纽约州给予他们的30年专营权。20多个竞争对手把他们俩告上法庭,理由是他们违反坎德培(Skanderbeg)*的传记。不过,人们记住他是因为他在1821年创作了诗歌《圣诞前夜》('Twas the night before Christmas);本来,诗的原稿里有两只驯鹿的名字,一只叫Donder,另一只叫Blixem;1837年,在查尔斯·霍夫曼(Charles Fenno Hoffman)编辑的《纽约诗歌年鉴》(New York Book of Poetry)里,两只驯鹿的名字改成了人们比较熟悉的Donner和Blitzen。霍夫曼是律师转行当作家。他曾在尚未拓荒的美国西部(也就是现在的宾夕法尼亚、俄亥俄、密歇根、印第安纳、密苏里、肯塔基和弗吉尼亚)游历了一年,并把所见所闻记述下来,写得不错,但是他的小说一直写得不出彩。英国的书评人批他批得狠,说他的作品全是拾人牙慧,离剽窃也差得不远了。好在霍夫曼在当编辑搜罗整理别人发表在各种文学杂志上的作品这方面做得非常好。1840年他到格里利(Horace Greeley)任主编的《纽约客》(New Yorker)杂志做助理编辑。一年后,《纽约客》改名为《论坛报》(Tribune),成为美国最大的报纸之一。

格里利写的社论掀起反对奴隶制、反对虐待美国原住民的斗争,也促进了美国的西部运动("年轻人,到西部去")。格里利协助成立了共和党,他支持提名林肯(Lincoln)为候选人,游说议员修建横贯大陆的铁路,还写了一本书《忙忙碌碌一辈子》(Recollections of a Busy Life),是美国写得最好的自传之一。他唯一一次大的挫折是在1872年竞选总统中输给了对手。不过,他成功地唤醒了全国人民的良知,让大家去思考当时的很多问题,譬如,妇女的社会地位问题。为此,他在1844年聘用玛格丽特·富勒(Margaret Fuller)作报社职员,玛格丽特于是也成为历史上第一位女新闻工作者。翌年,她写出《十九世纪的妇女》(Women in the Nineteenth Century)一书,呼吁男女平等,引起人们的共鸣。该书出版后仅两

---

* 斯坎德培(1405—1468),本名格奥尔格·卡斯特里奥蒂(George Kastrioti),阿尔巴尼亚军事领袖,坚持反抗土耳其入侵,坚定维护阿尔巴尼亚民族独立。——译者

了监管州际商业活动的联邦法律。而纽约州最高法院大法官肯特（James Kent）则认为：本案中，纽约州拥有主权，美国国会并没有专项法律禁止这类商业活动，因而纽约州给予两人垄断权没有错。肯特1823年退休，退休后给纽约市和切诺基族当顾问，赚了不少钱。

肯特还参加了一个新成立的午餐俱乐部——"面包奶酪俱乐部"，是一个从纽约州北部来的年轻作家创办的。这个作家叫库珀（James Fenimore Cooper），刚发表一部描写美国独立战争的小说《间谍》（The Spy）就声名大噪。1826年，他又发表小说《最后的莫希干人》（The Last of Mohicans），赚了很多钱，于是，带着家人到欧洲待了5年，笔耕的成果让他成为深受尊敬的美国民族小说家（他在法国和拉菲特交朋友也未损及他的声名）。库珀小小的纽约俱乐部里还有一个成员，就是杜兰德（Asher Durand）。他从1818年起一直在美术学院学习绘画，技艺大增，赚了钱，开了一家版画店。他放弃雕刻，转而画油画；1851年创作《哈得孙山谷远眺》（View Towards the Hudson Valley），1855年又创作《林中》（In the Woods），凭这两幅画，他开创了哈得孙河画派的艺术风格。后来，他还撰写《风景画信札》（Letters on Landscape Painting）一书，向追随这种绘画风格的人传授技巧。《阿里亚多尼》（Ariadne）算是他最有代表性的雕刻作品，那是他观看范德林（John Vanderlyn）画的"下流的"裸体画获得灵感创作的。范德林画了一辈子，多半是画肖像或者临摹肖像（画过华盛顿等权势人物），钱挣了不少，所以他有余暇去创作市面上不好卖的历史题材作品。

和每一个学画的人一样，范德林在欧洲待过一段时间，一直待到他画的两幅描绘尼亚加拉大瀑布的版画忽然一下子为他挣足了回家的路费。这两幅画他几年前就画好了，留在一个代理商那里等着卖。往后，他继续画肖像画；曾经在一家名为"纽约圆厅"的画廊试着画了一幅全景画（观众可以坐着观赏展现凡尔赛宫等风景胜地的巨幅画卷）（但做得不周便销售一空。1846年,格里利让玛格丽特到欧洲收集新闻、发回报道。玛格丽特在巴黎遇到了她的偶像之一、法国小说家、女权主义者乔治·桑。第二年,玛格丽特的心旌又被摇撼了一次,这次是在罗马,摇撼她的人是奥索利侯爵(Marquis of Ossoli);她(可能还)嫁给了他。1848年法国入侵罗马,他们俩劫后余生(在争取意大利统一的战斗中,侯爵上前线打仗,玛格丽特救护伤员),一起逃到佛罗伦萨。玛格丽特把她的经历连缀成文,寄给《论坛报》。1850年,他们带着他们的小宝宝离开里窝那前往纽约;在海上突遇狂风,他们乘坐的轮船在距离美国海岸很近的地方沉没,一家全淹死了。

他们在佛罗伦萨的最后一晚是与新认识的朋友罗伯特·勃朗宁和伊丽莎白·勃朗宁(Elizabeth Browning)一起度过的,两人都是英国诗人(女的比男的写得好)。1846年伊丽莎白认识罗伯特(与他私奔至意大利),之前她写诗已经写了好多年。1851年他们回伦敦小住时,罗伯特仍然是个无名之辈,也就在这个时候,他俩遇到了一批非常欣赏伊丽莎白诗作的人,他们是文学新星丁尼生、金斯利(Kingsley)和卡莱尔(Carlyle)——还有艺术评论家罗斯金(John Ruskin),伊丽莎白对罗斯金的文章评价很高。从1843年发表《现代画家》(*Modern Painters*)开始,罗斯金可以说在艺术评论方面自成一派。后来,他专注于建筑评论,写出一批经典著作,如1853年发表的《威尼斯之石》(*Stones of Venice*)。他沉迷于哥特式建筑,认为中世纪建筑是最崇高的表现形式,因为创作它们的人都是普通的手艺人,他们以劳动为乐事(哪像当代工厂里的工人;社会主义者罗斯金支持工人们的事业)。他又是演讲,又是写文章,大谈哥特艺术复兴(也就是在全国建起千百座仿哥特式建筑)对于大英帝国的道德风尚是何等有益。这种带点玄乎的世界观可以从他参加特异功能研究会这一点看清楚;这个研究会专门研究桌子自己发出的敲击声、催眠、灵魂附体之类的奇迹。

好)。败也圆厅,成也圆厅,范德林换了个地方,到另一个圆厅(在国会山上)作画,大获成功。那次是受委托为圆厅内剩下的一块墙面作画[他画的是《哥伦布登陆》(The Landing of Columbus)]。他挤掉了好几个画师,争得这份活计;其中一位被挤掉的画师叫莫尔斯,他因为没有争到这个活儿心里憋气,1836年最终放弃艺术追求,一门心思钻研他琢磨了好些年的一个设想:电报。1844年5月24日,国会议员们亲眼看到用莫尔斯电码敲出的消息(从巴尔的摩传送到华盛顿),惊讶不已;凭着这条著名的消息,莫尔斯从此名垂青史。

第一轨迹完

那时,人们觉得这类研究活动是值得尊重的,研究会里拥护科研的人都出来为这些活动说话,譬如克鲁克斯(研究阴极射线)、汤姆孙(J. J. Thomson)(发现电子)、华莱士(Wallace)(提出了进化论),还有洛奇(Oliver Lodge)(1881年他是利物浦大学学院的物理教授),他是粉末检波器的共同发明人。粉末检波器就是一个小玻璃管里面装着铁屑,遇到非常微弱的电信号时,铁屑就会聚合在一起,表明无线电这样的微弱电信号存在。20世纪早期,放大微弱电信号是一个极其关键的问题。耶鲁大学毕业生德·福里斯特(Lee De Forest)用"爱迪生效应"反复试验:他在一个真空管里加热一根阴极,这根阴极上涂有涂层,加热时能产生电子;强大的负电子流会射向带正电的金属基板。德·福里斯特在阴极和基板之间固定了一块小金属栅,把要放大的微弱电信号加载在金属栅上。他发现,加了金属栅之后,强电子流有所改变,金属基板产生出相匹配、但是已被放大了的信号。德·福里斯特发现,电信号如果来自扩音器,就可以使灯泡的亮度发生变化。这种明暗变换的灯光能够使移动的胶片负片产生不同的曝光效果。然后,把这条负片冲出来,装在投影机上摇动,用固定光源照射胶片。不同量的光亮穿过胶片,击中感光元件,就可以生成一个与光亮匹配且不断变化的信号图像。经过这番动作,就会从扩音器里传出声音,声音大到整个电影院都能听到——于是就有了有声电影。

最后……

1952年，美国人伍德兰德（Norman Woodland）和西尔弗（Bernard Silver）把莫尔斯码拼成的词按粗细竖条（分别对应莫尔斯码的长划和点划）画在白色背景上，往这个图案上打一束光，模仿德·福里斯特的研究过程，在感光元件上捕捉反馈信号———就这样发明了条形码。

18 *1739年:从大旅行到液晶显示器*

　　在18世纪中期,英国的贵族青年到欧洲大陆旅行是一种时尚,旅行时要由一名教师陪同,边走边了解一点大陆文化。旅行完了,他们就返回英国,旅途见闻也随之一点点淡忘。那时候,人们把去欧洲大陆旅行称为"大旅行";称其为"大",是因为一趟旅行有时要延续数年之久,乐趣多则游得时间长点,少则时间短点。有些人游出去就不回来了。

1739年，沃波尔启程到欧洲大陆旅行。沃波尔有钱，出身名门，既为首相之子，家族又是世代精英，大旅行必备的条件——有钱又要有文化——他轻而易举就具备了。不过，沃波尔可不是个呆头呆脑的贵族，他喜欢写点东西，是舞文弄墨圈子里的新秀。旅行归来后又过10年，也就是在1747年，沃波尔差不多是单枪匹马发起了英国浪漫主义运动，他的一个举动就是把伦敦郊外(位于草莓坡的)朴素居所改造成了"草莓坡哥特式风格"：处处模仿中世纪的式样，屋里摆满各种小饰品，还有一部印刷机。他用这部印刷机发表了多篇论文，还发表了一些情趣活泼的随笔；他的随笔主要是就一些或有趣或平淡的话题发表评论。1764年，他发表新潮小说《奥特朗托堡》(*The Castle of Otranto*)，这也是第一部哥特式的恐怖小说。在佛罗伦萨旅行的时候，沃波尔无意间到一个老朋友的住所转了转，这个老朋友就是英国公使曼(Horace Mann)，曼对他热情相迎。曼在意大利待了46年，干了3件事：接待宾客、做艺术品买卖、为英国特务机关当间谍。曼操纵一个监视网络，一天到晚监视英国皇室斯图亚特家族的詹姆斯和他儿子查理的行踪，这父子俩一直图谋复夺英国的王位(但没得逞)。因为与老家英国相隔遥远，曼写了上千封家书，记述了佛罗伦萨的市井生活，街谈巷议，今人读来也会觉得趣味盎然。曼一边写信，一边收集一批新出土的古罗马雕刻，高价卖给英国老乡；那时候，只要是古代艺术品，英国人都会趋之若鹜。

曼做这桩很有赚头的生意时有一个合伙人，叫阿尔巴尼，他们的协议都是通过邮件达成的。阿尔巴尼是一位意大利红衣主教，罗马教皇的侄子，地位显赫，他还是奥匈帝国派驻意大利的代表。业余时间他也顺带着给曼当线人，提供斯图亚特一家谋反的情报。做艺术品买卖时，两人分工明确，曼寻找买家，阿尔巴尼提供货源，并负责将货物走私到国外。那时候，阿尔巴尼"收集"、倒卖古代文物已有好多年了(波兰皇室还买过他的东西呢)。到1755年时，阿尔巴尼自己也积攒了不少文物，他专沃波尔1739年去欧洲大陆旅行时有格雷(Thomas Gray)陪着(注意："陪"可有几个意思呢)。他们俩上伊顿公学是校友，上剑桥大学还是校友。格雷是个完美主义者，凡事讲究得很，能写一手韵律精致的拉丁语诗词，英文诗也写得很好。他的著名诗作是《墓园挽歌》(Elegy in a Country Courtyard)，这首诗也是18世纪最脍炙人口的诗作，它展示了作者的全部特点：经典、精致，将古典的秩序和未来的浪漫主义情怀完美地揉捏在一起。这是一篇恬淡雅静的诗。格雷一生都待在校园里，他的生活基本上也可以用"恬淡雅静"四个字来形容：他是个富有的绅士，除了读书、写作，没有别的事。可是，这种平静的学者生活到了晚年却被搅乱了：1769年，格雷和年轻、漂亮的瑞士人邦施泰滕(Bonstetten)发生了一夜情。邦施泰滕是个双性恋，为了他格雷有点犯糊涂。之前，邦施泰滕在佛罗伦萨就偷着找乐子，和整天醉醺醺的美王子查理的老婆施托尔贝格调情，不过最后他还是倒向了男同性恋这边——于是就找了格雷。后来，邦施泰滕离开剑桥(格雷给他写了无数封情书)，回到瑞士待了两年，负责管理瑞士的意大利语区。再往后，1798年拿破仑占领瑞士意大利语区，邦施泰滕移居日内瓦，以后没再挪地方。他还加入了日内瓦湖畔派的文人圈子，伏尔泰、斯塔尔、内克尔、贡斯当等人都是湖畔圈里的人。他在日内瓦写出一部大作，探讨造成南北方人差异的气候因素。

与邦施泰滕鸿雁传情的还有一位，名叫约翰·冯·穆勒(Johan von Muller)。邦施泰滕从剑桥回瑞士不久就认识了他。穆勒是研究历史的，在瑞士这个小池塘里算是条历史学方面的大鱼了。他公开搞同性恋(这在当时是很不得了的)。1771年，穆勒着手撰写巨著《瑞士编年史》(History of Switzerland)。他这辈子跟图书馆馆员这份工作有缘分，当了一串图书馆馆员，最后落脚到维也纳的帝国图书馆当馆员。1802年，他凭几封书信恋上了一位年轻的匈牙利公爵，其实这个公爵是穆勒教的一个学生捏造出来的。每次说好了要搞个跨国约会，这个假公爵总是推说"正门设计建造了一座（当然是新古典主义风格的）大别墅用来收藏个人的藏品。

负责装修别墅的人里有一位年轻的法国建筑师，名叫克莱里索（Charles-louis Clerisseau），他的成名作是1785年设计的弗吉尼亚州议会大厦，建筑外观仿效位于法国尼姆的古罗马遗存四方神殿（Maison Carree）。认识阿尔巴尼的时候，克莱里索刚刚从斯普拉拉托（即现在的克罗地亚的斯普里特）旅行归来，此行的目的是和他的游伴、古建筑爱好者亚当（Robert Adam）一起去罗马皇帝戴克里先（Diocletian）的宫殿里画素描。后来，亚当在一部巨著里复制了这些素描作品（当然也没有标明出处）。亚当从英国出来就是为了努力学习，为他日后回国当时尚领军人物的梦想做准备。他的努力没有白费。在罗马两年时间，他测量遗址遗迹，研究皮拉内西（Piranesi）作品的视角，1759年他回到了英国。5年之后（也就是那本大书成书之后），那些钱虽多而眼光不行、但却舍得花钱附庸风雅的英国绅士深深爱上了亚当的作品，他设计的柱廊、伊特鲁里亚式更衣室、廊式拱顶图书馆，还有绕柱式门廊让他们百看不厌；所有作品一律承袭罗马装饰风格，精雕细琢，一丝不苟，甚至连马桶也做得很精致。

亚当的姐姐玛丽嫁给了德赖斯代尔（John Drysdale）（说德赖斯代尔人如其名没有委屈他，"德赖斯代尔"就是"古板乏趣、老掉牙的"意思。1773年，他在苏格兰教会长老会当主事）。关于此人，我们只知道他和亚当·斯密一起入校学习，据说他布道时就讲一些背叛神明被罚下地狱受苦的事。他的养子达尔齐尔（Andrew Dalziel）将布道内容编辑成两卷（在序言里大加吹捧），继而接替了德赖斯代尔在长老会的职位。达尔齐尔把自己的本事发挥到极致；这个木匠的儿子到18世纪70年代后期还当上了爱丁堡大学的希腊语教授，结交了一些重量级人物，像搞地质学的赫顿、研究经济的亚当·斯密、搞化学的布莱克、研究医药的卡伦等着继承一笔遗产",需要先借点钱作盘缠,却从不露面。穆勒为此花光了钱。不过,他的《瑞士编年史》没怎么耽误,顺顺当当地编到了1489年。这让德国的席勒(Friedrich Schiller)受益匪浅,他在穆勒的史书里为他的戏剧《威廉·退尔》(*William Tell*)找到了主角。席勒也是一位历史学者,不过,让后代子孙和戏剧事业感觉幸运的是,席勒遇到了歌德,歌德劝他在戏剧方面认认真真下一番工夫。从1799年起,席勒一直(和歌德及德国的文学精英们一起)住在德国的魏玛,发表了《玛丽·斯图亚特》(*Mary Stuart*)、《威廉·退尔》等多部巨作。作品内容紧贴大革命时代,讲的都是个人自由、政治-道德责任。作曲家威尔第、贝多芬、罗西尼纷纷从席勒的作品里找到了创作灵感,分别创作了《路易莎·米勒》(*Luisa Miller*)、《欢乐颂》(第九交响曲的合唱部分)和《威廉·退尔》。其中以罗西尼的《威廉·退尔》(1829年)最为突出,它是罗西尼引退前写的最后一部歌剧;该剧很长,很少全本演出(有人觉得这样挺好)。据说当年有人告诉罗西尼巴黎歌剧院要上演此剧的第二幕,罗西尼问:"全演吗?"罗西尼一生多产,创作了34部歌剧,《威廉·退尔》是他的收山之作。1813年,他写出第一部歌剧《坦克雷迪》(*Tancredi*),一炮走红,之后好作品源源不断,有些作品脍炙人口、广为流传(尤其是《威廉·退尔》的序曲)。盛名之时,罗西尼手头阔绰,喜欢美食——他说"给我一份菜单,我会把它谱成曲子";这让某位厨师灵感勃发,弄出了一道名菜"罗西尼嫩牛肉片"(实在饿得不行了可以吃几口)。

1825年,在创作歌剧《威廉·退尔》前不久,罗西尼给一个叫亨利·拉塞尔(Henry Russell)的英国少年上声乐课。拉塞尔3岁便登台演出。他在伦敦唱过几年合唱,后于1835年前往北美。随后,他唱了几首歌曲,走红了,而且很红;细论起来,那几首歌应该算是世界上第一批流行歌曲。他马不停蹄地在北美各地走穴,搞个人演唱会。他的歌曲哀凄凄的,放在今天我们会称之为"催泪弹"——就是弄得人家抹眼泪的那种:老母亲

(William Cullen)等等。1783年,他协助创办爱丁堡皇家学会。不过,就他对历史形成的持久影响而言,您可能会说,这人的一辈子太顺了。1786年,他的班里收了一个17岁的男生,瑞士人,名叫贡斯当(Benjamin Constant),年少聪颖(12岁即发表第一部小说),从瑞士来到爱丁堡,感受令人振奋的苏格兰启蒙运动,算是大旅行的反转版——大陆人游不列颠。29岁那年,贡斯当来到巴黎,这时的他已经是著名的时政评论员——鉴于当时法国狂热的革命势头,做时政评论员是非常危险的。贡斯当的情人——沙龙女王斯塔尔——也身处险境。再过不久,她就要生下贡斯当的孩子。她和贡斯当一样,也是12岁发表处女作。她因言论无羁,得罪了当局,被逐出法国,贡斯当也随她一起离开法国。最后,两人的好事出了岔子,贡斯当找了一个德国女贵族结婚,但是继续脚踩两只船,随后两年还同斯塔尔藕断丝连。拿破仑当皇帝,一会儿立,一会儿废,废了又立,立了又废,贡斯当的生活也跟着时起时伏;在这段人生际遇之后,贡斯当开始鼓吹代议制民主,主张分权分治,搞权利法案。他去世时已经是人们心目中的法国民族英雄。

他的情人斯塔尔夫人也很了得,有一段时间,除了贡斯当,她还跟德国作家施莱格尔(August von Schlegel)上床。她什么都写(歌德说她懂与不懂都写);她的香闺好些人都争着往里钻——读者可别单往那方面想(别忘了,她还在家里办沙龙呢)。在客居魏玛期间,她勾搭上施莱格尔,写了一篇论述德国浪漫主义(她造的词)的急就章。除了施莱格尔,她还结识了谢林,把谢林迷得魂不守舍。谢林系统阐述了浪漫主义观点,认为存在某种基质,让一切自然和人类统一起来(这是大统一理论之前的大统一理论),谢林称之为"自然哲学"(naturphilosophie)。一切进步均归因于这种基质的对立的两极相互冲突及其解决。物理学家从这个思想里瞧见实际用处,继而创立了电磁学。

谢林的挚友、伟大的黑格尔(Hegel)大大发展了这些思想;黑格尔认坐在破椅子里奄奄一息、游子离乡背井、弃妇孤儿等等。另外,他还唱了250首歌,包括《樵夫,别砍那棵树》(Woodman, Spare That Tree)、《奥尔·丹·塔克》(Ole Dan Tucker)、《浪尖上的生活》(A Life on the Ocean Wave)等;《浪尖上的生活》最著名,后来成为英国皇家海军陆战队团队进行曲。歌词作者是萨金特(Epes Sargent),那年他和拉塞尔一起跟着库珀,这首歌是献给库珀的。萨金特一生的大部分时间是在杂志社当编辑,在《波士顿每日广告报》(Boston Daily Advertiser)和《纽约镜报》(New York Mirror)都干过。业余时间他也琢磨点东西,什么通灵术啊,开天眼啊,学校用的教材啊(他靠教材赚了不少钱呢)。1839年他写了《贝拉斯科》(Velasco),这是他的两部剧作中的一部。7年后,爱伦·坡在他的"文学"专栏里提到此剧,认为值得一提。这是很少见的,因为坡的文学评论经常指名道姓,骂得人家体无完肤。

　　坡这一辈子折腾来折腾去:他一会儿意志消沉,一会儿喝得烂醉(他就是喝酒喝死的),一会儿一文不名,一会儿又鳏居了;所以,他的作品有些癫狂也就不足为怪了。不过,他的文思还是让德彪西、拉赫曼尼诺夫这样的音乐天才惊喜不已,两人都用坡的作品当音乐素材。几年后,一位法国的年轻诗人满腔热忱地翻译和评论坡的作品。这位诗人名叫波德莱尔(Charles Baudelaire),他与坡的脾性简直一模一样。波德莱尔动不动就想自杀,患有梅毒,花钱如流水,感觉才思枯竭的时候就用药物刺激灵感。他的代表作《恶之花》(The flowers of Evil)给他惹来了官司,说他有伤风化,他被罚了款,作品被禁出;评论者无法接受波德莱尔作品里的罪恶和同性恋主题,批他批得很毒。除了这个,波德莱尔生活压力也很大,他周旋于3个情妇之间,究竟该跟谁一起生活,娶谁为妻,他老是犹豫不定。3个情妇中最有趣的是萨巴蒂埃(Apollonie Sabatier)。1842年,她当职业模特,跟好几个画师上过床。1846年,她被一个富有的比利时企业家包养了,住在他的巴黎的寓所里。她掀起一股社交旋风,不久便成为,所谓"冲突的解决"适用于全部历史。伟大的辩证法(从正题到反题再到合题,进而得到下一个正题,开始下一个冲突和解决)就是发生的一切事物背后的过程。这样叙述可能有一点点曲解黑格尔的思想,不过曲解一点也不算什么。马克思说黑格尔的思想实际是指阶级斗争,而一个叫罗舍尔(Wilhelm Roscher)的年轻德国学者则拮取黑格尔哲学思想的另一个部分,认为:了解和认识当代的情况是历史分析的关键。罗舍尔用相对主义的方法来研究经济学,他说,经济学没有"规律"可循,在不同的条件下、在不同的地点、在不同的时间内,只存在不同的模式。严格地说,经济行为是凭直觉或经验做出的,和具体的场景有关系;因此,国家出面干预经济行为是对的,因为政府的官僚知道什么问题需要解决,他们能够采取有效的措施(比如福利)。

这个观点让美国的访客伊利(Richard Ely)很感兴趣,他正跟着罗舍尔的一个助手学习。1881年,他带着这个(融合了能动主义、社会主义和干预主义的)思想回到约翰斯·霍普金斯大学。想不到回到约翰斯·霍普金斯大学,美国对工会活动尚未明确认可,弄得伊利在大学的诸路财神——那些实业家——面前人不人、鬼不鬼。偏在这时候,他又跟一个同事展开学术肉搏,这个同事就是纽科姆(Simon Newcomb),他们的学术肉搏不是一次两次了。纽科姆是数学和天文学教授,美国华盛顿特区海军年鉴编辑室的资深编者,著述颇丰,主要讲怎样运用科学(特别是数学)原理来研究经济学。1892年,纽科姆在学术比拼中赢了,伊利跑到威斯康星大学任教,那里更欢迎他。回头看1879年。海军年鉴编辑室有一个叫迈克耳孙(Albert Michelson)的年轻人,时任纽科姆的助手,是个物理学者。1887年,他通过实验证明"以太"并不存在,以前人们认为这种物质很神秘,且无所不在,是电磁波传导的媒介。实验时,迈克耳孙将一束光波分成两束:其中一束"逆向"进入"以太",而这样做是设定地球在"以太"中移动(如此,则光束的速度应该降低);另一束光垂直进入"以太"

为巴黎最辉煌的沙龙的女主人(比利时人提供的赞助),好些上流人士围着她转悠。一年后,比利时富豪为她塑了一座雕像(名为"被蛇咬的妇人"),把巴黎人弄得莫名其妙,因为萨巴蒂埃的所有经历跟蛇咬没有任何联系。1860年,比利时人回到老婆身边,萨巴蒂埃很快就移情别恋,攀上高枝儿,这个高枝儿就是理查德·华莱士爵士(Sir Richard Wallace)。

华莱士是赫特福特侯爵(Marquis of Herford)的私生子,那时他已经是一位画品鉴赏家,很有钱,有一个20岁的儿子,是他和情妇朱莉·加斯代尔诺(Julie Castelnau)生的,朱莉跟了他一辈子(好像也没妨碍萨巴蒂埃)。华莱士住在巴黎,1871年继承父亲的遗产,全是艺术品,后来又买了一部分藏品(世上最强的盔甲收藏品和文艺复兴时期的代表作)。他的遗孀去世时,把藏品留给了英国,这些藏品就是我们现在所说的华莱士收藏品。1878年,华莱士被任命为英国专员,前往巴黎博览会。博览会上最引人注目的展品是头部有17英尺(约5米)高的自由女神像,它是巴托尔迪(Frederic Bartholdi)在埃菲尔(Gustav Eiffel)帮助下创作的。接下去,最重要也是最困难的步骤是如何建筑历史上最大的雕像(巴托尔迪钟爱大的东西),又怎样把它树立在美国的纽约港。跟四平八稳的民主国家美国多亲善、多联系,只会对局势有些动荡的法国有好处,同时也是给美国人提个醒,让他们世世代代都记着独立战争期间法国给他们的援助。"自由照亮世界"的塑像面朝着法国的方向,把后一层意思诠释得一清二楚。法国人没料到美国人更有心机。雕像基座上的诗文选定了,把雕像的本意彻底抹没了;"自由女神"变成了美国女主人,她欢迎着一切"疲乏和贫困地挤在一起渴望自由呼吸的人们"。写这首诗的女诗人确实是牵挂着新来的移民,特别是逃离沙俄和德国屠杀和迫害的人。这位女诗人就是拉扎勒斯(Emma Lazarus)。

1884年,拉扎勒斯创作"自由女神"诗的时候,已经是一位小有成就的作家了。早在犹太复国运动诞生之前10年,她就是犹太复国运动的主

（光束的速度应不降低）。两束光再次汇合时，实验发现它们是同步的，没有光程差——由此证明"以太"不存在。

再回到1886年。赫兹（Heinrich Hertz）首先发现了电磁波，引起轰动。两年后，赫兹离开卡尔斯鲁厄，莱曼(Otto Lehmann)接替了他。莱曼是个透过显微镜研究物质细微结构的专家，正着手解决布拉格的植物学讲师莱尼泽(Friedrich Reinitzer)提出的问题。莱尼泽在给莱曼的信里提到了一种不可思议的物质；他在研究植物里的胆固醇时发现（研究就是这样），当温度介于144.5℃到178.8℃之间时，胆固醇苯甲酸酯会发生奇妙的变化：它先融化为不透明的液体，而后随着温度升高，它又变成清澈透明的液体；冷却时，它会呈现出斑斓的色彩，最后变为白色的固体。莱曼经仔细观察，宣布莱尼泽发现了物质的第四态，不是固体，不是液体，也不是气体，而是兼有液体晶体特征的形态。胆固醇像晶体，周围有光线变化时，它会呈现有趣的色彩，又像液体，因为它会流动。

第一轨迹完

要倡导人,力主在巴勒斯坦地面上重建犹太国。她到英国会见后来当上英国首相的贝尔福(Arthur Balfour)。1916年,时任外务大臣的贝尔福写信给罗特希尔德男爵(Baron Rothschild),明确表示支持最终建立一个拥有主权的以色列国家(此信后被称为"贝尔福宣言")。贝尔福的姐姐伊夫林(Evelyn)嫁给了一个有封地的贵族,名叫斯特拉特(Strutt)。斯特拉特刚好继承瑞利勋爵(Lord Rayleigh)的头衔,还继承了一座华美的英国庄园别墅。瑞利是最后一位博学大师,他以研究"经典"物理学见长,精通"经典"物理学的各个领域。他发现了氩,于1904年获得诺贝尔奖。他去世时头衔很多,你数得上来的重要的科学学会的会长他都当过,荣誉博士得了几十个,还当过多所大学的教授、顾问委员会的理事;发表论文430篇。他在自己的庄园别墅里开辟实验室,解开了天空呈蓝色的奥秘(原因:光的散射)。

第二轨迹完

最后……

1968年，美国RCA公司利用了莱尼泽的液晶技术和瑞利勋爵发现的光的散射效应，生产出第一台数字钟。给两块超薄玻璃夹层内的液晶通电，液晶变暗，使光发生散射，这样，液晶显示器的显示区域内就显现出譬如"10∶15"的字样。

19 *1795年:从铁面人到气垫船*

法国国王路易十四把自己的孪生兄弟秘密关押在监狱里,给他戴上铁面具,一直戴到1703年他死在狱中。是不是真有其事?"铁面人"的神秘传说令18世纪的人们始终兴致盎然(这段传说还成了好莱坞电影的创作素材)。1795年,神秘的"铁面人"也激发了叶斯利(Anne Yearsley)的创作灵感,她创作了小说《皇室囚徒》(*The Royal Captives*)。叶斯利本是凡人一个,《皇室囚徒》写得也很一般。但不一般的是,这个笔名叫拉克提拉(Lactilla)的叶斯利是英国布里斯托尔市的一名挤奶女工,6个孩子的母亲,她的文学素养全靠自学得来。如此出身的人能写得几个字已经不错了,甭提写小说了,可人家叶斯利不光写小说,还写诗,写出的东西还能发表。她能走到这一步,很大程度得益于身旁有两个举世难寻的健谈女子。

1784年，叶斯利还在汉娜·摩尔家的厨房里打下手。摩尔把叶斯利当作一个活生生的例子，向人说明出身卑微的人如果有机会，也是可以成才的。摩尔在经常有饭局的有钱女人里是人中龙凤，很出众的一个，那时候，她正在写词藻华丽的评论（才女嘛）；内容写的都是哪位在伦敦的沙龙里作客，哪位不在伦敦的沙龙里作客。在沙龙里附庸风雅争面子的人能否混出名望，全在品茶闲谈间。摩尔自视为鼓吹思想和行动自由的人。她主张让穷人受一点教育，把他们培养成更好的佣人；她主张帮助穷困孩子，向他们灌输服从权力的观念；她主张为妇女开办学堂，教她们言谈艺术。摩尔也反对奴隶制（只在英国以外反对），这是在她认识了年轻的威尔伯福斯（William Wilberforce）之后的事。威尔伯福斯身材矮小[只有5英尺4英寸（约1.6米）高]，却是个万人迷。威尔伯福斯的生活圈子里，放眼望去尽是腐化堕落、饫甘餍肥、偷鸡摸狗、下流猥亵等富人做的事（这种事威尔伯福斯也做过，后来觉悟了）。他开始为黑人解放奔走，努力了20年，终于从法律意义上废黜了奴隶制。在此期间，他于1791年协助创办"塞拉利昂学会"（Sierra Leone Society），在西非开辟了一个居住区，"回来的"奴隶可以自由地生活在居住区内。这份回家的情愫虽然可疑，但是深得一位不凡的美国黑人企业主卡夫（Paul Cuffe）的赏识，威尔伯福斯是在伦敦认识他的。卡夫是马萨诸塞州的船主，两次去过塞拉利昂，运输非洲裔美国人到居住区定居。1816年他在美国帮助创办美国殖民协会（American Colonization Society）。1821年，该协会在西非海岸买下一片土地，这片土地后来演变成主权国家利比里亚。19世纪，这片地方接纳了两万多获得自由的黑人奴隶。

这种通过把奴隶送出去来反对奴隶制的办法（和"留在美国，做身份自由的黑人"正相反），得到美国白人的支持。1821年，贵格会会员兰迪（Benjamin Lundy）创办《世界解放思潮报》（*The Genius of Universal Emancipation*）——瞧这报纸的名字，一点不含糊，寥寥几字就告诉你它要干什把叶斯利领进文坛的另一个人物是汉娜·摩尔的好友伊丽莎白·蒙塔古。她在蒙塔古大宅里做了50年女主人,跟英杰贤俊们打交道。蒙塔古大宅位于伦敦市中心,它把最新式的建筑风格和各种装饰集于一身。蒙塔古偶尔在这里招待700多人吃早茶,但通常这里都是在举办晚会,讨论文学问题,参加晚会的都是当时社交界的头面人物。蒙塔古之所以有名,还因为她是个蓝袜子才女(就是穿颜色蓝得夺目的袜子的女士,她们本应穿稳重大方的黑色丝袜)*。蒙塔古有的是钱,经常旅行,去过很多地方,把个巴黎的风月场震得直晃悠。她还出面提携过一些人,譬如处事严谨的前自由教会的教士普赖斯(Richard Price)。要是您买的保险准时准点全额兑付了,没有节外生枝,您应该感谢普赖斯。普赖斯仔细研究了出生和死亡登记簿,提出一种计算方法,早期的保险公司用这个方法把保险费和预期寿命挂钩,降低收费,吸引更多人投保,让大家都能接受保险费额。普赖斯还是一位美国独立运动的狂热支持者。独立不久的美国觉得欠普赖斯的人情太多,于是在1783年华盛顿当政的时候授予他耶鲁大学荣誉学位,美国国会还请他出山,料理美国财政。可惜那时他还在给谢尔本勋爵(Lord Shelburne)当私人秘书,脱不开身;且就在当年,谢尔本勋爵又做了英国首相。

很早以前,谢尔本是专门负责美洲殖民地事务的官员。他这人性情和气,特别会做调解工作,亏得他没有一直管着殖民地事务,不然,美国独立战争能不能打起来就不好说了。谢尔本向英国议会汇报情况汇报得太差(并且总是唠叨议会议员如何如何腐败),结果被罢了官。等美国闹独立的事过去了,他才官复原职。他尽其所能弥补损失,与美国签订了一份战后和平条约。他手下的谈判代表叫奥斯瓦德(Richard Oswald),他妻子的娘家在加勒比海和美洲拥有财产。奥斯瓦德在法国待过几个

---

*"蓝袜子俱乐部"的才女。——译者

么。这份报纸开始联络全国的反奴隶组织,呼吁在加拿大、海地和(当时属墨西哥的)得克萨斯等地开辟更多的"黑人殖民地"。1827年,《世界解放思潮报》偶然弄到一条好得决不容错过的独家消息:从田纳西州孟菲斯溯流而上几千米的地方新开辟了几个多种族杂居的乌托邦公社,其中一个叫纳朔巴(Nashoba),那里淫风日炽;尤其是黑人与白人苟且宣淫之事频频发生。这种事儿上了大报的头条传出去,把该定居点的前景毁得一塌糊涂。不过,这件事并没有断送创建人赖特的前程。赖特是苏格兰人,是一位出身中上阶级的女士,事发之时她并不在公社。事发后,她很快从伦敦赶回美国,把纳朔巴关了;她走遍东海岸,多次当着混血儿听众(还有白人,男女都有)大讲种族混血如何,黑白混血儿如何能较好地适应南方气候。人送赖特一个"水性红粉风尘女"的外号,本是挖苦她,赖特却引以为荣;她的姘头多得吓人,拉斐德就是一个。纳朔巴丑闻爆光后,赖特返回美国,陪赖特一起来美国的是弗朗西丝·特罗洛普(Frances Trollope)女士和她的干啥啥不成的丈夫(她儿子后来成了小说家)。3年后,夫妇俩回到英国,弗朗西丝打算把旅行日记结集出版,题名为《美国人的家庭礼节》(Domestic Manners of the Americans)。这本书很快就走红了,弗朗西丝由此开始了她的作家生涯。特罗洛普先生于1835年不幸去世,她靠写作讨生活,才没饿肚子。

弗朗西丝后来又写出20多部小说,赚够了饭钱,但这些作品很快便被人们忘了个干净[《马修斯夫人》(Mrs. Matthews),又名《家庭秘密》(Family Mysteries);《第二春》(Second Love),又名《美丽与才智》(Beauty and Intellect)]。她还在欧洲各地旅行,写下观感。有一部游记记录了她在巴黎的见闻,其中一章专门讲述另一位个性女子阿芒迪娜-奥罗尔-露西尔·杜平(Amadine-Aurore-Lucille Dupin),也就是作家乔治·桑。恐怕很难说出几个乔治·桑没有睡过的男人。乔治·桑早早就跟一个年龄比她大的男子结婚,不久她便闹出一串儿风流韵事,跟她有来往的有律师,月,同精明过人的本杰明·富兰克林和他的外交团队斗嘴皮子。细节问题解决后,英美双方达成妥协:美国放弃对新斯科舍和加拿大的领土要求,英国不再坚持要美国为战争中失去一切的亲英派民众提供补偿。妥协达成了,两家于1782年11月30日签订协议。以后双方相安无事,一直到1812年。

这期间,奥斯瓦德没活几年就去世了;他去世后第6年,他的遗孀也去世了。奥斯瓦德夫人去世这件事后来成了文坛掌故,原因是办丧事的一帮人在前往苏格兰安葬她的路上遇到点事。一天晚上,风雪交加,这帮人碰巧来到一个小客栈,把几个老百姓赶走了,人家本来可以暖暖和和地在客栈里待上一夜。被赶走的人顶风冒雪乘车走了十多里路,才找到另一家客栈投宿,彭斯(Robert Burns)就是被赶出来的百姓之一。他愤然写了一篇讽刺诗。因为是大诗人彭斯写的,这首诗便发表了,于是此事变得家喻户晓。每年世界各地举办"彭斯之夜"纪念活动的时候,彭斯的故事经常会被拿出来演绎一番;身在异乡的苏格兰人常常一边大口吃一种叫作哈吉斯(haggis)*的肉杂烩,一边为敬祝这位农夫诗人而猛灌威士忌;其实彭斯哪是什么农夫诗人,他受过正规教育,会讲法语,在关税局里还有一份工作,爱丁堡有他一帮时髦的文学朋友,他的风流韵事和私生子多得连他自己都数不清楚。不过,除了这些个乱七八糟的事儿(他可能会这么说),彭斯还是创作了一些令人难忘的东西。他的一首《我的爱人就像一朵红红的玫瑰》,意境之美,无与伦比。彭斯身上的那个莫名其妙的"农夫诗人"标签是签约文人亨利·麦肯齐(Henry McKenzie)给贴的。麦肯齐写过一些小说、剧本,但没一本叫得响;办过几份专登随笔的杂志,同样也是没一本叫得响;有一本叫《漫步者》(The Lounger)的杂志,没办几期就停刊了。1786年,这份杂志上登了一篇评论"农

---

* 哈吉斯:一种食品,将羊的卤肝、内脏、燕麦片和洋葱放在用羊胃做的袋子里烹制而成。——译者

有学法律的学生[桑多(Jules Sandeau)，乔治·桑笔名里的那个"桑"字就是打他那儿来的]，有著名小说家(梅里美)，有著名作曲家(肖邦)，还有一个不知名的雕刻师。更不用说还有一些(男女都有)没列上的但是在巴黎社交界名气不亚于乔治·桑本人的人。她的小说和戏剧(猜猜写些什么)都是写风流艳遇的。她对社会主义很着迷，还写了一篇探讨社会主义的文章；这篇文章由美国作家肖(F. G. Shaw)于1845年翻译成英文在《先驱》(*Harbinger*)发表。《先驱》属社会改良派的杂志，出版商叫利普里(George Ripley)，他当过牧师，后来成为超验主义者，还创建了布鲁克农庄。布鲁克农庄也是一个乌托邦项目，农庄里人人平等，自给自足，大家一起做油灯、茶壶、鞋，编写自然知识的书，制作窗帘。但它的命运和其他乌托邦的命运一样，最后彻底失败了，创建人利普里则跑到《纽约论坛报》(*New York Tribune*)做了报人。

在《先驱》刊印的那4年里，杂志社还聘来能妙笔生花的安德鲁斯(Stephen Pearl Andrews)为杂志撰文。安德鲁斯在长岛创办了公社，名为"摩登时代"，结局也是分崩离析，瓦解的原因也是公社出了"乱爱"问题。大约是在1860年，安德鲁斯想出一个他称为"宇宙学"(Universology)("世间万物都是相互关联的")的主意，他发明了一门人人都会讲的新型世界语：阿尔瓦托(Alwato)。笔者了解的情况是：能讲阿尔瓦托语的只有安德鲁斯一人。1871年，他在新创办的杂志《伍德哈尔和克拉芬周刊》(*Woodhull & Clafin's Weekly*)谋得一份差事。出版商称该杂志是"世界科学、政府、宗教和语言的喉舌"。其实，杂志出版人早就声名狼藉了，出版人是一对姐妹，一个叫维多利亚·伍德哈尔(Victoria Clafin Woodhull)，一个叫田纳西(Tennessee)，以前两人当过妓女、蹲过号子、做过通灵巫师。姐妹俩装神弄鬼当巫师的时候，金融巨头范德比尔特(Cornelius Vanderbilt)被她俩说昏了头，竟相信她们能让他和过世的妻子搭上话。他出钱为姐妹俩担保，让她们成了历史上首批女股票经纪人。她们有钱了，才夫"彭斯的文章。两年后,亨利发表了《德国戏剧志》(Account of the German Theatre),虽然他一点不懂德语。此书引发了苏格兰人对德意志思想的兴趣,特别是源自德国耶拿等地的浪漫主义大杂烩。

不过,在编了一段传说之后,为了给自己的事业划上个圆满的句号,他又斗胆戳破了一个传说。1805年,亨利称《奥希恩》这部红透半边天的浪漫主义史诗是伪造的。《奥希恩》据说是3世纪凯尔特人的作品,据说是麦克弗森发现的。麦肯齐还写了很多东西,间或与在其他方面很有洞察力的小说家沃尔特·司各脱爵士、科学新星戴维和沃拉斯顿(William Hyde Wollaston)一起写东西。在一个尚未形成术业有专攻格局的时代,沃拉斯顿能把很多领域的东西写得很精到,譬如他写过病理学、生理学、化学、光学、矿物学、结晶学、天文学、电学、机械学、植物学方面的著述。1807年他还写了一篇题为《神仙戒指论》(On Fairy Rings)的论文(有兴趣可以看看)。不过,他的主要兴趣好像一直是微观的东西;他在发现金属元素钯之后,还制取了一小撮钯,很少很少,放在显微镜下才能看到。后来,他发明了能够测量晶体结构的微型反射式测角器。有个法国的"粉丝"用沃拉斯顿的名字命名了一种矿物质硅酸钙岩[沃拉斯顿石(Wollastonite)]。别的没什么可说了。

戴维·戴尔·欧文(David Dale Owen)是沃拉斯顿的好友尤尔(Andrew Ure)在格拉斯哥大学教的一名学生,论成就比他老师稍强一些。戴维随父亲罗伯特一起来到美国,他的父亲在印第安纳州创建了一个乌托邦公社,名为纽哈莫尼*。后来父亲回英国老家去了,而戴维仍待在美国,做了印第安纳、肯塔基和亚利桑那三个州的州管地质学家(他的哥哥是亚利桑那民主党要人,后来进入美国国会),把密西西比河上游20万平方英里(约50万平方千米)区域内自己感兴趣的地质构造进行了归类。在

---

* 英语为New Harmony,意为"新和谐"。——译者

办了一份激进杂志——具体到维多利亚个人,她的钱可多了;她还在1872年成为美国历史上第一位女总统候选人。女人不能参加选举的现时格局好像没有让她退缩。

伍德哈尔的支持者里有一位颇具影响力的著名的革命者,名叫比彻(Henry Ward Beecher),不过,他听罢女总统候选人就爱情和婚姻问题发表高论之后打算不掺和伍德哈尔的事,伍德哈尔就要挟他,说要抖露他的私生活传闻。比彻忙派好友蒂尔顿(Theodore Tilton)出面去摆平此事,没有想到蒂尔顿干净利落地就被伍德哈尔勾引了,还做了伍德哈尔竞选运动的传记作者。后来发现,蒂尔顿就是比彻私生活传闻的另一半,是比彻给蒂尔顿戴了绿帽子。那时的比彻已经是著名的废奴人士、享誉全美的传教士,《耶稣基督生平》(*The life of Jesus Christ*)一书的作者;现在又多了一条:跟人通奸。伍德哈尔把爆料的书印出来,蒂尔顿则把比彻告上了法庭。1875年,这桩案子的审理成为全国关注的事件。审来审去,陪审团也没有达成一致意见(也许是判比彻有罪的社会后果他们担待不起吧),最终宣布比彻无罪,这件事被悄无声息地藏在了箱底儿。维多利亚和田纳西也远赴英伦,嫁给了有钱人。

在此案担任比彻律师的是特雷西(Benjamin Tracy),他是美国内战英雄(获荣誉奖章),前联邦律师。1889年,他在哈里森(Benjamin Harrison)手下担任海军部长,带领着美国的深水战舰(全部是过时的木壳船,少量装有铁甲,只有1/3能随时调遣)驶进了20世纪;他提议在两大洋部署20艘铁甲舰。到1893年特雷西离任时,美国已经拥有19艘钢制战舰和一支技术含量高的海军,随时可以让海外诸国感受到美国的影响力。特雷西强力推行改革,有些改革前所未闻,比如,制造枪支和装甲所需的钢材采取招标竞标来提供。装甲有了,特雷西要求两个国内最主要的供应商——卡内基钢铁公司和伯利恒钢铁公司用实靶和近距离平射来检验装甲的性能。伯利恒钢铁公司按合同要求由制造铁轨转产制造枪炮和为建筑史密森学会城堡(就是那座经典得不得了的城堡)选定建材这件事情上,戴维功不可没(说服国会通过接受史密森捐赠议案的人就是他哥哥)。因为是搞地质研究的,戴维收到过很多和他一样刨坑挖洞搞地质的学者寄来的信件;汉密尔顿·史密斯(Hamilton Smith)便是给他写信的一位。史密斯在印第安纳州坎耐尔顿(Cannelton)开煤矿,他的梦想就是把当地建成一个工业园;为此他加盟了一个棉纺厂,还为坎耐尔顿通铁路操了不少心、费了不少力。史密斯还写信(从通信列表看,他是个特别能写的写手)给普尔(Henry Varnum Poor)。普尔精通铁路,凡是和铁路沾边的事没他不知道的;他心明眼亮,早早就看出铁路大有可为。

1849年起,普尔靠自己手里的《美国铁路杂志》(American Railroad Journal)当上了铁路百事通。你想了解关于铁路的某个细枝末节的统计数字吗?普尔肯定有。1868年,普尔和他的儿子开始出版铁路年鉴,凡是向使用铁路运输的行业投资的人士都把铁路年鉴当作床头摆放的必读之物。普尔又就势开办了投资人信息服务,终于有一天,这个信息服务变成了著名的"标准普尔500指数",全世界的人每天早上都会诚惶诚恐地查看它。给普尔的《美国铁路杂志》写稿子的人里有一个叫霍利(Alex Holley)的年轻人,是个中学生,曾经写过一篇专谈刀叉瓢勺的文字(他父亲就是制作餐具的)。霍利长大后特别迷火车;为了写一份关于铁路的对比分析报告,专门到欧洲实地考察一圈;后来为《纽约时报》撰写技术类稿子。以后他又一次赴欧洲实地考察(主要考察制钢制铁情况),其间来到英国的谢菲尔德市,考察后他认为炼钢是方向,炼铁不是方向。他差不多是自己一个人实现并完善了1857年贝西默(Bessemer)炼钢工艺(向铁水里吹氧)。1875年埃德加·汤姆森钢厂(Edgar Thomson)建成,这是一座大型钢厂,由霍利设计;它的建成使匹兹堡一跃成为美国的钢城。

而这个时候,贝西默早就不跟金属打交道了,他已经转头研究和海装甲；1892年伯利恒钢铁公司之所以能承接国内一份民用订单，制造美国有史以来最大的单件钢件，原因就在于此。这个单件钢件就是专门为1893年芝加哥世博会树立的摩天轮的转轴，转轴重达46.5吨，长45英尺（约13.5米）。建造摩天轮主要是想把法国的埃菲尔铁塔比下去，这一点摩天轮确实做到了：它高264英尺（约80米），周长825米，有35个吊舱，可运载60人。

不到一年，工程师巴希特（Walter Bassett）也在伦敦建造了一座摩天轮。随后，巴希特聘用工程师布思（Cecil Booth），在黑泽市和巴黎各建造一座摩天轮，又在维也纳建造一座[1896年建成，二战时被毁，1945年修复，经典电影《第三个人》(The Third Man)里有它的镜头，现仍在使用]。接着，布思自己开办工程公司，1901年为他的发明"喷气铁罐"申请到专利。他的小发明由马拉着，汽油发动机驱动，个头如冰箱大小，伦敦的宾馆和广厦外边都有它（在威斯敏斯特教堂为爱德华七世举行加冕典礼时也用到它），它由几根从门窗里出来的粗大的软管与楼堂馆舍相接，能把灰尘吸干净。原来"喷气铁罐"就是世界上第一台真空吸尘器。

第一轨迹完

洋有关的东西：他想出了造环形汽船的点子。但是他的设计一直停留在绘图板上。后来一个叫波波夫（Popoff）的俄国海军上将来访，了解到这个创意（船体平底、吃水浅、全装甲、全防火、机动性高），被深深吸引住了；波波夫把造船的事委托给格拉斯哥的一家船厂。1868年有一批年轻的舰船技师忙着建造"波波夫卡"号，其中一位叫桑尼克罗夫特（John Thornycroft），后来他帮英国海军解决了一个难题。那时英国海军刚刚发明鱼雷，可是因为没有高速发射平台，鱼雷无法使用。1877年，桑尼克罗夫特建造成功"闪电"号鱼雷艇，接着又设计出多种轻快的鱼雷艇，这些新式鱼雷艇全都采用他设计的新型船体结构，该结构可以使船身擦着水面行驶，不用吃进水里。第一次世界大战爆发时，桑尼克罗夫特正巧负责建造大马力的近岸鱼雷艇"海王星风暴"号和专在水雷区行驶的诱雷船。他早就想建造一种凹面船体来减少船受到的阻力（1877年申请了专利，但从未建造），在凹面底下，船身和水之间能把空气留住。后来的一个发现支持了这个设想：飞行员们发现，他们在贴近地面飞行的时候，受所谓的"地面效应"的影响，飞机能获得额外的升力。

最后……

1959年,科克雷尔(Christopher Cockerell)把布思发明的吸尘器的反转版,和桑尼克罗夫特的气垫理论揉捏到一起,成功建造"桑得斯–罗N1"号,也就是现在人们熟知的气垫船。

 1673年：从马斯特里赫之围到自动售货机

法国皇帝路易十四在1673年6月10日，亲率兵卒45 000名，装备大炮58门，携带6星期的粮食，开到荷兰小城马斯特里赫，将其包围，准备再来一次围城之战。那时候，围而不打，直到围出个最终结果是常用的战术；最终结果不是城里的人饿死，就是围城者弹尽而撤退。可是这次的情况不一样，法国人使用了秘密武器：坑道作战。他们在距敌方防御城墙600码（约540米）处平行挖了一条壕沟，然后支起大炮开炮，掩护工兵；工兵沿着壕沟和城墙间的对角线向城墙方向继续挖；等挖到距城墙300码（约270米）的地方，再挖一条和城墙平行的壕沟，再支起大炮轰击，工兵接着再沿对角线挖壕沟。如此反复几遍挖到城墙根下，在城墙上开个洞，让步兵爬进城内。马斯特里赫被围之后，法国人使用了这个战术，只用3个星期就结束了战事。

负责挖壕沟作业的是路易十四的左膀右臂沃邦(Sebastian le Presle de Vauban)。沃邦是搞工程的，当过步兵、炮兵、制造过火药，还当过勘察员；著述很杂，一会儿写贸易征税问题，一会儿写造船问题，一会儿写放养生猪问题。在那个年代，他这样的通才还是很吃香的[他写过一本书，题名叫《无聊之人杂想》(Various Thoughts of a Man Without Much to Do)，他还发明了揣在靴帮里的短刀]。沃邦还预测到公元2000年时加拿大的人口将达到5100万(而那时的实际人口只有3100万，不过他设想的情况是法国不断有移民前往加拿大，而当法国把加拿大丢给了英国人之后，就再没有那么多法国移民去加拿大了)。沃邦在法国留下的印迹是建了33座星形要塞，另外修葺了300座要塞。1703年，他晋升为法国元帅。之前，路易十四任命他负责督办中央运河(Canal du Midi)的修建事宜，这条运河西起位于大西洋畔的图卢兹，南到地中海南岸的塞特，修建的目的是要省下绕道西班牙的路途。1684年，根据他的勘察，需要进行一些必要的改造，其中一项就是改造他修建的一条水渠。1686年，运河正式通航，12 000名工人开挖出一条175英里(约280千米)长、75英尺(约23米)宽、6英尺(约1.8米)深的河渠，沿途建了191座船闸。直到今天运河还在，成了旅游观光的好去处。

17世纪时，这条运河是好多男生的大玩具。就有这么一个玩运河的英国男生，叫弗朗西斯·埃格顿(Francis Egerton)，是布里奇沃特三世公爵。这小子傻得不透气，家人曾考虑不让他继承家业。有一次，弗朗西斯到欧洲转了一大圈，观览了工艺发展状况——这种文化巡游就像是不得不吃的东西，想吃也得吃，不想吃也得吃。他参观了中央运河，回国后便尽弃杂念，一门心思挖沟开河。他为运河而活，因为他继承的家业大部分是煤矿，买煤的人在曼彻斯特，相隔遥远，且中间全是乡村土路，坑洼难行，车费还不便宜。要是开挖一条运河，既能把煤快速运出去，还可以节省开支。于是，埃格顿先向本地一个智囊团讨教，然后就开始挖

1673年6月21日晚,就在马斯特里赫城被围困的时候,路易十四的军队里有一个中年火枪队中尉被人一枪打进咽喉打死了。今天,没有几个人会记得很多关于路易十四和马斯特里赫围城之战的事情,但是,凡是常读小说、常看电影或者电视的人大概都知道达达尼昂(d'Artagnan)是哪位。其实,达达尼昂不叫达达尼昂,他的真名叫夏尔·德巴兹(Charles de Batz)。他从来没有见过其他"三个火枪手",更没见过"坏蛋主教黎塞留"(1658年德巴兹当上火枪手的时候,黎塞留已经死了16年)。1661年,德巴兹奉命逮捕当年权倾一时的财政大臣富凯(Nicholas Fouquet),他的火枪手生涯也随即走向辉煌。

富凯起点比较高,是富家子弟,借给路易十三金银无数,紧跟国王镇压反叛贵族,最后当上法国的财务大臣。后来,他利用职权——有权的人都这样——做了几桩不够光明正大的生意,更有钱了。接着,情况发生了逆转。路易十四有一位很受器重的幕僚叫柯尔贝尔(Colbert),把富凯的丑事揭了个透;1660年,富凯把路易十四请到他新建的华美绝伦的沃勒维孔城堡,参加他举办的一场奢华晚宴,算是给自己找个解释的机会;晚宴结束后,又安排观看戏剧表演,场面也很铺张。国王哪能看不出来呢,富凯这日子过得比他还排场,比他还招眼,于是"哐当"一声把富凯关进了监狱。不过,坏事也成全了个把好事:那天晚上的表演由富凯的亲戚博香(Pierre Beauchamp)一手安排,后来博香当上了路易十四的舞蹈师傅,继而当上了国王芭蕾舞团的总监;1671年,他当上了皇家舞蹈学院的院长。博香顺着舞蹈的路子走,创立舞蹈学,创立了现代芭蕾舞的基本舞步。1706年,编舞魏弗尔(John Weaver)发表了博香著作的英文版;不久,魏弗尔就把他的"舞剧"一部部搬上特鲁里街剧院的舞台上,他的"舞剧"第一次让演员只用姿势和动作来表达情感。1708年,魏弗尔有幸得到两位很有影响力的文坛写手的帮助,一个是艾迪生(Joseph Addison),一个是斯蒂尔(Richard Steele)。他们两人办了两份杂志,一份名为掘。1761年，他的第一船煤炭经运河运到市场，售价比以前低了一半。

那个智囊团是由一批科学爱好者开办的［因为每逢月圆之时开会，所以叫明月学会(Lunar Society)，选择月圆时开会是为了开完会好趁着月色回家］，其中有个名叫韦奇伍德(Josiah Wedgwood)的人也是个关心快速运输的怪客。他在埃图里亚有陶瓷工厂，有工人宿舍区；他对修运河感兴趣是因为他想快点把原料（黏土）和燃料（煤炭）运到工厂，再把烧好的陶瓷运出来。韦奇伍德是行业大腕，女王的御用陶艺师。他制作的瓷器精美绝伦，颇有名气，说不定你手里还有几件他的瓷器呢。除了陶瓷，韦奇伍德还制作大勋章。1765年制作的勋章里有一枚画有另一位智囊团成员普里斯特利的肖像。普里斯特利是个实验师，思想开明人士，他的资金和实验设备都是韦奇伍德提供的。他个头不高，是个唯一神教派的传教士，讲话结巴，曾经预言耶稣基督再度临世(Second Coming)*的时间最迟在1814年。普里斯特利当传教士当得很糟糕，传道没多长时间就不干了，以后他把大部分闲暇用在琢磨各种气体上。这种事情要想不紧不慢、悠哉游哉地做，先得娶一位家财万贯的老婆——人家普里斯特利娶的就是钢铁大王的妹妹——还要住得离酒厂近一点儿，酒厂的酒桶经常放出很多二氧化碳。1775年，普里斯特利发现了氧，接着发明了苏打水，又写出电学专著，再后来和他的朋友富兰克林和拉瓦锡一样成为一代科学巨星。1791年发生暴乱，暴徒们烧毁了他的实验室和紧邻实验室的7幢房屋，而在此之前，普里斯特利刚讲过他是如何如何地赞成美国的暴动者，更是如何如何地赞成法国革命派。普里斯特利吓坏了，1794年，他跑到民风比较友善的沿海地区（就是宾夕法尼亚）。

不过，在宾夕法尼亚，普里斯特利把另一个英国老乡惹毛了，这个英国老乡名叫柯贝特(William Cobbett)，人送外号"豪猪"，专门给费城的法

---

* 基督再临：圣经中耶稣预许，将于世界末日再度凯旋降临，审判生者、死者。——译者

《闲谈者》，另一份名为《旁观者》，读者都是想了解在首都伦敦时髦的咖啡馆里应该谈什么的人，当然都是带政治倾向的喽。那个年代的报刊比其他任何时候都更具有党派宣传的性质。写稿人做宣传，得到的回报就是在政府官僚机构的某个不起眼的角落弄到一份领工资的"差事"。

艾迪生和斯蒂尔每个星期都跑到著名的基特-卡特俱乐部跟他们的政治老板碰头，在那里大家常常酒酣兴浓，言语无忌。创建这个俱乐部是出版商东森(Jacob Tonson)的主意，目的是把有前途的年轻作家吸引过来，不花费大价钱便与他们签约出书。俱乐部有一个传统，每年要选出一位美女当"年度祝酒女郎"，这个女郎的提名者要在俱乐部的酒杯上镌刻一首诗送给她。1697年，被选为祝酒女郎的就是当时年仅8岁的天才女童玛丽·派尔波因特(Mary Pierpoint)。长大后，派尔波因特嫁给了一个呆头呆脑的贵族，改名玛丽·沃特利·蒙塔古(Mary Wortley Montagu)。1716年，她的贵族夫君跑到伊斯坦布尔当大使，玛丽也跟去了；她在那里写下文笔优美的信札，讲述在土耳其的生活。1718年，蒙塔古夫人将接种疫苗预防天花的技术带回英国。除了宣传这项医疗新技术之外，她还花时间写了一些诙谐风趣的短章，渐渐和言辞刻薄、口下无德的蒲柏成为好朋友(后来两人翻脸)。她还跟一个在伦敦的意大利阴阳人阿尔加罗蒂(Francesco Algarotti)结成忘年交，他比她的年纪小一半。她为他的著作《女士牛顿主义》(*Newtonianism for Ladies*)帮忙收集资料。1739年，蒙塔古夫人提议两人去意大利"见面"，而后她真的赶到意大利赴约。可阿尔加罗蒂没有去，他跑到普鲁士的腓特烈大帝那儿弄了个好差事，当上了宫廷总管，跟腓特烈大帝的关系很铁。阿尔加罗蒂去伦敦的途中在巴黎停留了一些时间；他接受了美丽的埃米莉·迪·夏特莱夫人的邀请，前往她在香槟地区的城堡做客。埃米莉和她的情人伏尔泰当时正待在城堡里写东西，每人写一本研究牛顿的书(当然是得到了埃米莉丈夫的许可，埃米莉的丈夫是个军人，不在家)。埃米莉有一个庞大的写作计国移民上英语课。他写了一本小册子,把普里斯特利在美国受到的非同寻常的热情接待猛批了一通。在战后刚刚独立的美国那种环境里,柯贝特算得上是个顶顶怪异之士,一个顽固的亲英分子。有好几年(先是在费城,后来在纽约),他通过向共和党人夸夸其谈,一次次化解重罪。回到英国,柯贝特受到了英雄般的欢迎,但是,他激进的改革派立场让英国当局对他很不满意,于是送他进监狱住了一段时间,然后,他跑到美国待了些日子,最后骑马周游英格兰南部,搜集素材,日后妙笔生花,精致地描绘了美国的农村生活,自题为《乡村记行》(Rural Rides)(很值得一读)。有时候,柯贝特倾向某一方,好像纯粹是为了好玩。比如说,1808年秋天,他在那场有名的持续了两个月之久的"老价钱"骚乱中出人意料地支持管理方。读者可能以为参与骚乱的人是工作人员,其实不是,参与骚乱的都是(失火之后)重新开业不久的科芬园剧院(Covent Garden Theater)的票友。

这个案子的管理方有当时最棒的演员坎布尔(John Kemble),他和他的妹妹西登斯夫人(Mrs. Siddons)(也是当时最棒的女演员)一起在剧院打拼了快20年,才挣下够买科芬园剧院股份的钱。剧院那场火灾让坎布尔倾家荡产,要想重建剧院他只有借一大笔债这一条路。不得已,他提高票价,想多弄点钱贴补一些——结果,闹事了。风波平息后,坎布尔接着搞他的事业,到了年龄退休赋闲,而后他把自己积攒的全部剧本卖给了德温郡六世公爵,一位颇有文学品位的绅士。这位名叫威廉·卡文迪什(William Cavendish)的公爵,生活恬静儒雅,爱好收集艺术品;有宅地数英亩,平时他爱在宅地上搞一些园林景致。曾经为了他的园艺爱好,害得一个村庄整体搬迁,因为村庄碍了他的眼。还有一回(1844年),他挨着自己的公爵豪宅切特沃思楼(Chatsworth House)修建了一座世界上最大的重力给水式喷泉;计划在俄国沙皇来访的时候喷水献礼。经过6个月的日夜施工——包括修建一座比豪宅还高350英尺(约105米)的大划:先写一篇文章讨论火的本质,再写一本书讨论语言的理性本质(这是牛顿哲学的基本内容),最后,把牛顿的著作《自然哲学的数学原理》(Mathematical Principles of Nature Philosophy)翻译出来。可是即使是才女埃米莉,著书的准备工作也需别人帮助。1739年,她聘请一位年轻的代数老师,名叫科尼奇(Samuel Koenig),曾在瑞士数学家伯努利(Bernoulli)兄弟指导下研究数学。科尼奇写过蜂巢结构的研究论文,后来被法国地貌学家、普通科学大师莫培丢(Pierre de Maupertuis)揽在自己的羽翼下。莫培丢帮助科尼奇找到一份工作,又帮助他入选普鲁士科学院高级院士;1751年科尼奇做出了回报,他写了一篇文章,指控莫培丢剽窃。结果事情弄得不清不白,一锅烂菜(科尼奇拿不出证据证明自己,因为有一份关键文件攥在一个瑞士人手里,而那个瑞士人刚刚被杀头),搞得莫培丢的后半辈子不得安生。

莫培丢做的事情太多太多,不胜枚举。其中一件重要的事是,他到拉普兰地区证明地球是一个扁球体(这对于海上精确航行具有极其重要的意义);他撰写过一部讨论遗传现象的著作(依据他对多长一两个指头的人的研究);他还尝试用数学方法来测量幸福感。莫培丢有一个朋友叫让·圆·达朗贝尔,他的名字里有圆教堂的名字,这样起名的恐怕没有第二个人,原来那份证明他弃儿身份的表格是在圆教堂的台阶上发现的。在通才辈出的时代,达朗贝尔是你能找得到的知识最广博的通才:数学、宗教、音乐、法律、政治、哲学、拉丁语翻译,样样精通,另外还担任《百科全书》科学部分的编辑(《百科全书》可是启蒙运动的集大成啊);他在编辑《百科全书》时,用他的"所见即所得"、以观察为根据的世界观为科学部分定下了编写风格。幸运的达朗贝尔和美丽的朱莉·德·莱斯宾纳斯(Julie de Lespinasse)生活在一起。朱莉是巴黎一个高尚沙龙的女主人。达朗贝尔常去的另一个聊天场所是内克尔(Necker)夫人主持的,内克尔夫人既是法国财政大臣的妻子,又是他的私人财务顾问。她的女儿水池,这个"巨无霸"喷泉终于向空中喷射出296英尺(约90米)高的水花,震惊了所有来宾——除了沙皇:他没来。

负责修建这座惊世奇观的人是公爵的管家帕克斯顿(Joe Paxton)。他是在1826年的某一天认识公爵的。那时候,帕克斯顿正盘算着往美国移民,因为他已经厌烦了为园艺学会修枝打杈的工作(公爵正好是园艺学会的会长)。公爵看帕克斯顿长得顺眼,就聘他做事。1836年,帕克斯顿在切特沃思修建了世界上最大的温室;一年后,他又成功地培育出世界上最大的王莲[叶面直径达20英尺(约6米)],属最近发现的、超大的维多利亚王莲[以当时新登基的女王之名命名,今天称为维多利亚-亚马孙王莲(Victoria Amazonica)]。接下去,帕克斯顿(在一张吸墨纸上)设计出1851年水晶宫万国博览会的主建筑,在233个竞争者中一举夺标,尔后,他名利两旺(封了爵士呢)。那座长300英尺(约90米)、宽145英尺(约44米)、高60英尺(约18米)赢得众人惊叹称奇的全玻璃建筑,由一组大梁支撑;帕克斯顿说,这个设计是受了维多利亚王莲的叶脉结构的超强支撑力的启发(他演示过王莲叶脉的强度,一个12岁的小姑娘可以稳稳当当地站在王莲的叶面上)。

这种奇异的植物是德国探险家勋伯格(Robert Schomborgk)首次发现的(另有4名探险家后来都宣称自己是发现王莲的第一人),而发现的经过也不落俗套,很有皇家气魄。1831年,英国请勋伯格到英属圭亚那测绘地图,圭亚那是英国在南美大陆上唯一一块领地。1840年,勋伯格再次被派往圭亚那,派去的目的是要让所有人都知道圭亚那和委内瑞拉的边界划在什么地方(这条边界后人称为勋伯格线),这样邻邦委内瑞拉可以早早闭上嘴,省得整天嚷嚷着大英帝国的产业也有它一份(特别是1850年在圭亚那发现了黄金之后)。英国人看不起委内瑞拉人,根本不理会他们,不料委内瑞拉人使了一个阴招,请美国人出来搅局,要求实行"门罗主义",把外部势力逐出美洲大陆。1895年,莱昂·普莱费尔爵士斯塔尔经营的沙龙是所有沙龙中名气最大的。斯塔尔的手段就是穿着妩媚,在床上接待来宾。举办沙龙的目的就是畅所欲言,只要对斯塔尔的胃口,没有什么事她不发表意见的,拿破仑怎么错了她都要议论。有一段时间,她不得已逃到德国,就是因为议论了拿破仑。到了德国,她的嘴也没闲着,话多得能把当地的饱学之士聒噪死(席勒说的),让歌德心里很烦;她还草草写了一些日尔曼文化观感。

1804年,斯塔尔在罗马期间结识了年轻的美国作家华盛顿·欧文。欧文因为身体不好,到罗马休息游玩两年,这两年也培养了他的才干,后来回到纽约,他在文学方面有所建树;通过欧洲之行积累起大量素材,这让他以后文思泉涌。确实如此。1807年,欧文创办《杂伴》(*Salmagundi*),有一两年,这份杂志成了纽约知识阶层的必读之物。杂志登有把知识阶层漫画化的短文,还有对文学、政治等方面最新风尚的讽刺小品。让他名利兼收的是外交、文学两不误的传奇人生,更让他揽取大名大利的是《瑞普·范·温克尔》(*Rip Van Winkle*)和《睡谷的传说》(*The Legend of Sleepy Hollow*)这两部小说,它们让读者感触到美国遥远西部的风貌,华盛顿·欧文也因此成为第一位享誉世界的美国作家。

先前和欧文共同创办《杂伴》的鲍尔丁(James K. Paulding)和欧文的生活轨迹并不一样。那时,鲍尔丁主要写一些讽刺小品、游记和时评,从社会批评到当时兴起的颅相学热,没有他不评说的。他的小说多是描写西部边陲生活;1830年,他写了一部话剧《西方雄狮》(*The Lion of the West*),其中一个人物叫尼姆罗德·野火(Nimrod Wildfire),以克罗克特(Davy Crockett)为原型(这部剧当然也让克罗克特出了名)。野火被塑造成一个出没于深山老林的闹翻天式的魔头,能骑着爱骑短吻鳄爬到尼亚加拉大瀑布上边。

而克罗克特给人的印象则是一个纯朴的农村青年,一个猎人,一个神枪手。他被选入国会,一共担任了3届国会议员,在国会一直待到1835

(Sir Lyon Playfair)气不过,代表英国坐镇边界问题委员会(Border Commission),跟几个美国人和德国人谈判,最后,委员会表示英国人说得对。

普莱费尔研究化学不行,但当个委员什么的很在行;他一路混得顺风顺水,深得当权者的青睐,值得一当的差使他都当了个遍。他曾以阿尔伯特亲王(Prince Albert)首席顾问的身份陪同亲王前往水晶宫博览会;政府设立的好几个委员会,比如研究鲱鱼捕捞的委员会、义务教育委员会、城市卫生委员会、爱尔兰马铃薯荒委员会,他都当过委员。还有一件有分量的事:1870年,他递了一份万民折,要求实行半便士一张明信片邮票的邮政资费,英国大部分名流权贵都在万民折上签名支持。过了几个月,英国议会通过了必要的法案,明信片由此真正热了起来。就着明信片热,1883年,埃弗莱特(Percival Everett)发明了一部机器,顾客投进去一个便士,可以得到两张明信片。

第一轨迹完

年(中间有一次缺席)。他落选后,跑到得克萨斯,巴望着自己在政治上东山再起。可惜,到底没有起来。1838年3月6日,在圣安托尼奥·德·瓦列罗的布道所(也称阿拉莫教堂),2000名墨西哥军队打败了182名守卫者,克罗克特被俘,被刺刀刺伤,后由墨西哥将军桑塔安纳(Santa Anna)亲自下令枪杀。在随后的圣哈辛托之战中,桑塔安纳被活捉,而后被遣返回墨西哥。流放的时候,他已经当了5次墨西哥总统(一当就是一辈子啊),通过各种途径11度执掌国政。

1865年,桑塔安纳来到斯达顿岛的水手小站湾(Sailors' Snug Harbor),怀揣着重整旗鼓、再度掌权的希望,但是落空了。去古巴之前,在墨西哥当平头百姓的最后几年,桑塔安纳除了留下得克萨斯州(因为有阿拉莫教堂发生的事情在先,他实际上为得克萨斯成为美国的一个州助了一臂之力),还给这个世界留下一个印迹:他让斯达顿岛的摄影师托马斯·亚当斯(Thomas Adams)尝了尝胶姆树树胶,墨西哥人经常咀嚼这种树胶。亚当斯在树胶里加了点香味,团成小圆球,最后做成了口香糖。

第二轨迹完

最后……

1888年,亚当斯使用埃弗莱特的投币机,用自动售货机在纽约地铁的高架车站上销售他的"什锦风味"口香糖。

21　1786年：从《费加罗的婚礼》到隐形战斗机

　　莫扎特创作的《费加罗的婚礼》于1786年5月的一天晚上在维也纳国家剧院首演，评论对此剧褒贬不一。一些观众喜欢该剧的革命基调：对剧情发展起关键作用的女性，反映社会冲突的故事情节，和主人一样心地善良的仆人，机智的资产阶级和愚蠢的贵族，用全新的感触代替了戏剧中常见的空洞无物的嘴皮子功夫。就连奥国皇帝也很喜欢这部戏（不过，剧中更为激进的内容在首演前已经被他毙掉了）。

法国的同名歌剧《费加罗的婚礼》(莫扎特的《费加罗》就是盗用了这部法国歌剧的构思)未及搬上舞台,就早早引起了公众的浓厚兴趣。还在国王路易十六的审查官"修改"剧本的时候,关于这部剧的小道消息和闲言碎语就已经纷纷扬扬地传了两年。首演的当晚,有5000名戏迷守在售票处,等着买票。这场演出连站票都卖了个精光;一连演了68场,连演场次之多,前所未有,这让该剧的剧作者博马舍收获了大把大把的银子。这钱来得真是时候,因为在美国独立战争时期,博马舍个人拿出一大笔钱,秘密向美方提供资助。美法两国都许下诺言,他信了,个人出巨资为25 000名美国起义战士装备了足够的军火、弹药和枪支。可是末了,美国和法国谁都没有为博马舍埋单。没办法,他只好(先后)跟两个有钱的寡妇结婚,才算没有落到债务缠身的地步。

早先,博马舍给内克尔(Jacques Necker)当参谋,内克尔是个银行家,很有钱,1777年曾借钱给法国政府。他还多次担任法国财政总监;他发过话,要让法国经济摆脱困境(他的原话是:"我保证:决不再征新税。"),他还公开了他的财务状况(不过是编造的杰作)。他两度被免去职务,第二次免职时,给法国留下一个烂摊子,结果爆发了法国大革命。他的一位朋友评论道:"内克尔对经济一窍不通。"

说这话的朋友是一位只有一条腿的美国政治家莫里斯(Gouverneur Morris),美国宪法开篇那句话就是他写的:"吾侪,合众国之民。"("合众国"的意思是从前的几个殖民地现在联合在一起。)莫里斯还设想把硬币搞成十进制,四处游说支持修建伊利运河,还提议实行总统终身制。他当过美国驻法国公使。在法国,他和迪恩(Silas Deane)为美国独立战争谋求法国提供财政支持四下活动,招来不少非议。迪恩是美国驻法国的专员,签订了几个政府间战后贸易协定。是他出来作证美国内战的筹款是向博马舍个人借的,不是从法国政府那儿要的。他有个老乡,也是驻法的专员,名叫李(Arthur Lee)。李很看不惯迪恩的作为,把他干的事,什莫扎特最后一部歌剧杰作《魔笛》(The Magic Flute),是他在创作了《费加罗的婚礼》5年之后创作的。剧中有一个入门仪式,3名蒙面纱的侍女,3个男孩,一次水与火的考验,3座庙宇,一张被上了锁的嘴,一条蟒蛇,一个大祭司和一座金字塔——可能给我们这些人带来的妙趣和娱乐不多,但是在一位共济会兄弟看来,意义非同寻常。莫扎特于1785年(在维也纳共济会"慈善"分会)成为共济会师傅,和他一起在会的还有他的朋友作曲家海顿,以及奥地利半数的富贵人士。凑巧的是,他还遇到了共济会维也纳"真和谐"分会的总舵主博恩(Ignaz von Born)*,是在图恩伯爵夫人(Countess Thun)家里举办的音乐茶座上认识的,莫扎特和博恩都是音乐茶座的常客;伯爵夫人总要先弹几曲钢琴,然后请莫扎特批评指正。有人说,是博恩和共济会给了莫扎特创作《魔笛》的灵感。博恩是个矿物学家,他的共济分会一向热衷于社会改革和科学探索,这可能是他想方设法把博物学家福斯特(George Forster)拉到旗下的原因。

福斯特的家原来在英国,后来移民到德国,再后来又返回英国。到了博恩那一代,福斯特跟英国海军闹别扭,负气离开伦敦,又跑回德国:本来福斯特和他的父亲搭乘库克船长的船旅行,讲好条件由福斯特的父亲把这次航行记录下来。不料库克船长想亲自执笔,结果就有了那档子事——可这事和福斯特没多大干系,没有什么约定来限制他,于是在1778年,他写出了《环球航行》(A Voyage round the World),大挫了库克船长的锐气,同时也惹恼了当局。前途一下子变得渺茫起来,福斯特脚底抹油,赶紧跑到国外奔好生活去了。后来,他顺着莱茵河向南走,与他同行的不是别人,正是未来最伟大的探险家亚历山大·冯·洪堡。洪堡肯定

---

* 当时,维也纳有8个共济会分会,最著名的是著名化学家、矿物学家博恩伯爵领导的"真和谐"分会。莫扎特参加的是格明根-霍恩伯格男爵(Baron Otto Heinrichvon Gemmingen-Hornberg)的"慈善"分会(Zur Wohltagkeit),规模较小。共济会实行会员等级制,主要有3个等级,入会作"学徒",以后晋级为"师兄",最后晋升为"师傅",师傅是最高级。——译者

么内线交易、洗钱等等批了个遍。争来争去,最后还是迪恩败下阵来,他洗的钱财大部分也丢了。

1776年,只有19岁的拉菲特(Lafayette)被征入伍,说好了作美军的少将,招募他的不是别人正是迪恩。可是,这回迪恩又施诡计,他的委任不算数,拉菲特还得在华盛顿参谋部低头干一分钱没有的志愿兵工作。后来他打了胜仗,才得到迪恩许诺的官阶,继而成为美国的民族英雄。1825年他荣归美国,所到之处受到热烈欢迎,这是后话。

回到老家法国后,拉菲特转变为温和的激进派,在法国大革命中大难不死。1789年法国国王路易十六想越狱出逃——这是当时的一个著名的事件,正巧拉菲特是监狱的看守;那群闹事的暴徒气势汹汹,拉菲特差点把命丢了。拉菲特的副官(助手)达尔布莱(Alexandre d'Arblay)后半辈子东躲西藏,一会儿到法国,一会儿到英国。达尔布莱是一名温和的立宪派,拿破仑交好运的时候,他倒霉,拿破仑倒霉的时候,他交好运。1793年正是他倒霉的时候,他认识了一个年轻的英国女人伯尼(Fanny Burney),两人相爱。那时,达尔布莱正筹划着重整一支流亡的法国骑兵队伍,等着迎击拿破仑的军队入侵英国(但是事没办成)。伯尼写了一个字条给他:我可以让你拥有100英镑和我本人。于是两人结婚了。

之前,伯尼已经出版了两本畅销书,一本是《伊芙莱娜》(Evelina),另一本是《塞西莉亚》(Cecilia)[简·奥斯汀(Jane Austen)受这本小说的最后一句话的启发,把"傲慢与偏见"作为她的小说标题]。她还深得一群文学评论家的喜爱,包括画家雷诺兹,他在读《伊芙莱娜》时手不释卷,不得不让仆人喂饭。可尽管如此,达尔布莱的拮据生活始终没有起色。伯尼的另一本书挣的钱足够买一处别墅,但她写的一部剧作在特鲁里街剧院首演就演砸了。虽然有名角西登斯(Sarah Siddons)参演这出戏,却也没能让它火起来。

西登斯是她那个时代最伟大的女演员(有人说是空前伟大的女演

从福斯特的游记里学到一些方法和窍门,后来他赴南美洲考察5年,为自己的游记准备材料。1828年,洪堡已经是科学泰斗,仗着声望,举办了柏林科学大会,大会云集了一大批国际巨星,如杰出的计算专家巴比奇、电磁学家奥斯特(Hans Christian Oersted),还有一位来自瑞典的、肥胖的、患忧郁症的、自学成才的化学家贝采里乌斯(Jons Berzelius)。

你要是看着$C_8H_{10}N_4O_2$这样的化学符号脑袋直发晕,那就怨贝采里乌斯吧。现代化学符号是贝采里乌斯创制的——除了符号,他还发现了铈、钍和硒等化学元素。贝采里乌斯还是吹管技术的权威,吹管技术就是通过管子吹风,风穿过火,形成细小喷射状火焰,温度可达1500℃。他用吹管技术来破解和分析很多东西,陨星碎片、古埃及的灰浆,还有一名加拿大人的胃液,这个加拿大人专门干设陷阱捕杀动物、取其毛皮的事。说到这儿,想起一个情况:贝采里乌斯40年间几乎享尽人间美食(在巴黎,他在41天里参加了41次盛宴);另外,他还结识了各色妙龄的奇女子,包括在1845年结识有"瑞典夜莺"美称的杰出的花腔女高音林德。那时候,林德从瑞典斯德哥尔摩演到了美国的93个城市,名气不断攀升,广为歌剧票友们津津乐道。1850年,有"忽悠王子"之称的演艺天才巴纳姆(P. T. Barnum)安排她做长达一年的巡演,所到之处无不轰动,钱赚了很多,足够她隐退。崇拜她的人拿她的名字到处命名:街道、学校、水坝、威拉德酒店的一套家具、一艘快速帆船("夜莺"号),甚至一份奶酪汤。

1843年林德访问哥本哈根,安徒生(Hans Christian Andersen)见到她。过了几个月,安徒生写出童话《夜莺》:林德让安徒生来了灵感。那时候正赶上安徒生极为失意。可惜呀,林德对安徒生来说感情上就像是姐弟,到晚年她也许才想明白安徒生不愿意承认的事(安徒生爱上了萨克斯-魏玛-艾森纳赫的世袭大公)。除了这点小小不顺利之外,安徒生的生活就像他在《丑小鸭》中所描述的一样:经过孤独的童年,这个出身于乡村鞋匠家庭的孩子混出了模样,上了大学,然后成为世界闻名的作员），她出身于一个游走四方以卖艺为生的家庭。1775年，演艺经纪人加里克让她试演，经过一段时间的周折，她在以后的27年里票房一直红火。西登斯饰演的经典剧目里的每一个角色都是最好的，不过让大家为之欢呼的是她扮演的"麦克白夫人"。就算人们知道西登斯付钱给她姐姐，让她待在离伦敦150英里（约240千米）的地方这一事实，人们也照样喜欢她。她的姐姐一度想（在威斯敏斯特教堂）毒死自己——看样子需要检查检查脑子——不过这一点并不妨碍一名男士娶西登斯的女儿为妻。这名男士叫库姆（George Combe），近在英国，远在美国，都知道他是伪科学颅相学的顶级吹鼓手；那时研究颅相虽说神神道道的，却还迷到了一大片人。颅相学的创始人是两个奥地利人加尔（Gall）和施普尔茨海姆（Spurzheim）；颅相学者认为，大脑里有各种器官，掌管着不同的性格（例如，左耳朵的后边隆起一块，说明这人当情人不错）。测量颅骨上的突起可知器官的大小，这些突起是里边生长造成的（"知识疙瘩"的说法就是从颅相学那儿来的）。量量头盖骨便知性情的理论让社会改革家捡了个便宜，他们可以把罪犯、穷人的特征给"量出来"，查清楚谁需要"处理"。库姆对西登斯女儿的脑袋进行婚前检查，结论是：她头上长有一大块的善良疙瘩。

1844年，库姆在罗马遇到一对正在度蜜月的美国夫妇，他们很富有，新郎塞缪尔·豪（Samuel Howe）是个教师，他要去罗马拜见教皇，向他表一表劳拉·布里奇曼（Laura Bridgeman）的事迹。劳拉是塞缪尔的学生，是个聋女，但名气很大。库姆和豪见面后，马上动身到各个画廊测量雕塑的头骨。豪的新娘子已经习惯被冷落一旁，因为豪憎恶她家的钱财；他做善事，当顾问，又经常不在家。豪去世后，他娶的这位天资非凡、才华横溢的作家朱莉娅·沃德·豪（Julia Ward Howe）才走出家门，打破沉默，开始与人交往。难怪她后来又是创立妇女进步会，又是开展世界女权和平运动，还创作了《共和国战歌》（The Battle Hymn of the Republic）。晚家,游遍欧洲,向如醉如痴的听众读他的童话。但是,他没有为维多利亚女王朗读童话;他谢绝了她的邀请,理由是入宫的着装规定要花去他一大笔钱。安徒生第一次获得国际声誉是在德国,第二次是1846年在英国,这多亏了翻译工作者博纳(Charles Bonar)。当时,博纳就在德国,与图尔恩和塔克西斯王子(Prince Thurn und Taxis)生活在一起,正在写一本大部头的书《特兰西瓦尼亚——产物与人民》(Transylvania: Its Products and People),还准备为《纽约论坛报》当驻外记者。博纳从前在英国,1831年的时候,他给画家康斯特布尔(John Constable)的孩子当家庭教师,帮着康斯特布尔教孩子们画画。

那时,康斯特布尔在英国还没有名气(一辈子也没出过名,虽然他画了几十幅英国风景的杰作),因为他特别想住在偏僻的乡野,把那儿的风景画下来。所以,1824年,当康斯特布尔的画《干草车》(Hay Wain)拿到巴黎沙龙展出的时候,英国还没人知道康斯特布尔对法国艺术造成的巨大影响。法国的美术家德拉克洛瓦(Eugene Delacroix)深为康斯特布尔对色彩的运用所感染,4天之后,他把自己的杰作《希阿岛的屠杀》(Massacre at Chios)(与康斯特布尔的画一同参展)拿回去重画一遍。仅仅在两年前,德拉克洛瓦展出了他的第一幅作品,随即引起巨大轰动,以至于政府出钱收购他的画。以后,德拉克洛瓦便与政府和公众形成了一种爱恨交加的关系。你会为作品中野性的、过多的浪漫而喜欢他,也可能因为同样的原因厌恶他。德拉克洛瓦的绘画主题很丰富:一会儿画北非的风景,一会儿画野兽,一会画历史大事,还时不时地为朋友们画肖像。19世纪40年代,为了脱开这一切,他跑到乡下和肖邦待了段时间,他认为肖邦是"最真诚的艺术家"。

他对肖邦的感觉却未得到肖邦的回应。肖邦思想上属于不喜欢德拉克洛瓦的那一派。好在他的一位忠实画迷恰好是肖邦的同居情人乔治·桑,算是给画家挽回点面子。乔治·桑真名叫阿芒迪娜-奥罗尔-露西年时,她常到阿加西斯(Alexander Agassiz)家里作客吃饭。阿加西斯很有钱(他在密歇根的上半岛开铜矿,生意好得很)。他担任哈佛大学比较动物学博物馆的馆长,工作做得有声有色——特别着迷研究海星、饼海胆、海胆等海底生物。他还是国家科学院的院长,海洋生物研究的权威,设计了从特定水深捕捞海洋生物标本的网。

特制的捕捞网对于另一位海洋生物学者亨森(Victor Hensen)的研究工作起了至关重要的作用。亨森是德国的生理学家,业余时间研究海洋浮游生物,他用特制的滤网滤出微小的浮游生物,随后他捕捉的生物数量多得难以计数;因为浮游生物处在海底食物链的最底层,亨森能比较准确地估算出捕捞物的丰富程度。他认为这一点对德国的捕鱼船很有用。但是,海克尔(Ernst Haeckel)不同意他的观点,他是研究海绵和水母的权威。他说亨森的微小浮游生物在海洋中的分布并不均匀,不足以说明其周围环境状况。自打他归顺了达尔文的学说后,生态学(海克尔提出的名词)就成了海克尔的研究内容。海克尔创制了生物大系表(从最低级的生物黏液质到复杂的人类),后来,这个研究成果让他成了纳粹分子热爱的人物。海克尔提出了生物发生律,"证明"了欧洲人如何比"野蛮人"优越。

海克尔建立一元论同盟(单胞体即原始的生物黏液质),帮助传播这个词。1910年,他邀请德高望重的奥斯特瓦尔德(Wilhelm Ostwalt)担当一元论同盟的主席。奥斯特瓦尔德笃信世界的根本在于科学、国际和平和世界语言(他发明了一种世界语,名为Ino)。奥斯特瓦尔德专门从事催化作用研究,催化作用能加速化学反应的过程,他为此获得了诺贝尔奖。他在研究化学物质如何在一起发生作用(即"亲和力")的过程中得出了一个结论,那就是:世界不是以物质而是以能量的形式体现出来的,从而创立了唯能论。

他的同行们并不接纳他这个观点,尤其是伟大的玻尔兹曼(Ludwig

尔·杜平。肖邦是乔治·桑的第 n 个情人；当她写不出非常好的小说和剧本，或者没有参加革命政治活动或女性参政议政运动时，就爱搞一段恋情出来。肖邦让乔治·桑喜欢了 11 年，也是创下纪录的，而后在 1847 年，她还是无可挽回地离开肖邦，投向其他（更多）男人的怀抱。她争取女权的努力深受伊丽莎白·勃朗宁的景慕，在她和丈夫罗伯特（也是诗人，但没她名气大）在英国和佛罗伦萨之间穿梭往返的途中，伊丽莎白为乔治·桑创作了两首诗（那是在她们 1852 年在巴黎相会之前）。伊丽莎白在与丈夫私奔之前的几年里，一直在一间阴暗的屋子里写诗，同时忍受着无名病痛的折磨，那个病让她的身体虚弱无力。罗伯特劝她到户外去，锻炼锻炼身体，吃健康的食品，她照做了。后来病好了，于是两人开始写东西，写了一辈子，有人把他们的作品奉为文学蜜糖。

不过，他俩的作品和老朋友丁尼生的作品不一样。丁尼生从 1841 年就当桂冠诗人，是个典型得不能再典型的维多利亚时代的人。连维多利亚女王都喜欢丁尼生的诗歌：他的诗阳刚但不粗野，敏感但不脆弱，最重要的是英国味极浓，尤其是他的《轻骑兵进击》，还有写亚瑟王的许多妙笔。你感觉这人很实在，懂我的意思吗？不过，这只是展现了他的一面，维多利亚时代的人都这样。丁尼生还有晦暗、神秘的一面：他喜欢拉上窗帘待在屋里对鬼魂说话。他和严肃的科学家交朋友，譬如辐射计的发明人威廉·克鲁克斯爵士。1878 年，克鲁克斯发明了克鲁克斯射线管（管内有稀薄的空气、电极、电流、绿荧光和神秘的射线）。不久，大家都会摆弄射线管做实验。1895 年，德国伍兹堡的一个年轻人，名叫伦琴（Wilhelm Röntgen），把自己的手放在射线前面（他称射线为"X"，表示未知），忽然看见手里的骨头。一年后，法国人贝克勒耳（Henri Becquerel）想研究一下发光物质是否能产生其他射线，他把一些铀硫酸盐放在暗箱内的照相底板的边上观察，发现底板好像曝光了。他把这个情况告诉他带的研究生玛丽·居里（Marie Curie），于是拉开了放射学研究的历史序

Boltzman）；奥斯特瓦尔德和玻尔兹曼曾在一次会议上吵得很凶，那场面被年轻的数学家索末菲（Arnold Sommerfeld）看在眼里，他当时正巧也参加会议，向大家讲解他在辐射散射等方面所做的理论物理研究；他的研究很深，在场的学者基本上一个字也听不懂。索末菲运用数学的方法描述了电磁波辐射遇到物体反射后的轨迹。他的实验室产生了第一个这样的例子：X射线遇到石英晶体后被反射。他认为，辐射被反射的多少在一定程度上取决于障碍物的形状。这是痴人说梦吗？非也，事后证明，打仗用得着。

第一轨迹完

幕。贝克勒耳从数学家朋友庞加莱(Poincaré)那里听说X射线;庞加莱研究的东西太艰深难懂,笔者在本书里只提及一个史事,那就是1900年他获得英国皇家天文学会金奖。

美国天文学会是在美国天文学家海尔(George Hale)等人的努力下创办的。海尔发现太阳黑子比其周围的太阳表面温度要低,还发现太阳是个大磁场;他为太阳风的发现奠定了基础。另外,他规划创立了亨廷顿图书馆,建立了天体物理学,还在他的年迈的老师、化学家诺伊斯(Arthur Noyes)的帮助下创建了加州理工学院。诺伊斯早在麻省理工学院的时候就很有名气,因为他对水溶液的物理特性的认识比任何人都丰富。1903年,他带的学生中有一位年轻的日本访问学者,叫加藤元纲(Yagoro Kato),日后他返回东京,于1935年创办了日本最大的电子工业企业之一TDK公司,这是在他研制出一种新型的"软性"铁酸盐材料之后的事。铁酸盐材料让使用磁性材料记录声音、数据和影像成为可能,而这项技术日后在战场上派上了用场。

第二轨迹完

最后……

1975美国工程师施罗德(Bill Schroeder)利用索末菲关于反射与物体表面形状相关的数学理论，制造出一种非常薄的钻石形面板，它能把辐射反射到任何方向，却不会反射给发送辐射的机器。雷达实际上"看"不到这种面板。面板上的涂层还将部分雷达信号吸收掉，面板上的涂层内有黏合剂，而黏合剂则含有加藤研制的软铁酸盐颗粒。这样两项技术让隐形战斗机F-117A有了奇特的、三棱状的外形，雷达很难发现它。

 *1780年：从爱丁堡牡蛎俱乐部到DNA*

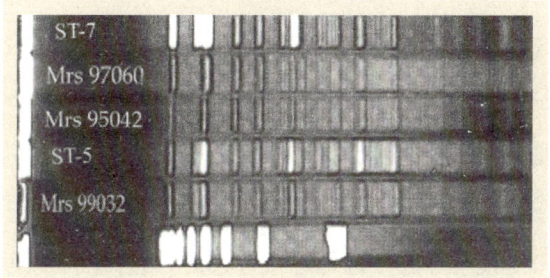

在18世纪80年代，"苏格兰启蒙运动"正值花开满路；不久前，苏格兰和英格兰合为一家，为苏格兰的企业家和苏格兰威士忌开通了奔向美国市场的路，打那时起，钱如潮涌般滚滚而来，为启蒙运动加油鼓劲，苏格兰的爱丁堡也出了名，被人赞为"北方的雅典"。爱丁堡牡蛎俱乐部每周举行一次餐会，这座城市的知识精英们济济一堂，一边砥砺智慧，一边欣赏着俱乐部创始人兼会员亚当·斯密发表劳动分工问题的新见解。

赫顿也是牡蛎俱乐部的创始人,让人们认识到世界上存在生物进化现象的是他,而不是别人(生物进化思想不是达尔文想出来的,也不是他完善的)。赫顿在爱丁堡没能找到一份行医的工作,便改行务农,在他继承的土地上耕种。只要一有机会,他就到英国、比利时和荷兰三地转转,看看最新的耕作方法;对脚下的土地隐藏的东西他的认识越来越深刻(这是大部分农民做不到的)。赫顿认为,岩石被天气侵蚀的过程可能古已有之,不是什么新鲜事。1795年,赫顿将这些在当时看来癫狂的思想整理成两卷本的《地球论》。因为行文冗长而晦涩,在问世前,一位朋友毫不客气地对原作进行了修改。赫顿在书中描述了一连串火山喷发形成上冲断层的情况,断层被侵蚀后化为火山灰,火山灰经过漫长的时间沉积为岩层,接着是又一次火山喷发形成上冲断层——如此反反复复。换句话说,这种过程跟赫顿家后院发生的情况显然是一样的。赫顿循着地质均变说得出了足以摇撼神学根基的结论,那就是地球的年龄不是6000年,而是差不多近5亿年。非常久远啦,当达尔文(和华莱士)转而开始思考漫长的进化过程时,正好有赫顿的地质理论为他们提供支持。早在18世纪80年代赫顿四处进行地质考察的时候,他的学说的阐释者兼好友克拉克(John Clerk)多次陪他一起到苏格兰做地质考察,扣扣这块石头,敲敲那块石头。让大家没想到的是,从未上过船出过海的克拉克后来竟写了一本名为《海军战术篇》(*Essay on Naval Tactics*)(大约1782年)的小书,彻底改变了海战的面貌。首次把他的战术运用于实践的可能是罗德尼,但纳尔逊肯定是用过的。克拉克的作战思想非常合理,而因循守旧的英国皇家海军的老朽们却不这么认为。几十年来,他们总是按老套打仗:我方舰队与敌方舰队一对一地列阵,每艘舰艇只攻击与自己对应的敌舰;你要是不会这样打仗,那只能走人了。说克拉克的新战术怪,怪就怪在:敌方舰队一旦暴露出弱点,就应该让整个舰队集中攻击这个弱点,将敌人的舰队劈为两半,然后各个击破。1782年,海军上将罗德尼在牡蛎俱乐部聚餐的时候,大家常常是一边吃一边谈,但布莱克博士怕是不会让人感觉有多少乐趣,一是他只吃他的老三样——面包、李子脯和加水牛奶,二是他动不动就吐上两口血痰,难怪他的博士论文专写消化不良问题。在做消化不良研究的过程中,他顺带开创了化学定量分析;后来他当教师,日后的重量级化学人才都接受过他的指教。布莱克是苏格兰人,十分明白威士忌的重要性,也很了解蒸馏威士忌(同时还能赚大钱)的妙法。经过这些研究,他发现:蒸汽很热是因为它在水变成蒸汽的过程中吸收了大量的热量。受布莱克保护的瓦特根据这个发现发明出了效率更高的蒸汽机。借钱给瓦特搞蒸汽机进而改变世界的人也是布莱克。所以,为那些吃饭时咳嗽连连、身体虚弱的人着想,咱们还是耐心听着吧。

布莱克的一位良师益友是像他一样既做医生又当化学家的卡伦,他和布莱克一前一后担任格拉斯哥大学和爱丁堡大学的化学教授。卡伦也教医学,创制了疾病分类表(即"命名"表)。他的想法是:你要是将所有的疾病大类、子类、子子类都分别起个名字,把各种症状、子类症状、子子类症状也都起个名字,就等于掌握了某种诊断和治疗工具。卡伦的书里有一条永垂不朽的条件和症状的条目,所有学医的学生人人喜爱:"思乡病:一种想回家的强烈欲望。"

布莱克和卡伦两人都教过一位年轻的美国访问学者拉什(Benjamin Rush),给他以启迪。拉什在爱丁堡大学读医学学位(论文的标题大概是《论胃内食物的消化》),拿到学位就可以回到费城,立马当上医学教授(这么说吧:瘸子里面挑将军)。既去费城工作,又在伦敦认识了本杰明·富兰克林,拉什投身于革命活动也就不算奇怪了。拉什向一个也和政府过不去的人提议,让他搞出点东西来给大伙提提气。这个人是一个被发配出英国的英国人,以前是做女性紧身胸衣的,现在是写手,名叫潘恩(Thomas Paine)。潘恩离开英国,好像是背了煽风点火的罪名。潘恩的在多米尼加近海攻击法国舰队的时候,就采用了这一战术。因为罗德尼手里有一本克拉克论著的评注本,于是大家便争论开了:罗德尼的作战思想究竟是不是克拉克提供的呢?

罗德尼的对手是法国海军上将(战役中被俘),美国人非常熟悉他:一年前,在切萨皮克湾*要不是他的舰队,英国上将康沃利斯(Cornwallis)的补给就不会被切断,康沃利斯的部队也不会挨法军(格拉斯上将)的炮弹,进而约克顿不会沦陷,也就不可能有什么美国了。那天,恰好格拉斯就在战场上,说来会让人觉得哭笑不得,他出现在战场上就是因为英国舰队还是按老套路打仗,因为搞不成一对一作战,就离开战场不打了(如前所述),而本来他们早该在几天前就消灭掉格拉斯的。可怜的老格拉斯把家财大部分奉献给自己的事业。所以,知恩图报的美国人为感谢他在约克顿战役中出力相助,送给他4门大炮,这4门炮最后被熔化了制成钱币。另一位在约克顿不计得失、英勇作战的人是圣西门(Henri de Saint Simon),那时他还是个默默无闻的贵族。美国的战事尘埃落定后,圣西门向墨西哥总督提议修建巴拿马运河(得到答复是"谢谢,不用了"),而后回到法国,大做投机买卖,结果赔个精光,后来转变为社会主义者,走火入魔,拿枪对着脑袋打(打偏了)。末了,他为工商业界开发了一种新宗教(新基督教),目标是让科学从教会手中接管整个世界,社会的统治者只从企业家和银行家阶层中推选出来。

费迪南德·德·雷赛布子爵(Viscount Ferdinand de Lesseps)信仰新基督教,他和圣西门一样,既是贵族出身,又是个运河迷。他很有社会地位,政治前程本来是一片光明,不料被一次平常的政府政策变动给搅黄了;那时候,他还没有从失意中缓过劲来。不过,想当年,在1800年去埃及当统治者的那个人是雷赛布的父亲挑选的(拿破仑入侵埃及后即做出

---

*大西洋的海湾,是近岸内航道的重要纽带,将弗吉尼亚州和马里兰州大陆部分与德尔马瓦半岛隔开。——译者

《常识》(Common Sense)一书正好应验了这个罪名。也算是没有辜负自己的名声,潘恩把美国政府代表和法国人搞不正当财政交易的事抖露出来:法国花了很多很多钱,为的就是让美国人把独立的事闹起来。1791年,潘恩写出著名论著《论人权》(The Rights of Man),1792年他又写出一部名气稍差但更重要的著作——《论人权第二部》(The Rights of Man Part the Second),他在书里提出很多非凡的设想,如福利国家、财产累进税制、为穷人提供助学教育、实行国家养老金制度等等。很多英国人想置潘恩于死地,因为他叛国通敌,诽谤他人,但是他的思想还是让英国的激进人士如听仙乐,感觉特别中意,其中一位顶住当权者的反对,帮助潘恩出版了《论人权》。

这位帮助潘恩的人叫戈德温(William Godwin),他那时大名鼎鼎,现在默默无闻。即使在当今的激进人士眼里,戈德温也是个激进分子。1793年,他因撰写《政治正义论》(Political Justice)一书而声名鹊起;本来是一本狂放无羁、宣扬极端无政府主义的书,要不是语气平和,娓娓道来,戈德温早被送进监狱了。戈德温很快结识了一些左翼人士,有华兹华斯、柯尔律治和兰姆。随后,他和第一批女权主义者中的一位结成夫妻,这位女士名叫玛丽·沃尔斯通克拉夫特(Mary Wollstonecraft),戈德温让人家未婚先孕。不幸的是几个月后,也就是在1797年,玛丽因为生孩子去世了。戈德温一面着手写小说,一边寻找第二位妻子。但这两件事都没让他落下什么好处:小说写砸了,克莱尔蒙特夫人(Mrs. Clairmont),也就是戈德温续弦的那位寡妇,好像天生是个泼妇。戈德温经济上一直窘迫,所以,当他发现勾引他女儿玛丽(与第一任妻子玛丽所生)*的人很有钱时,他也就睁只眼闭只眼不管了,甚至还向他借钱。勾引玛丽的人就是诗人雪莱,两人在1813年私奔。后来,这对情人在欧洲大陆一边旅行一边生活,过得诗情画意,但好景不长(雪莱溺水身亡)。同他们一起

---

* 与其母亲同名。——译者

这样的专横决定），20年后，费迪南德和埃及总督赛义德（Khedive Said）成为好朋友。赛义德这时候是现管——费迪南德就向他提议开凿苏伊士运河，而埃及总督并不满足于开一条运河。这条被法国操纵的国际水路注定要让埃及上点档次，改改它蹲在土耳其帝国的旮旯里猥琐不堪的形象。1869年，经过25 000名阿拉伯劳工历经10年的挖掘（外加几台新式的气动挖泥机），苏伊士运河终于伴着自法老时代以来最隆重的晚会开通了。欧洲各国的君主、政要纷纷赶来，享受免费的香槟酒，其中就有德·雷赛布的表妹，美丽的法国皇后欧仁妮（她说服丈夫拿破仑三世率先站出来支持运河工程）。

欧仁妮皇后因为领时尚之先而留名于世，裙子衬架、宽檐帽、开司米、黑色珍珠以及路易威登都是她率先垂范。她穿的一件裙子是用新式的人造苯胺染料染色；她是蒙蒂茹女伯爵（Countess de Montijo）的女儿，据说歌剧《卡门》（Carmen）的剧情是女伯爵提供的；她卷进她不该卷进的法国政治，最后于1870年在暴徒的追杀中逃往英国。她的丈夫（拿破仑·波拿巴的侄子）纯粹是凭着"假如当初……"的运气登上皇帝的宝座。他发动了两次政变：第一次在1836年，失败了，被放逐到美国；第二次在1840年，又失败了，被放逐到英国。1848年，他被选为法国总统。1852年，经公民投票由他修改宪法，宣布自己为皇帝。在接下来的20年里，他惹了一圈儿事：帮意大利打奥地利；帮罗马教皇打意大利；参加克里米亚战争；跑到墨西哥拓展法兰西帝国；（最大的错误是）和普鲁士军队打仗（输了，被迫退位，然后与皇后欧仁妮一起逃往英国的契兹尔赫斯特）。拿破仑三世统治后期，做过一些民主尝试，可惜力度太小，也太迟了。有一件事很能说明这一点：有一个叫科苏特（Kossuth）的匈牙利民族主义者，这家伙想把奥地利从奥匈帝国剥离出去，于是向拿破仑三世求助；科苏特从1848年欧洲遍地爆发的革命中得到启示，要求实行议会独立，不受维也纳奥匈帝国总部的挟制。他做官都做到了财政部长，发行了匈牙四处旅行的是泼妇的女儿,也就是戈德温的继女,名叫克莱尔·克莱尔蒙特(Claire Clairmont),16岁,待字闺中,能说一口流利的法语(在雪莱夫妇私奔的路上派上了用场)。克莱尔爱上一个风流放荡的名诗人,还怀了他的孩子,满欧洲跑着找他,末了还是放弃不追了,跟着已经成为寡妇的玛丽一起回到伦敦。她们合伙搞了一个类似于现在网络概念股的泡沫投资,出租一家剧院的歌剧包厢赚钱;歌剧院的招牌是首席女高音林德。可后来一位主教劝说她退离舞台,这下让克莱尔和玛丽赔了不少钱。而克莱尔的情人——那位浪荡诗人——什么时候也没见伸手帮过她。

如果你是拜伦勋爵,肯定不会干这种事。拜伦有一堆情妇、男朋友,生活上使劲撑着讲豪华排场。他还供养了一个从未见过面的孩子(拜伦先去世),这个孩子就是性情怪异的数学才女阿达(Ada),她是拜伦和米尔班克(Isabella Milbanke)生的孩子。阿达体弱多病;11岁时,她设计了一个飞行器,但没有成功。后来,受科普作家、那个时代最能搞人际关系的玛丽·萨默维尔的影响,她对数学产生了兴趣,最后变成有思想男士的梦中情人。1833年,也就是她17岁时,阿达认识了第一台计算机的发明人巴比奇,而后两人开始通信,无话不谈。其后20年,阿达和她的贵族丈夫、对她百依百顺的洛夫莱斯伯爵(Earl Lovelace)尽其所能帮巴比奇把他的科研计划搞起来(但没做成)。1843年,阿达发表一篇论文,展望有朝一日计算机可以绘图、演奏音乐,除了解数学题,还可以服务于许多实际用途。阿达和很多科学精英都混得很熟,譬如伦敦皇家大学的实验科学教授、六角手风琴的发明人(他家是制售乐器的)、密码学迷惠斯通(Charles Wheatstone)。惠斯通测量了电流通过金属导线时的速度,还使用电信号引爆火药。而且,他的科研是走在莫尔斯前面的。1837年,惠斯通和库克(W. F. Cooke)研制出电报机(英国、法国和比利时的铁路线上广泛使用)。他还发明了磁电拨盘式电报机,还有打字电报机。请你猜一猜惠斯通关心什么?

利货币。他的招数很简单：不搭理奥地利。但这招没奏效。最后，还是拿破仑三世背弃了他，他（和很多人一样）匆忙逃亡，写起了回忆录。

科苏特于1894年去世；不久，爱尔兰政治新闻记者阿瑟·格里菲思（Arthur Griffith）撰文记述科苏特的生平时，称他的招数是"匈牙利策略"，号召他的爱尔兰同胞也采取科苏特的办法来解决爱尔兰的政治问题（也就是把剥离的对象由"奥地利"换成"盎格鲁"）。为此，这位爱尔兰记者创建了一个名为"我们独自"（爱尔兰语：新芬党）的组织，还搞了一个非法议会，把英国佬晾在一边不理。以后，这个不理会的招数用了很长很长时间，其间经历了大大小小的跌宕变故，私购军火啊，暴动啊，打内战啊，死人啊，关监狱啊，被流放啊，跑到美国募集资金（搞到了600万美元）等等，到底有了回报：英联邦爱尔兰自治区领地变成了爱尔兰共和国，领导人是格里菲斯早年的同事德·瓦莱拉（Eamonn de Valera），一个在美国出生的西班牙裔爱尔兰人。

德·瓦莱拉刚学会加法时就酷爱数学。有一段时间他还做过数学教授。现在，他成了政府首脑，于是决定在爱尔兰建一个相当于美国普林斯顿高等研究院的机构[爱因斯坦（Einstein）等大名鼎鼎的流亡者都曾去过]，也邀请流亡的科学才子前来。1939年，经过在瑞士的秘密会晤，（遭纳粹通缉而流亡的）反对希特勒的诺贝尔奖获得者薛定谔（Erwin Schrödinger）来到都柏林，一待就待了17年。1943年，薛定谔一连开了三个关于物理学和生物学的公开讲座。这几个讲座被汇集成册出版，起了个不张扬的书名《生命是什么？》（What is Life?）。薛定谔在书中写下这样一句妙语："我们把染色体纤维称为密码本，意指它的结构决定了一个卵在适当的条件下会变成一只黑毛公鸡或者一只斑点母鸡，变成一只苍蝇或者一棵玉米、一棵杜鹃花、一只跳蚤，变成一只老鼠或者一个女人。"换句话说，生命是事先编码好了的。

第一轨迹完

惠斯通发明的电报系统被托德(Charles Todd)推荐在澳大利亚各州府间使用。托德是澳大利亚的电报总理,跟电报有关的事儿全由他负责。最初,他在伦敦格林尼治天文台当天文表计算员,一步步当上供电员,负责为电报传送格林尼治标准时间提供电力。1855年,他顺顺当当地被选派到澳大利亚南部担任电报专业人员(因为他还年轻,又没有别的前途)——那时候,澳大利亚还没有一个电报员呢。1870年,他已经有架设长距离电报线的经验,于是又被派去负责从达尔文市(那是从英国接过来的电报线终端)架设一条横穿大陆,直达南部阿德莱德的电报线。这项工程耗时两年,架设3600根电线杆,安装3600个绝缘装置,有6人在工程中丧命,还有许多你想象不到的艰难险阻。他们在线路中间的某个有泉眼的地方修建了一个中继站,用托德妻子的名字把它命名为"艾丽丝泉"。这段传奇经历为托德扬了名,他因此被授予爵士,后来又担任邮政总监,再后来成为澳大利亚的官方天文专家。

1889年,托德的女儿格温(Gwen)和年轻的英国移民威廉·布拉格(William Bragg)结婚,布拉格是阿德莱德大学的数学和物理学教授。在从教最初的18年里,布拉格只发表了三篇没有什么分量的论文。后来,在1904年,他的兴趣突然转向X射线研究,他的生活也由此发生了改变。布拉格和儿子劳伦斯(Lawrence)一起研究晶体对X射线的反射作用,分析射线在被反射后产生相互干涉时产生的图样。这个研究的目的本来是要证明X射线是否具有光波的特性,然而布拉格父子却从另一个方向取得了发现。X射线的干涉图样正好可以说明反射发生位置的晶体原子阵列的详细情况,这就把原子结构以及晶体的构成情况显现出来了。

1951年,英国化学家罗莎琳德·富兰克林(Rosalind Franklin)使用这项技术(X射线衍射技术)研究DNA链。她看到了衍射图样,它们就像"旋转的四片螺旋桨"。罗莎琳德从各个角度对它进行更加细致的观察,运用数学分析,最后认定:DNA是以某种方式连接起来的螺旋链结构。

第二轨迹完

最后……

克里克(Francis Crick)受薛定谔著作的启发,决心探寻生命密码。1953年,有人把罗莎琳德·富兰克林收集的DNA的X射线衍射照片拿给他看(罗莎琳德并不知情)。接下来就是弄清楚DNA螺旋结构如何能承载基因复制过程所需的基本要素。克里克[和沃森(James Watson)]经研究得出结论:如果4个含氮碱基——腺嘌呤、鸟嘌呤、胸腺嘧啶和胞嘧啶——中的一个固定与另一个配对的话*,那么这个螺旋链(结构)一旦解开,双链中的任何一条便会通过含氮碱基的固定配对生成与之对应的另一条链,从而生成一个新的DNA螺旋链。这就是"遗传密码",它由细胞机制读取,然后把它转化为一个个指令,制造出特定蛋白质,这种蛋白质决定着某种细胞的结构与功能。1962年,克里克和沃森获得诺贝尔奖,而富兰克林已于4年前患癌症去世,她未能获得这份荣誉。

---

*腺嘌呤总是与胸腺嘧啶配对、鸟嘌呤总是与胞嘧啶配对,两条链的碱基顺序彼此互补,只要确定其中一条链的碱基顺序,就确定了另一条链的碱基顺序,因此,只需以其中的一条链为模板,即可复制出另一条链。——译者

23 *1770年：从教堂布道到直升机*

马萨诸塞州的纽伯里波特是个迷人的港口城市，坐落在梅里马克河注入大西洋的入海口，它有好多亮点值得称道。其一，美国的海岸警卫队就是在这里起家的；其二，这个地方在18世纪是个非常繁荣的商业港口；其三，它的船厂曾经在美国独立战争期间建造了很多武装民船（说白了，就是海盗船），这些船令英国海军头疼得不得了。另外，（据说）这个地方还是波士顿茶党出头前另一个茶党的根据地。今天，它是美国联邦政府资助重建的最大的地区之一。这里现在看起来也许比1770年那会儿整洁多了。想当年它的居民中有这么两个人，按照各自的方式改变了未来。

1770年9月30日早上6点,在纽伯里波特市的长老会会长的家里,英国传教士怀特菲尔德(George Whitefield)突发心绞痛去世,享年55岁。要说在当时凭慷慨激昂的演说宣传宗教的这个炙手可热的行当里,怀特菲尔德算得上是媒体大腕明星里的大腕明星,不过私下里,他这个人的性格还是比较内敛的(他吃的最奢侈的东西就是牛蹄筋)。18世纪最伟大的演员加里克说过:怀特菲尔德能够用他说"美索不达米亚"(Mesopotamia)*的方式感染听众。据说,他嗓音宏亮,1000米外都听得到。他身材矮胖,眼还有点儿斜,但这并不妨碍几个国家的数百万群众,不顾刮风下雨,跑来聆听他布道;34年里,他讲了18 000场。有时候,他讲道讲得太震撼人心了,竟有听众在灵魂被拯救的时刻晕厥在地。当然,有些时候,他讲道也会招来一顿石头、臭鸡蛋和死猫。但是,不论是喜爱还是憎恶,他都是个不容忽视的人物。想知道不容忽视到什么地步吗?他死后那几年,尸骨大部分被人盗走,每次偷也就一两块。这都是"大觉醒"(Great Awakening)的后果,怀特菲尔德努力追求的就是实现大觉醒。

怀特菲尔德自己的大觉醒是他在牛津大学念书的时候。1732年,他认识了一个好学又木讷的家伙,叫查尔斯·卫斯理(Charles Wesley),卫斯理想出一套系统的读书方法,这套方法非常讲究条理,所以,卫斯理的那个古板沉闷的学习小组的组员有一个共同绰号"墨守成规者"(Methodists)。有意思的是:卫斯理让怀特菲尔德实现大觉醒,而之后又过了6年,卫斯理自己才觉醒了。觉醒之后的卫斯理成为历史上最多产的赞美诗作者[他创作了6500首圣歌,包括《听天使们在歌唱》(Hark the Herald Angels Sing),曲调都很好记]。这都是他在佐治亚殖民地待了几个月以后的事。他的兄弟约翰(John)(他在查尔斯觉醒之后的那个星期三也觉

---

* 希腊语 Mesopotamia 意为"两河之间的地方"。两河流域即指幼发拉底河和底格里斯河之间的美索不达米亚平原。据说这里是《圣经》中所描述的伊甸园的原型。——译者

纽伯里波特市至今还留有一座旧居,旧居的主人叫雅各布·珀金斯(Jacob Perkins),是个金匠,16岁时很可能是怀特菲尔德最后一批教众当中的一个。1798年,他解决了那个时代的一个大问题:新的纸币用起来很方便,但同时伪造货币的人也觉得很方便。雅各布设计出64个钢质模子,每个模子只管印钞票图案的一部分,可用夹具将64个模子合在一起印钞票。有了模块组合印刷技术,客户可以定制钞票的细节,这样印出来的钞票仿制起来难度更大。1818年,雅各布旅居英格兰,没能把这个想法卖给英格兰银行,原因有二:一是银行里尽是装模作样的白痴;二是英国发明家威廉·康格里夫爵士(Sir William Congreve)正拿着自己的想法跟英格兰银行交涉,他的想法就是防伪彩色水印(即在造纸过程中在纸张中间加入染料)。这个制作过程造伪币的人是不能重复的。哈,事后证明,银行想再重复一次也没门儿。

康格里夫爵士一举成名靠的是他发明的康格里夫火箭,而最近一次使用这种火箭是在1812年战役,但是没什么成效。基(Francis Scott Key)写的一首诗让这场战役永载史册,诗中提到了"火箭的红光烈焰"(rocket's red glare)*。康格里夫火箭除了凑热闹没有什么效能,这一点早在1809年英国海军上校科克伦(Thomas Cochrane)与法国战舰交战中首次使用火箭时便显露无遗。尽管如此,那场海战科克伦还是打得相当漂亮的,让海军上将很难堪。随后,他回到英国,控诉皇家海军腐败成风问题。如此捅马蜂窝、犯众怒,科克伦当然难有机会在不久的将来在海军军界登上风光的顶峰,于是在1817年,当有人请他统率智利舰队时,他立马接受了。1820年,除了智利海军,他还操控着秘鲁海军,让这两个国家结束了西班牙的漫长控制,宣告独立。为此,巴西统治者唐·佩德罗(Dom Pedro)对他格外垂青(此人的全名也很了得,不容错过哟:佩德罗·德·阿

---

* 美国国歌中的一句歌词。——译者

醒了)做得更好,他在佐治亚待了一年,直到他跟一个年轻女子的关系迫使他返回英国。约翰成了卫理公会派的头面人物,他布道的次数(4万场)和行程数(40万千米)都多于怀特菲尔德。约翰去世时,会众人数达到135 000人,传教士541名,拯救灵魂的教堂200座。约翰写赞美诗,但从来没在排行榜上名列前茅,不过他的《验方集》(Primitive Physic)*(一本自己给自己治病的手册,收集了各种治疗方法,从接骨木浆果到电疗等等)却再版了36次。一位水平不逊于罗姆尼(George Romney)的画家于1789年为他画了肖像,之后,威斯敏斯特教堂还为他立了碑。

那时候,画家罗姆尼(在罗马学习了两年之后,手里拿着给教皇的介绍信)正一路顺风地走在由一个乡下来的无名之辈变成喋喋阶级的宠儿的道路上。名气最大的时候(也就是他为卫斯理画像的时候),罗姆尼一天最少能画7幅画像。但凡有头脸的人物他都画过肖像,譬如坎特伯雷大主教,摄政王的秘密妻子,还有一大群公爵夫人。他之所以画出了名,部分原因是他开价适中,比大多数画师都低,又比该讨的价钱略少。在事业最辉煌的20年里,他为1500人画过像,有些人还让他画了3次。有一位被他画了23次,是有私情吧?可能不是;是单相思?没错。他画笔下的主人公,也是他心向往之的那个人本是一位年轻的饭桶贵族的情妇,以后她又做了这位年轻贵族的叔父、英国驻那不勒斯公使威廉·汉密尔顿爵士的情妇。最后,她嫁给公使,摇身变成了埃玛夫人。在那不勒斯的那段时间,她变成了那不勒斯王后的密友,英国间谍(她自己说的);爱(穿似透非透的衣服)拿捏个姿态,歌唱得无可无不可,最出名的还是她做了海军上将纳尔逊的情人。纳尔逊就是那位打过特拉法尔加战役的单眼独臂大英雄——自从发现她不穿内衣后,纳尔逊是彻彻底底、完完全全被她迷住了。被老婆戴了绿帽子的汉密尔顿要卸任,与埃玛、纳

---

* 又名《疾病简易自然疗法》(An Easy and Natural Method of Curing Most Diseases),书中介绍了725种药方,可治疗243种疾病。——译者

尔坎塔拉·弗朗西斯科·安东尼奥·若昂·卡洛斯·哈维尔·德·保拉·米格尔·拉菲尔·若阿金·何塞·贡扎加·帕斯科·希普里亚诺·谢拉菲姆·德·布拉干萨-哈布斯堡)。他正合计着从葡萄牙的统治下摆脱出来,于是将海军交给科克伦统领。科克伦把巴西舰队拉到大西洋里操练,一看:舰船板破帆烂,几乎要零散了。科克伦好容易到了一个英属港口,给佩德罗写了张条子:再见了。

1829年,佩德罗提起御笔开始写关于自然史方面的文章。佩德罗写东西的目的是要提醒巴拉圭人:如果他们不释放被拘禁的蔬菜店主艾梅·邦普朗(Aimé Bonpland),后果是很严重的。这个艾梅可不是普通的生意人。他从巴拉圭一侧跨过边境来到阿根廷,打算为当地独有的绿茶——巴拉圭茶——搞一个国际市场。可是他刚到阿根廷,他的麻烦就来了。巴拉圭的独裁者也有靠卖茶盈利的想法,于是他手下的一支缉捕队开到邦普朗的茶园来了个斩草除根,毁了他的茶园,将他强行拖过边境,还把他扔在巴拉圭的林子里。佩德罗为什么要为一个从法国移民出去的博物学家的命运费心劳神呢?主要原因是邦普朗曾当过拿破仑之妻约瑟芬的园丁,写过一本记述南美洲植物的书,还一直是法国科学院的通讯院士。还有一个细节,虽然笔者写在最后,但绝对很重要:1799到1805年间,他是有史以来最伟大的两人探险队中的队员。另一名队员就是洪堡,他俩用了5年时间在南美洲探险。说几个细节吧:他们徒步、骑马、乘独木舟、爬山,走了6000多千米,其间,洪堡和邦普朗到过墨西哥、古巴、秘鲁、委内瑞拉、厄瓜多尔和哥伦比亚;沿着南美洲北部的奥里诺克河走到它的上游;翻越科迪勒拉山系*;从高处勘查火山;收集了6000种植物;发现了地磁赤道和洪堡寒流**,确定了几百个纬度、经度和高度,

---

* 科迪勒拉山系:纵贯美洲大陆西部的山系。北起阿拉斯加,南到火地岛,由一系列山脉、山间高原和盆地组成。——译者

** 洪堡寒流:南太平洋寒流,沿南美洲西海岸向北流动,也叫秘鲁洋流(Peru Current)。——译者

尔逊一起返回英国,途中顺带访问大陆上的几个王国,还要继续演双龙戏凤的性丑剧。

这一切对大字不识几个的乡下女子埃玛来说还不是太坏,她当年出道时就是当妓女的,有一段时间,她做林利(Thomas Linley)的家庭教师,可说是18世纪版的罗杰斯(Rogers)与哈默施泰因(Hammerstein)*。林利和埃玛一样,也是贫寒出身,后来在当时英国很时尚的温泉疗养圣地巴斯城当声乐教师、弹奏古钢琴、担任乐队指挥,慢慢混出了名。1774年的时候,凭自己在乐坛上的声望和手里的积蓄,他购买了伦敦特鲁里街剧院的股份,同自己的女婿合伙经营剧院。林利的女儿伊丽莎白·安(Elizabeth Ann)和女婿从小青梅竹马(安的器乐伴奏水平决非等闲可比),后来两人私奔并结婚。林利的音乐[上演的有《乞丐的歌剧》(The Beggar's Opera)、《伴娘》(The Duenna)以及《暴风雨》(The Tempest)]无论到哪个音乐厅都受到听众的喜欢,特别是他的女婿谢里丹创作的《造谣学校》(The School for the Scandal)获得成功之后就更是这样。

关于谢里丹的《造谣学校》,有几点值得一提:一是它发表后反响强烈,二是它差一点被禁演,三是它打破了票房纪录。1777年时,谢里丹已经是经常被登在报纸头版的人物了,经总是冷眼观人世的约翰逊博士点头同意,他被一向门槛很高的"俱乐部"吸纳为会员。进入这个圈子之后,他迅速和俱乐部的会员、政治家伯克(Burke)和福克斯(Charles James Fox)结为密友,没用多久就从一个文人转变成雄辩的说客(曾被安排在一个稳操胜券的议会席位上)。在这个卖弄词藻、高谈阔论的环境里,谢里丹让所有的人都黯然失色。有一次他滔滔不绝地讲了整整4天[那次是开庭审理黑斯廷斯(Warren Hastings)弹劾案,一审就审了6年]。政界经常碰到这样的情况,谢里丹在一段时间里做事从无差错(但

---

* 罗杰斯和哈默施泰因合作创作了《音乐之声》(1959年)。——译者

为绘制精确的地图提供了方便;他们还开创气候学、生态学和自然地理学;途中往德国运回大量的蝙蝠粪,启动了德国的化肥工业。后来,洪堡还到西伯利亚做过类似的探险考察。再后来,他担任普鲁士皇家宫廷的内务大臣,撰写34卷本游记和5卷本地理专著(书名起得好谦虚:《宇宙》,销量敌得过《圣经》)。在担任内务大臣、撰写专著期间,洪堡抽空给大人物和权贵们写了几千封信。

与洪堡通信的人当中就有英国大数学家巴比奇,他曾写信给洪堡说起他还没有做完手头的研究工作。巴比奇做的每样事情几乎都是这个样子,他涉猎范围广:研究数学、密码学、人寿保险、运筹学、统计学,还搞发明创造(太多了,不能一一列举,但提两样还是可以的,譬如能在水上行走的踩水鞋,从伦敦铺一条通到利物浦的通话管)。他见几个被雇来的法国大革命后的理发师(因为人们梳的发型简单了,理发师们闲得没活儿干)帮忙对第一份三角函数表和对数表做加减运算,来制订新的公制体系,但是出了好些差错。巴比奇深受触动,于是他设计了刻度机(分度机)(一种由齿轮构成专用于加减运算的机械装置),而后又设计了差分机*(有穿孔卡片,有存储程序,可以做精确到小数点后50位的运算)。两台机器没有一台投入使用,而巴比奇为了搞出现代计算机的那台老祖宗,把政府给他的资助用完了,这还不说,拜伦的女儿被他的计算机设想所吸引,还几次为他筹集款项。巴比奇参观过很多工厂,还就产品制造写了一篇很有深度的文章。

巴比奇的文章影响了那个世纪伟大的思想家约翰·穆勒(John Stuart Mill)对此类问题的想法。穆勒是那种让人喜爱得妒嫉的全才。他3岁通希腊语;7岁时通数学;13岁时,拉丁语、几何学、代数学、微积分、经济学、逻辑学和一些次要学科无一不通。14岁时的他便自学完大学课程,不过

---

* 早期的机械通用计算机。——译者

以后就有了),所以他在1794年被指派去会见并欢迎奥匈帝国重要的外交客人梅特涅亲王(Prince Clemens von Metternich),不久他便成了欧洲最有影响的政治家。

说来也怪,一提梅特涅的名字,常令现在的学生眼前一亮。一说到这一点,少不了有些人骂梅特涅评述他自己惯用手段的那句话:他靠死缠烂打逼着人们去做他想做的事。不过,单从委身于他的美女、才女、富贵女的人数判断,这个狡黠、精明、擅长权术的马基雅维利(Machiavelli)*式的人物,一定还有别的招人忌恨的事。说到他的日常工作,也许他最大的成就是让欧洲的几个君主国(首先是奥匈帝国)多延续了几十年,办法就是他独创的现代峰会:从1814年维也纳大会开始,召开一系列国际会议,各国君主或扶持皇权的势力聚合在一起,交换意见,商讨如何借助于本国版的梅特涅式的高效率的秘密警察来维持统治。

梅特涅去世后一年,他的孙女做了年轻的德国作曲家瓦格纳(Richard Wagner)的第一个也是名声最响的赞助人。瓦格纳对日尔曼民族的古老传统情有独钟,如果梅特涅泉下有知,一定会觉得心里热乎乎的。不过,对瓦格纳来说,还有比民族热情更重要的;让他激情满怀的还有女人、无政府主义、虚无主义、反犹主义、日尔曼民间神话,还有路德维希二世(Ludwig Ⅱ)(是他为瓦格纳偿还了所有债务,两人之间那层说不清道不明的关系连公众都注意到了)。瓦格纳对作曲技术的深刻影响长达几十年,他用歌剧的形式再现了神秘的、古代条顿民族的神话传说,在德国人的精神世界引起共鸣,这种精神共鸣一直持续到希特勒时代。瓦格纳创作的一组歌剧都是讲寻找圣杯的故事;潜台词是:恢复雅利安民族纯洁的血统。希特勒为其中一部歌剧深深打动,以至于宣称:"我由《帕西法尔》(Parsifal)确立了一种信仰。"

---

* 马基雅维利·尼克尔(1469—1527):意大利新兴资产阶级思想政治家,历史学家。——译者

这对他的性情造成了损害。穆勒特立独行，从来不参加聚会；从来都是一身黑色装束。穆勒的《政治经济学原理》(Principles of Political Economy)、《逻辑体系》(System of Logic)、《自由论》(On Liberty)成为维多利亚时代那些自称激进、了解当时的社会和哲学问题的人的必读之物。1872年，穆勒做了一个男孩的教父，这个男孩叫罗素(Bertrand Russell)，日后成了世界级哲学家。穆勒对罗素的影响巨大。谈到罗素，只需提几点就足以知其大概：他认为数学就是逻辑，他提出逻辑原子论，只有他的才智才能审读维特根斯坦(Ludwig Wittgenstein)的那篇艰深难懂的博士学位论文。罗素也为"普通"读者撰写了很多哲学著作。他娶了4个妻子（最后一位是他80岁时娶的），另外还有情人无数。是他发起了核裁军运动。

从教之初，罗素教过凯恩斯，后来两人成了朋友。20世纪50年代以来，凯恩斯的经济思想影响巨大（长话短说吧：经济繁荣时就提高税率，降低消费；经济萧条时就降低税率，提高消费）。1918年，凯恩斯爱上俄国舞蹈家洛波科娃(Lydia Lopukhova)。洛波科娃在圣彼得堡皇家芭蕾剧团时已经有了名气，后来跑到美国待了几年，跟着她的哥哥和姐姐参加歌舞巡演，她的表演算是特别节目（同时把芭蕾舞传入美国）。凯恩斯遇到她时，她已经是著名的首席芭蕾舞演员，担任主角，演出轰动了伦敦城。1925年，她和凯恩斯结婚，然后离开舞台，专职照顾这位经济学天才，还参加了凯恩斯那帮自视很高的朋友组成的小圈子，这个圈子世称"布鲁姆斯伯里帮"(Bloomsbury Group)。不过，洛波科娃待在这个圈子里怎么也不舒服，她自始至终不太接受和凯恩斯的婚姻（凯恩斯是同性恋，在剑桥还有个恋人，这下问题变得更复杂了）。

洛波科娃从默默无闻到成为国际巨星，她的成名道路和众多的舞蹈演员一样，都是先跟着剧团老板佳吉列夫(Sergey Diaghilev)一点点做起。佳吉列夫是历史上最伟大的剧团老板之一。从1907年轰动西方世界开始，一直到他1927年放弃舞蹈，专事收藏书籍，佳吉列夫几乎每时每瓦格纳的歌剧还造成了一个影响，但知道的人不多。1923年，《帕西法尔》在马德里的歌剧院上演，观众席里有位年轻的工程师，叫胡安·德·拉·谢尔瓦（Juan de la Cierva），他的精神状态亟需振奋，因为在过去的3年间，他苦心研究的项目就是没什么进展。在《帕西法尔》上演的当晚，胡安在舞台上找到了解决两个难题的办法。布景师在场景里布置了一个风车磨坊；胡安看到风车上装有用铰链连接的翼板，忽然想出了一个主意。他正在做一架飞机，这架飞机在空中停滞时不会直直地摔下来，而是可以慢慢飘落到地面上。为了实现这个设想，他设计了3片窄窄的"机翼"，装在机身上方的转轴上，借助飞机在空中的运动使其旋转。可问题是：机翼向前移动时产生升力，而向后移动时却不产生升力，这样，飞机就会以一种飞行员肯定不太喜欢的姿态倾斜下去。风车磨坊启发了胡安，他把机翼装在铰链上，这样，向前转动的机翼会在气流中上升，同时气流速度下降；而向后转动时刚好相反，机翼会在气流中下降，同时气流速度上升。这个巧妙的改进刚好使两个方向的升力相等；当发动机停机时，飞行员可以稳稳当当地落下，而不会像块砖头似的砸在地上。尽管想法很好，但胡安的设想并没有真正实现——不过，它为一个可能的物件的问世作了铺垫。

第一轨迹完

刻都在谋划着为他的独立的芭蕾舞剧团(当时也是唯一的一个)筹集钱款。佳吉列夫改变了芭蕾舞就像哥白尼改变了天文学一样(观众在观看他的演出时能感到地球在旋转)。这是一种前所未有的芭蕾舞,极具个性,将舞蹈、音乐和场景巧妙地融合在一起。佳吉列夫使用的音乐是委托斯特拉文斯基(Stravinsky)创作的,场景是委托毕加索(Picasso)、马蒂斯(Matisse)和布拉克(Braque)设计的,再加上俄罗斯式的强歌劲舞,顿时让西方观众眼花缭乱。有一段时间,佳吉列夫在巴黎搞了个俄罗斯季,向巴黎介绍新的俄罗斯民族乐派。

被佳吉列夫拿到巴黎介绍的天才之一就是钢琴演奏家、指挥家兼作曲家拉赫玛尼诺夫(Rachmaninoff)。在布尔什维克革命期间,他失去了一切。他来到美国定居,因创作《帕格尼尼主题狂想曲》(Rhapsody on a Theme of Paganini)而闻名于世。在1921年的一次聚会上,他结识了另一位俄国移民西科尔斯基(Igor Sikorsky),此人当时正在长岛的一个谷仓里拿自己从废物堆里捡出的零零碎碎拼装飞机。拉赫玛尼诺夫听了他的事迹后非常感动,给他5000美元,并出任他公司的副总。在拉赫玛尼诺夫的支持下,西科尔斯基终于建造出"飞掠"(Clipper)飞艇,并且被泛美航空公司用于首次跨越大西洋的载客飞行。

第二轨迹完

最后……

1929年，西科尔斯基使用谢尔瓦的可变螺距水平旋翼和他自己的机身建造经验，成功地建造了第一架直升机。

24 *1771年：从陶瓷到霓虹灯*

历史上第一份退款保证出自英国，时间是1771年。它的条款宣称：顾客"只要觉得不满意……有权利退回全部商品或部分商品"。就算在今天，商家也很难做到这一步啊。想出这个前所未闻的慷慨举措的是两个精明过人的商业脑瓜，一个叫韦奇伍德(Josiah Wedgwood)，一个叫本特利(Thomas Bentley)。

韦奇伍德是个截去了一条腿的残疾人，还有口吃的毛病。1785年，他开始做生意，只做了一代人的工夫，就把陶瓷贸易从18世纪做到了20世纪。1765年，他制作的凝脂瓷深受英格兰女王的喜爱，韦奇伍德遂请以"女王瓷"名之，得到女王的许可。凡是贵族或者想成为贵族的人都要有女王瓷；连俄国女皇也要女王瓷，一次就订购了952件。韦奇伍德也太过精明，在这批瓷器装运之前还搞了个展览，有票才能看。他还把1000件可买也可退的陶瓷样品主动寄给德国的贵族，最后退回来的只有3件。所以，他发财致富不足为奇，他有条件沉浸在科学探索的热忱中，在月盈之夜策马跑去会他的明月社朋友，与他们畅论高科技也不足为奇。明月社的创建人就是改过自新的酗酒之徒艾瑞斯谟斯·达尔文（Erasmus Darwin），也就那个众所周知的名人查尔斯·达尔文的爷爷。老达尔文爱写诗，但写得太没有诗味；传说他曾用电击把一碟细面条弄得婆娑摇曳。请他去当御医，被他婉言谢绝（因讨厌伦敦）；他认识英国的几个科学骄子（瓦特、普里斯特利等）；他花了好些年写他的理论：一切生物都源于同一个祖先，每一代人都把生存的经验传递给下一代。从某种程度上说，他的理论为后来那位大名鼎鼎的孙子作了事业上的铺垫。

1766年艾瑞斯谟斯在德比郡旅行考察，一边走一边收集物种，其间巧遇另一位对植物学痴迷的人，这人正好在附近租住了一幢房子。他就是卢梭（Rousseau），法国哲学家，因对教育现状和社会事务提出了激烈的批评，早就成了报纸头版新闻里常见的人物。批教育（主要关注孩子问题），批社会（主要强调一种认识：文明越是复杂就越能败坏人的天性）。他说，文明会败坏天性的证据是，那些美洲原住民，什么希腊呀、罗马呀、什么笛卡儿呀，他们连听都没听说过，但是照样能管理好一个活动的、成熟的社群。卢梭把他们称为"高贵的野蛮人"。这种煽惑民心的东西让法国政府非常恼怒，于是卢梭不得不逃离故乡，同时他的理论也带动形成了浪漫主义运动；所以卢梭多次为戏剧圈子里崭露头角的一个后生写本特利能说法语和意大利语,去过很多地方,认识不少像威廉·汉密尔顿爵士这样的大人物。汉密尔顿专门"收集"刚刚出土不久的古罗马时期的古董;也许是本特利给韦奇伍德看了汉密尔顿那些带图画的收藏目录,韦奇伍德更加坚定地拥护新古典风格,反对巴洛克风格。这个爱说话的本特利还是韦奇伍德设在伦敦的展厅的责任人,为他撑门面。有一个做石膏像的人和本特利有业务关系,这人有一个学美术的儿子,名叫弗莱克斯曼(John Flaxman),天资非凡。1775年,这位年轻人跟着本特利和韦奇伍德做事,专门雕刻宝石浮雕;做了7年之后(自己觉着窝囊,钱也没挣着),弗莱克斯曼撂挑子不干了,跑到意大利,不久开始为当地的侨民做事。让他跃升为国际明星的是他接了一个活儿,为《奥德赛》(*Odyssey*)和《伊利亚特》(*Iliad*)两部史诗画73幅插图;插图是线条简洁的白描,很快受到人们的喜欢。这样的白描图临摹起来也容易,可是虽说被人临摹说明别人是真心喜欢你,但是不给钱,无奈弗莱克斯曼就回老家了。

回到英国——这时候,他已经信教了,弗莱克斯曼在流露着哀婉温情的墓碑上发现了自己做的浮雕,这种墓碑他在英国各处的大小教堂(包括威斯特敏斯特教堂和圣保罗大教堂)看见好几十块。早先他为希腊诗篇做的插图——就是曾经让他走向辉煌的那些插图,是一个性情古怪的女士订的。这位女士叫乔治安娜·黑尔-内勒(Georgiana Hare-Naylor),是德温郡公爵夫人的表妹。在英格兰,她总穿白衣,骑一头白毛驴,身边常有一只母鹿相伴。1785年,她先是跟着一位木讷得不能再木讷的作家私奔(那作家既写史书,又写剧本,但没一本写得好),后又在罗马待了几年(她在那儿认识并雇用弗莱克斯曼),再后来,黑尔-内勒和丈夫就落户到波罗尼亚——世界的粮食中心,因为他们手头没有钱,波罗尼亚的生活花费比较便宜。黑尔-内勒画画,希腊语越讲越流利:有一个年老的西班牙耶稣会士教她。耶稣会士有个养女叫柯洛蒂尔德·唐布龙尼好评，也是情理之中的事。这个戏剧新人就是捷克作曲家格鲁克(Christoph Gluck)。1777年，格鲁克正在为前往巴黎首演他的歌剧《伊菲姬尼》(Iphigenie)做准备。这部歌剧是格鲁克摒弃传统套路的歌剧中的一部。传统歌剧要求不管剧情如何，都要停下来奏一段华彩或者搞一曲间奏。格鲁克不一样，他让音乐与剧情结合，符合剧情的发展，剧中人物把剧情唱出来，他这么一改，让戏剧传统派深感震惊，仿佛格鲁克的演员在舞台上脱光了衣服（在表达这些新的自然主义情感时，他们确实是用隐喻的方式脱光了衣服）。

也就在这个时候，格鲁克收到了一个刚到巴黎的年轻人的来信。这位年轻人当过海军，但时间不长，写过一部歌剧。笔者差不多可以肯定您从来没听说过这位名叫拉斯培德(Bernard Lacepède)的作曲者，因为他的全部作品都散失了，反正全是败笔。不过，幸运的是拉斯培德搞科学研究很有一套，他写的另一封信［寄给当时的自然史研究大家布丰伯爵(Count Buffon)］让他获得前往布丰博物馆的邀请，还被分派了一个任务：写一本关于鱼类和鲸类的权威著作。这番努力让他取得了拿破仑的信任。1804年拉斯培德进入一个由科学专家组成的委员会，委员会的任务就是审查法国科学考察队都从遥远的地方带回些什么。考察队最远跑到塔斯马尼亚岛。有一船高卢的博物学家共20人，从塔斯马尼亚岛带回来10万件标本，其中有2500件是新发现的物种标本。这船博物学家里有一位是艺术家，名叫莱绪尔(Lesueur)，1815年碰巧遇到一名苏格兰裔的美籍地质学者兼探险家在游览巴黎，于是就以博物学家秘书的身份跟着他一起到加勒比海、阿勒根尼山脉、佛罗里达和佐治亚转了一大圈，进行历时两年的地质考察。莱绪尔作为地图绘图员，让美国政府喜欢得不得了。1825年，他跑到印第安纳州纽哈莫尼镇的乌托邦公社，找到从前一道旅行的伙伴；乌托邦公社就是这个同道办的。他在那儿住下来，教了10年书，之后返回法国，一直到去世。这个时候，他的老朋友早就去了

(Clotilde Tambroni),与黑尔-内勒交情比较好。柯洛蒂尔德是个写女同性恋诗歌的作家,还是大学的希腊语教授(该大学因为有女教师而很有名气)。1797年,黑尔-内勒夫妇返回英格兰继承产业,把3个儿子交给唐布龙尼和老耶稣会士照看。唐布龙尼最后成为希腊语大学者,名震南欧。她不顾非议,与波森(Richard Porson)互通书信。波森是剑桥大学的希腊语教授,来信几乎从来不回,什么会议也不参加,也不讲课,甚至也不住在剑桥。

波森的名声源于他选编的希腊欧里庇得斯的4部诗剧,因为除了这4部剧,他也没做别的。他素来不修边幅,浑身脏兮兮的,爱喝酒。他那笔字写得极小,小得世间无双。他对别人作品吹毛求疵,语法啊,音步啊,一评就能评出成篇的东西来——那个时代的大学教师差不多都这样。他的家庭也只配放在脚注里说两句,因为它存在的时间一共只有5个月,然后太太就过世了。他的太太是詹姆斯·佩里(James Perry)的妹妹,波森曾经给佩里写过几篇稿子。佩里是《午前杂陈》(*Morning Chronicle*)的编辑,一天大部分时间都泡在酒吧或咖啡馆里,搜集闲言碎语,与一帮文人混得很熟。那时候,这帮文人里有柯尔律治、华兹华斯、兰姆(Lamb)等诗人和散文家,还有经济学家。他们都时不时地为佩里写稿子。佩里举办的晚餐聚会很有名,同样有名的还有他淫荡好色的天性。他本人也很有人缘,他是汉密尔顿的朋友,而后来做他闺女教父的那哥们儿竟是把个可怜的汉密尔顿坑得一愣一愣的无良家伙——他就是纳尔逊,打败拿破仑的民族英雄。

佩里扶掖的青年人里有一个叫哈兹里特(William Hazlitt)的,一开始他只是对几位"现代"哲学家的思想(如卢梭和休谟)做一些宣传普及工作,后来开始为各家期刊写杂文和文学评论。19世纪早期的伦敦文坛面貌真可谓是可遇不可求,过村没店:华章丽篇均出自拜伦、雪莱和司各脱这等才子之手,而妙笔杂文也都是兰姆和哈兹里特等大家之作。哈兹里墨西哥。他们俩最初见面时,老朋友麦克卢尔(William Maclure)已经属于"去过了也做过了"那类人,俄罗斯、斯堪的纳维亚、苏格兰、法国、西班牙、瑞士和美国东部都去过了,生意做得好,敲打石头搞地质考察同样干得漂亮。因为有这些经历作底子,所以1817年的时候他就绘出了美国第一幅地质地图。

麦克卢尔早在1805年就对裴斯泰洛齐的教学理论印象很深,他那时住在瑞士的依韦尔东。他说服裴斯泰洛齐手下的一位教师移民到美国,这位教师名叫尼夫,是他后来去巴黎时遇到的。1825年,教师跟着麦克卢尔和莱绪尔登上一条小船,沿俄亥俄直奔纽哈莫尼。从1806年来美国到现在,尼夫在肯塔基和宾夕法尼亚开办学校,传播裴斯泰洛齐的教育思想:用真实的经验而不是书本来教孩子,让他们充分参与户外活动,听音乐,让他们表达自己的看法。放在那个时候,这种教学方式和内容是先进得过了头,在有一部分学生家长看来,尼夫的思维有点太超前了。于是,像纽哈莫尼这样的社会主义社区,思想可以毫无拘束,对尼夫来说是再适合不过了,所以,除有几年待在俄亥俄之外,他后半辈子都在纽哈莫尼教书,直到去世。其间,他将裴斯泰洛齐的教育思想传得四方皆知,结果给一个叫亨利·罗杰斯(Henry Rogers)的人惹来一身麻烦。这个罗杰斯于1829年加入迪金森学院的教职队伍,两年后,因过分热衷于裴斯泰洛齐的教育理念被开除教职。随后,罗杰斯跟了社会主义派,跑到英国寻找灵感,结果没找着,却找着了地质学。

回到美国后,他和他的兄弟(麻省理工学院的创建人)做了几次重要勘察,随即成为炙手可热的人物。他提出的理论是:亿万年前喷发而出的熔岩,使山脉自身发生复杂的折叠,最后形成岩层,岩层的年代是倒置的。1844年,罗杰斯看到自己的熔岩隆起理论被一个叫威廉·霍普金斯(William Hopkins)的英国人在著述中引用,很是高兴。霍普金斯还对当时人们着迷的其他自然之谜做出了解释,比如,原野上孤零零的几块巨特和许多作家一样,写文章就是为了弄钱,没钱的时候就写上几笔,其他时间就是喝喝酒。他打算二婚,但结局落得比较惨:他在欧洲大陆旅行一圈,赶在新婚妻子之前回国,回国后写信问她要不要去接她回来,女方回信说:不用麻烦了。哈兹里特在欧洲大陆旅行先去了法国,然后是意大利,最后是瑞士。在意大利的佛罗伦萨,他遇到了兰朵(Walter Savage Landor)。兰朵是个诗人、拉丁语专家,做了一辈子学生。他写过一些东西,今天只有为博士论文找材料的人才会去读他的作品。评他的诗作说生硬不生硬、说多情却又无情可能已经够客气了。不过,他的散文写得很精致,还有一部著作叫《想象中的闲谈》(Imaginary Conversations),称得上是精品。他这辈子没断过跟人争论,有钱,生活比较奢侈。1835年,在佛罗伦萨生活了14年后,他一时生气,抛下老婆出走,直到23年之后才回家,靠着被他荒疏亲情的家人照顾着生活。在佛罗伦萨,在他人生的最后几年,一位来自美国的面貌姣好的金发女郎深深影响了兰朵,她就是凯特·费尔德(Kate Field)。费尔德被派到意大利学习音乐,为《波士顿信使》(Boston Courier)、《大西洋月刊》(Atlantic Monthly)还有《墨客》(Scribner's)写过一些文章,以后她给纽约、芝加哥、新奥尔良等地的报纸做通讯员,开有自己的专栏"凯特·费尔德的华盛顿"。费尔德还认识一位著名的英国作家特洛普(Anthony Trollope),把特洛普迷得转了向。特洛普本来是到佛罗伦萨走亲戚的,费尔德与他结了一辈子的情谊。

那时候,特洛普因为写了几部像《老院长》(The Warden)和《巴切斯特灯塔》(Barchester Towers)这样的小说佳作而名声大振,顶尖的文人墨客没有他不认识的。另外,特洛普的钱也渐渐挣多了,他白天不用待在邮局里打工了(不过在没有使用著名的红色邮箱之前还不能辞职不干)。特洛普的一些小说都是由米莱(John Millais)作插图。1846年,米莱才16岁,就已经将他的作品《皮扎罗夺取秘鲁的印加》(Pizarro Seizing the Inca of Peru)拿到皇家美院展出;后来,他背离皇家美院,组织一批艺术家,致石离原来所在的地方好几千米,怎么会跑到那儿?霍普金斯是搞数学的,他说:熔岩隆起引起大洪水(他在这儿应用了数学知识),大洪水可以移动重达300吨的巨石,因为洪水的力量是按洪水流速的平方数递增的。他说得不对。推动巨石的不是洪水,而是冰川。霍普金斯并不在乎,要用实验证明他的熔岩理论,可结果他的实验证明材料越热,却越往下沉。1851年,他做了几个挤压熔化材料的实验,有一个叫费尔贝恩(William Fairbairn)的工程师给他当助手。

1859年,费尔贝恩已经是国际造船和民用工程的权威,他这年还在一个委员会里当委员,委员会的任务是调查1858年跨大西洋电缆没用几天就失效的原因,另外还要研究要不要再铺设一根电缆。与他同在委员会的还有瓦利(Cromwell Varley),是一位电信专家,在深海电缆故障诊断定位方面很有一套。1862年瓦利建造了一座模拟器,来模拟深海电缆的状况,根据不同的状况,他可以变换参数,模拟外加的距离或者故障。他的试验证明,电缆如果保护得当,每分钟能够跨大西洋传送12个单词。这个结果让所有的人都愿意再试一试(1867年获得成功)。那一年,西部联合公司的董事长奥顿(William Orton)雇请瓦利就西部联合公司的电报线状况写一份报告。奥顿努力让西部联合公司更加积极地支持电报技术革新,使用电报新技术,他的作为有一部分是瓦利的功劳。最后,奥顿签订合同,使用爱迪生发明的多路电报技术,这项技术可以实现在一根线上同时传送4路信息。这是奥顿碰巧遇到哈巴德(Gardiner Hubbard)之后才定下来的,一是因为哈巴德一直在四处游说,想让联邦电报业务把价格降下来,二是因为哈巴德当时正资助另一套电报系统的开发,而这套电报系统可能比爱迪生的更好。哈巴德是波士顿人,很有钱,家里有一个聋女儿,名叫玛贝尔(Mabel)。1872年哈巴德四处找人教他姑娘学说话。在找的过程中,他结识了一个年轻的移民,是个教苏格兰人说话的老师,叫贝尔(Alexander Graham Bell)。不久,贝尔就爱上了玛贝力于"所见即所得"的写实主义艺术,追求拉斐尔之前所画的意大利壁画的朴素风格。他们称自己是"前拉斐尔派兄弟团"。批评家拉什金(John Ruskin)的文章给兄弟团许多启发;拉什金把米莱请到他在苏格兰的家里度假,不想这个拉什金旋即偷了米莱的老婆。米莱从中世纪题材画起,后来改画少年儿童,再后来,给王侯将相、达官贵人画肖像,挣了一大笔钱。1879年,他去看另一个(业余)画家的作品。这个业余画家名叫萨拉·本哈特(Sarah Bernhardt),就是非凡女子萨拉,戏演得好,床上功夫也好。和米莱一道观展的是威尔士王子,不久就变成爱德华七世,也是萨拉众多情人中的一个。萨拉·本哈特是个私生女,她妈是个高级妓女,也向法国的王子皇孙卖淫。本哈特加盟法兰西喜剧团,从第一天在巴黎登台演出就叫响了。靠着炫惑的表演、漂亮的服装,还有惊人的生活作风,没用多久她就成了欧美两大洲的名人。王尔德(Wilde)为她写下剧作《莎乐美》(Salome),但这部戏因亵渎神灵被禁演。

把视线拉回到1864年。那时候本哈特还是无名之辈,她披着天鹅绒披风,用一把扇子挡着裸体,被法国最著名的摄影师抓拍到了。这名摄影师叫纳达尔(Nadar),真名叫盖斯帕尔-费里克斯·杜尔纳雄(Gaspard-Félix Tournachon)。纳达尔做过秘书、售货员,走私过东西,当过记者,做过特务。他为巴黎的上千位名人用平板印刷术印漫画像,逐渐成名。为本哈特拍照的时候,他在宽敞的摄影工作室里经常举办图片派对,参加的都是名人,他们或击剑,或饮酒,或闲聊。纳达尔一直梦想飞翔,1863年,他创立"驾乘轻于空气之机器作空中飞行促进会"(Society for the Encouragement of aerial Locomotion by Lighter-than-Air Machines)。该会名誉会长是凡尔纳(Jules Verne)。一年前在科学书社(Scientific Press Club),纳达尔结识凡尔纳,凡尔纳非常仰慕纳达尔,把他的事迹写进了自己的两部小说,化名为"艾尔通"(Ardan)。

凡尔纳得益于纳达尔的鼓励:纳达尔把他引见给自己搞技术的朋

尔，并娶她为妻。贝尔也在做电报实验，想用它来帮助聋人，故而他从哈巴德那儿得到了资金支持，独立研制他自己的多路电报系统（该系统可能要比爱迪生的电报系统略胜一筹；这套多路系统为1875年发明电话以及哈巴德和贝尔携手创办实业提供了条件）。

贝尔发明的电话使用的电流非常弱。几年后，弱电流帮了一位年轻的法国贵族达松瓦尔（Arsene d'Arsonval）的忙，达松瓦尔本是做医生的，后来转行搞生理学研究。他把一片青蛙的肌肉接在电话的线路上，通过若干次实验，他宣布：正电荷使肌肉延展，负电荷让肌肉收缩。他还发现电流能在肌肉组织里产生热，于是开创了理疗法。在事业之初，达松瓦尔还研制出测量体热的仪器，在研制过程中，他还研究低温测量问题。他发现，一只用极度纯化的汽油制作的温度计就可以测量低温，因为纯净汽油是唯一的一种在空气为液态时仍然保持液态的液体。这对于专做气体液化的人来说是个好消息。

第一轨迹完

友,引导这位青年小说家走进科学天地。次年,凡尔纳写出《地心游记》(*Journey to the Center of the Earth*),大获成功,后来又陆续写了《八十天环游地球》(*Around the World in Eighty Days*)等80部小说。凡尔纳对未来作出了非常准确的预见[详见《2890年一个美国记者的日记》(*The Diary of an American Journalist in 2890*)],比如摩天大楼、移动步行通道、视频电话、传真机、全球通信网络等。他写的探险故事情节紧凑,佐以科学事实,又有对技术发展的乐观前瞻,从一开始便注定他的想法要对科幻作品的写作产生主导性影响。

第二轨迹完

最后……

1902年,达松瓦尔的一个学生克洛德(George Claude)受凡尔纳小说的启发,研究出将空气液化后经蒸馏提取氖气的方法。1910年,克洛德把一些氖气封装在一只玻璃管里,然后加电,玻璃管立即发出红光。这就是最初的氖灯(音译霓虹灯)。在当年巴黎举办的汽车展览会上,克洛德制作的第一批氖灯闪亮登场,从此使广告业发生了革命性的巨变。

25 1676年:从神学到摩天大楼

在1676年,英国文学名士巴特勒(Samuel Butler)以一首题为《月亮上的大象》(Elephant on the Moon)的诗把爱天文学爱得走火入魔的人狠狠地挖苦了一通。说有位天文学者凭他们手中的仪器竟然看到了月亮上有大象,继而又看到了一只老鼠。那时候,望远镜越来越多,随处都能买到;望远镜一多,大家就开始讨论宇宙太空问题,讨论最多的就是宇宙里还有没有其他生物。神学对这类谈资感觉最难受,因为如果宇宙里还有其他生物存在,那就意味人类的始祖不一定是亚当和夏娃(当时掌握着拶指刑具的教会说,亚当、夏娃是人类的祖先)。偏在此时,科学家笛卡儿又提出了一种宇宙观,称宇宙是由许多不断旋转的旋涡状的物质构成的,比如,太阳系就是这种旋涡状的物质,也就是说,在太阳系里发生的事情也会在别的地方发生。笛卡儿的观点把事情搞得更麻烦了。不过,大家都留着一只眼,瞅着罗马的天主教会的脸色,谁也没有把宇宙间的某个地方可能有别的生命的推测明白地讲出来(连笛卡儿也说:"不晓得……")。

1686年，有个名叫冯特内尔（Fontenelle）的法国人因为写了一本题为《大千世界》（*Plurality of Worlds*）的书，把自己弄到岌岌可危的地步。他算是第一位科普记者了，经常写关于政治、哲学、神话、医学和古今文学的通俗文章，还写了有史以来第一批讨论法国科学院研究活动的专业性报道。他的《大千世界》一书的书名把神学避而不谈的东西和编造的东西统统撂在一边，所以，罗马教会看他很不顺眼，对他疑心很重。好在他说过上帝令一切皆有可能的话（甚至有些事还破了上帝自己定的法则），所以被放了一条生路。

两年后，第一位靠耍笔杆子吃饭的女作家阿芙乐·贝恩（Afra Behn）把冯特内尔的著作译成了英语。阿芙乐是个怪人。她先在苏里南呆了一段时间，然后回到英国，接着就开始写她的第一部小说《奥鲁诺可》（*Oroonoko*），主人公是个黑人，这部小说一写写了好几年。后来，她在伦敦嫁给了一个荷兰籍商人，取得了进出宫廷的机会。丈夫去世后，她于1666年被派到荷兰当特务，刺探情报。她曾传回情报说，荷兰人有可能顺着泰晤士河发动进攻，但英国没有在意。一年后，荷兰战舰果然开来了，把英国舰队尽数摧毁。阿芙乐乘船返回英国时轮船遇险。她身无分文，又无丈夫可以依靠，于是提笔写作讨生活，不久，她的小说和剧本便小有名气。1677年，她的剧作《浪人》（*Rover*）被搬上了国王剧院的舞台。演员中有一个身材小巧的红发乖乖女叫格温（Nell Gwynn），她靠着跟导演不清不白的关系弄到舞台上亮眼的角色。这个小明星出道的时候也就是个妓女，后来在剧院里卖橘子，再后来得到某位剧作家的提携，在1665年开始饰演一些小角色，打那儿以后才一步步混得大红大紫，名利双收。当年，克里斯托弗·雷恩爵士（Sir Christopher Wren）、佩皮斯（Samuel Pepys），还有半个伦敦城都为她倾倒。在演艺生涯结束的时候，她的儿子封了圣阿尔班斯公爵，而她本人马上也要被封为格林尼治女伯爵了。可惜，怨她的情人查理二世驾崩得不是时候，格温到底也没能封上女伯爵。

1698年，荷兰大科学家惠更斯的《观览宇宙》(Cosmotheoros)出版，此书让他也加入了地球外有没有生命的大讨论，虽然他已于数年前去世了*。惠更斯提出的观点是：其他行星看上去基本一样，如没有生命寄居，它们又有什么别的用处？大自然千变万化，完全能够做到这一点；不错，那些行星不是比地球热，就是比地球冷，但人类是可以适应的。木星上好像有云团，金星上有大气；天空中有无数的恒星也就会有无数的行星。所有这些观点都是出自一位大科学家：光的波动理论、土星环、数学期望概念的研究者，摆钟、望远镜的制造者，钟表发条的发明家（也许不是他）。如果不是他，那发明者就是胡克，也是一位博学之士，他为玻意耳(Boyle)建造真空泵，还使用显微镜做一些早期研究（比如观察了苍蝇的复眼、雪花的结构），创造了"细胞"一词，他发明了气压计，还搞了很多东西。（据胡克说）钟表发条是在1658年发明的，那只用发条驱动的表是他的老伙计、精密四分仪制造师汤皮恩(Thomas Tompion)制作的。汤皮恩心眼儿活，从此后改行做起了钟表，一气做了5000多块发条驱动的样品表，当上了国王的御用钟表匠。他设计出一种机芯，可以把表做成扁的，而不必做成个疙瘩，像土豆似的。

1711年，汤皮恩雇了一个帮手，这个人后来娶了汤皮恩的侄女。他就是格雷厄姆(George Graham)。格雷厄姆在器具方面的一大贡献是发明了一个小螺钉，这个小螺钉按一定角度抵在望远镜或经纬仪的转盘底座的边缘，这样当需要的时候，可以旋拧螺钉将望远镜或其他仪器的零点移动几个厘米。1736年，法国人决定到拉普兰和秘鲁去测量1°纬度的距离（牛顿说："地球在两极处变平，所以在北半球越向北1°纬度的距离越小，越向南1°纬度的距离越大。"法国众科学家则说他"胡说"。）。莫培丢是个牛顿派，气儿不服，他带上格雷厄姆做的仪器和钟表，证明牛顿说

---

*《观览宇宙》是惠更斯的最后一部著作，全名《宇宙观览者或猜测中的天上世界》），在其去世后于1698年在海牙出版。——译者

查理二世的情妇可不止格温一个，多了。和情妇们生下的私生子，查理二世一律厚待。查理二世自己的帝王之途一开始也很坎坷。父王查理一世被英联邦的当权者斩首，他也被流放了好些年。1660年他复辟登基，回国一看，国家让那帮呆板阴郁的清教徒整了10年，整得乐趣全无、游艺尽失。于是，查理二世重开戏院，凡与他志同道合者一律有赏赐；他还做了他的一个忠实追随者的儿子的教父。那小子就是汤森德（Charles Townshend），长大后成了权重一时的政客，主持过1706年委员会，就是这个委员会极力促成了1707年英格兰与苏格兰结为一体。1721年以前，汤森德一直负责料理英国的外交事务。也许人们记得最清楚的是他的绰号：萝卜。这个绰号还得从一件小事说起：大概是在1740年，汤森德把诺福克四圃轮作制（Norfolk Four-Course Rotation System）引进英国。所谓四圃轮作制就是一年内在一块土地上先后种植谷物、萝卜，再种谷物，最后种草。汤森德另立新意，每年种两次萝卜，可以避免采用让土地当年休耕的传统耕作法。多种一季萝卜的好处是萝卜可以喂牲口，牲口的粪便又可以肥地。

汤森德在自己德高望重的时候，想法子托关系把一个因乱写文章被投进监狱的家伙给放了出来，此人一直过着双重生活，他就是笛福（Daniel Defoe），是一名记者（有时候写的东西太尖刻，结果把自己折腾到监狱里了）。他一个人办了一份报纸，每周出三期，文章全是他自己写的；他是当时最有名的讽刺小品作家。1719年，他根据一个水手在胡安-费尔南德斯岛上流落4年的真实故事，写成小说《鲁滨孙漂流记》（Robinson Crusoe），立时声名大噪。不久，他又发表了另一部畅销小说《莫尔·弗兰德斯》（Moll Flanders），跟着这部小说，又接二连三地出了几部作品，都很受欢迎。可是，背地里谁都不知道，笛福早在1707年就受政府差遣，当上了间谍，在1707年苏格兰-英格兰合并筹备期间，他负责向政府报告反英格兰分子的动向。他的顶头上司是自1710年担任首相的哈利（Robert

得不错。这个莫培丢也是个全才大家,音乐、数学、遗传学、采矿、光学,样样精通。他和大家一样,对新生命从何而来的问题特别着迷。当时有一个普遍接受的观点,那就是新生命源头就只有一个(也就是说,夏娃肚子里有胚胎2000亿,存在于每个人体内)。莫培丢的另一个观点是:当男性和女性的性液体中形成新生命所必需的一小撮东西发生接触时,生命就按某种方式"走到了一起"。1759年,德国人沃尔夫(Caspar Wolff)对这个胚胎说作了发展,他认为所有构成生命的那小撮东西已经有了,它们是由存在于所有生物体中的某种"液体"凝固而成的。沃尔夫根据自己对甘蓝的观察,告诉人们在新叶子和花要生出的地方,可以看到一点点冒出的尖凸。1790年,德国小说家、诗人、剧作家、哲学家,当然还是天才的歌德在著书的闲暇时看到了这个观点。科学研究的芝麻绿豆小事、对某个细节的观察、列了多少个部分,以及一切乏味的研究资料,歌德一概不问。歌德就是歌德,他追寻的是一种宏观的统一的生命理论。对"生物体如何知道要变成什么?"这个问题,歌德是这样回答的:在大自然的心中存在着他称之为"初始生物"(Ur-organisms)的东西(说白了,就像是一块画板上的设计),以后以各种形式存在的某种生物都是这个主题演化出来的不同变奏。为什么一张植物的叶子能"变形"成一种新植物的所有根、茎、叶、花,上述就是其中的道理。

1821年,歌德急匆匆地把意大利人曼佐尼(Alessandro Manzoni)的诗《拿破仑逝世颂》(Ode on the Death of Napoleon)译成德文。歌德一直在提拔曼佐尼。除了歌德,译介这首颂诗的还有华兹华斯、拜伦、拉马丹等人。这首诗引起不小反响,部分原因是人们对拿破仑的记忆仍然鲜活,而更多的是因为拿破仑是奥地利人的死对头,而奥地利人那个时候正霸占着意大利、压迫人民呢(所以,奥地利人又是意大利全体人民的死对头)。最能表达曼佐尼的反奥爱国情绪的是他写的一部于字里行间才能品味其真意的小说《约婚夫妇》(I Promessi Sposi)。这部小说和曼佐尼

Harley）。哈利头脑灵光，想出一个妙招儿：把刚刚在南美洲创建的打算做贸易的南海公司（South Seas Company）的6%的股份送给政府债券的持有人，这样将国债私有化。一开始，南海公司股票涨得很慢，过后就直冲云霄。1720年1月份时，股价才128块，到8月份就涨到1000块。到了12月份，泡沫破了。

破落作家盖伊（John Gay）赶得真是时候，眼睁睁地看着自己那宝贵的、价值几千块的南海公司股票一下子窜升到20 000，又一下子跌到400。盖伊认识哈利，两人同在"涂鸦俱乐部"待过，同道的文人墨客还有斯威夫特和蒲柏。最终让盖伊出名的是他在1728年创作的戏剧《乞丐的歌剧》（Beggar's Opera），这部戏打破了票房纪录。该戏由林肯酒肆剧院（Lincoln's Inn Theater）的经理里奇（John Rich）安排演出，据说一台戏"富了盖伊，又乐了里奇"*。不过，这样的收益次数还是太少了，有时隔好长时间才来么一次。让盖伊赚点钱的还有一部作品，是他在1727年出版的寓言故事集，专门写给坎伯兰德公爵威廉王子（Prince William）的。威廉王子后来有个闻名一时的绰号——"屠夫"，这个绰号是人们根据1746年库勒登之战（Battle of Culloden）之后他在苏格兰的所作所为送给他的。那次交锋也是斯图亚特王子（又称美王子查理）最后一次恣意妄为，后来他登上了英王的宝座。坎伯兰德公爵以8000兵将和大炮打败查理的5000兵将和双刃大砍刀。坎伯兰德率众席卷苏格兰高地，一路上烧杀劫掠，无恶不作。库勒登之战是坎伯兰德唯一一次胜仗；在其他所有大战役中，只要面对装备训练与其不相上下的对手，他都是每战必败。

有一次败仗是在封特诺伊打的，时间是1745年。当时有一名叫门克顿（Robert Monckton）的年轻军官在坎伯兰德手下服役。门克顿后来取得

---

* 原文"Made Gay rich and Rich gay"，巧借盖伊（Gay）和里奇（Rich）两人的名字。——译者

的其他几部重要作品一样,把故事的背景设在一个"被占领国"的历史旧事中。大家一眼就能看明白作品的意图,但奥地利的书刊检察员眼睁睁地拿"历史"题材没办法。后来,音乐家威尔第(Verdi)效仿此招,竟也落得个平安无事。

曼佐尼的祖父贝加利亚(Cesare Beccaria)是第一位名副其实的犯罪学家,曼佐尼可能从祖父那里继承了一些改良派观点。咱们把目光拉回到1764年,那年贝加利亚写成他的代表作《罪与罚》(*Crime and Punishment*),这本书详细研究了极刑和肉刑未能减少暴力和偷盗活动的原因。如何处理定罪量刑以使罪行与所受惩罚相称的问题呢?如何处理教育与改造问题?如何处理监狱多一些、监狱工作人员素质高一些、监狱环境干净一些的问题呢?1767年,伏尔泰为贝加利亚著作的法文版写了内容提要,贝加利亚的书成了国际畅销书,他随即也成了名人。欧洲各国政府纷纷采纳他的建议,但英国人除外。工业革命让英国的大小城市挤满了穷困不堪的农村人,而同时新生的工业富豪们则时时处处在炫耀他们的财富。接踵而至的犯罪一浪高过一浪,打击犯罪的严刑峻法也一套跟着一套:比如,在商店偷东西、偷钱包就要处以绞刑,"凡与自称是埃及人者同处一月以上者"也要处以绞刑。

议会议员罗梅利(Sam Romily)深受贝加利亚思想的影响,挑头要求改革刑罚,最终使刑罚状况有所改善。他的主要成就之一就是说服内政大臣皮尔(Robert Peel),让他认识到伦敦应该设立一个安全机构,让广大民众少掉几颗脑袋。1829年,皮尔建立了伦敦警察总队(Metropolitan Police Force),人们按皮尔的名字给它取了个绰号"波比"。不过让人颇生感叹的是,皮尔天性忧郁,最后竟自己抹脖子自杀了。皮尔两度担任首相。1834年,在首度理政期间,他任命巴林(Alexander Baring)负责处理与美国的一点麻烦事:英美两国就美国和加拿大的几段边界有些争执。

的成就比他的统帅强多了。1752年,门克顿被派往新斯科舍地区*,这是英国人把法国人赶出加拿大计划的一部分。1759年攻打魁北克时,门克顿任副司令;激战中,司令伍尔夫(Wolfe)将军战死,他受伤。1761年,门克顿当上了纽约总督。1762年,他从法国人手里夺取马提尼克的加勒比岛。1763年,他返回英国,晋升为将军,平静安详地生活着。那个世纪的绘画有许多惊世之作,其中一幅让门克顿永垂青史:画上画的是他和气息奄奄的伍尔夫及众将官。画中的他们身穿制服,而不是罗马式军装。1771年,这幅题为《伍尔夫之死》的油画首次在伦敦皇家美院展出,轰动一时;这是第一幅以近期大事件为主题、人物着装现代化的历史画。这幅作品让画家韦斯特立时成了家喻户晓的人物。韦斯特是美国人,8年前来到伦敦,本意要巡游几个月,不想一住就是57年,还当上了皇家美院的院长,兼国王的御用画师。他这个人从来没办过错事,只有一次例外:1783年,他提议以刚刚过去的美国独立战争为主题画一批作品,但提议递出后便石沉大海,没有下文了。

1784年,又有一位美国的年轻画师富尔顿(Robert Fulton)来到伦敦,韦斯特对他格外关爱。不过,他的关爱鼓励没有什么成效。1791年,富尔顿亲眼看见第一条英国运河,旋即改弦更张,做了民用工程师,着手设计屋顶的斜面、引水渠、桥梁,还有其他跟水利运输有关的东西。巴黎让他的事业上了一个新台阶,他跟造船师傅混得很熟,后来动手试造第一艘潜艇,但没有成功。接着,他又开始建造汽船。美国驻法公使利文斯通(Robert Livingston),资财富厚,在他的资助下,富尔顿建造了一艘航速每小时3英里(约4.8千米)的明轮汽船,并于1802年在塞纳河试航。之后,他带着一台效能更好的发动机返回美国。1807年的时候,在阿尔伯尼和纽约之间已有"北河汽船"每周往返一次。富尔顿带回美国的好发

---

* 新斯科舍(Nova Scotia)现为加拿大大西洋四省之一,面积55 491平方千米,人口约93万人。——译者

争执的起因是：有一次一个美国"将军"范·伦斯莱尔(Van Rensslaer)带着几个志愿者乘坐一艘舰船"卡罗琳"号在尼亚加拉越过边界，遭遇英国军人枪击。巴林被叫去解决边界问题时，刚刚从巴林兄弟银行总裁的位子上退下来。巴林兄弟银行曾为收购路易斯安那提供过资金，而巴林的妻子又是一位美国参议员的千金；还有，美国国务卿韦伯斯特(Daniel Webster)曾经给巴林银行当过3年法律顾问。从这些条件看，英美磋商应该会比较顺利，而情况也是如此。英美商量的成果之一就是巴林获得了封爵，改称阿什伯顿勋爵；这就是为什么英美谈判后签署的文件现在都被称作"韦伯斯特-阿什伯顿条约"，也多亏了这个条约，美国占了加拿大一点便宜。

为解决争执出力的还有一个人，他就是时任美国驻伦敦公使埃弗莱特(Edward Everett)。他和韦伯斯特同是长春藤名校出身，毕业于哈佛大学神学专业，能说7种语言，在欧洲游学多年，于德国格丁根大学毕业，获博士学位。后来他回到哈佛，主讲希腊文学，娶了新英格兰的一位大家闺秀为妻，然后通过竞选进入国会。1835年，他出任马萨诸塞州州长。然后呢，要不要去伦敦做事？1841年，韦伯斯特派埃弗莱特到伦敦任公使，埃弗莱特学富五车，又有贵族气质，被他迷倒的人一片一片的。1844年，他意外收到一个美国人的信。这个美国人有点自以为了得的劲头，信的语气很执著，要求把自己恰当引见给别人，称他有一艘小潜艇。那潜艇造得很棒，他[汤姆·桑姆(Tom Thumb)]和那个自以为了不起的人(巴纳姆)居然还得了机会，跟维多利亚女王一起吃了茶点。巴纳姆人称"忽悠王子"，事业起步的时候，开过杂货铺，办过报，还开过食宿宿舍，然后档次有所提高，办起了"怪异展览"(展出长胡子的女人，跳蚤玩马戏，长羊毛的马，美人鱼之类)，办过怪异展之后，接着就进了国会，偶尔对禁酒发点议论。1871年，他举办"全球最壮阔的展览"，一年之中在全国140个城镇巡展，从新斯科舍到加利福尼亚的人们都有机会观看。

动机是瓦特为他制造的。瓦特利用蒸汽动力的创造性设想还要追溯到1758年。那年他结识了格拉斯哥大学教授罗比森（John Robison），罗比森的好友亚当·斯密给瓦特找了一份大学教学仪器制造师的工作。瓦特在修理一台旧的钮可门蒸汽泵时，对汽泵做了一些改进，一不留神揭开了工业革命的序幕。

罗比森的儿子是瓦特年轻时的哥们儿，他先在英属印度殖民地发足了财，然后返回故国，一边悠闲自在地过日子，一边搞发明创造。他对螺纹切削技术作了一些改进，发明了更便宜的照相技术，还在《大不列颠百科全书》里著文讲解金属车削知识。除了悠闲度日，他还参加了爱丁堡皇家学会。有一段时间，他在弗斯和克莱德运河（Forth and Clyde Canal）岸边做实验，测量水流对不同航速的船只造成的影响。因为做了这个实验，1832年，他参与运用水阻力数学设计船舶的工作，也因为符合条件，加入了约翰·拉塞尔（John Scott Russell）的波浪委员会。1849年，拉塞尔的另一个委员会向一项全新的榨甘蔗技术颁发一枚工艺学会金质奖章。这项技术是发明家贝西默发明的。贝西默爱琢磨着摆弄东西，这个爱好后来让他又搞出了一项更厉害的发明：他发现向铁水里吹气可以制造出钢。

第一轨迹完

1854年，一个年轻人为巴纳姆试演了一幕好戏，瞅那架式和公开自杀差不多。这个年轻人在结识巴纳姆之前，一直是在纽约和弗蒙特两地转来转去，当过机械师，干过锯木厂主，还造过马车，最后干的是做床架。1852年，他自作主张，把自己的床架公司由新泽西迁到了纽约州的扬克斯(Yonkers)。在新厂安装设备的时候，他发明了一种升降机，可以把各种设备零件吊起来。这台升降机还使用了一个棘轮机构，这样，万一升降机的绳索断了，重物不至于掉下来。他早就有意把这个想法变成实实在在的物件，这个兴趣非常地执著和强烈，以至于他连去加利福尼亚淘金的打算都撂在一边。因为有巴纳姆的提携，这个年轻人的人生才大放异彩。巴纳姆当时在纽约水晶宫世博会上负责美国学会展区，他给年轻人提供了一个展位。那出"自杀式"表演是年轻人自己乘坐一个平台，提升到距地面40英尺(约12米)的高度，然后故意，也很有戏剧性地切断升降机的绳索(要的就是让人心跳)。让所有人惊愕的是，那平台停在高空一点没动。年轻人的设想成功了，于是，从1856年开始，他作为世界首部电梯的制造者，事业一路扶摇直上(当然也有栽跟头的时候)。这个年轻人就是奥的斯(Elisha Otis)。

第二轨迹完

最后……

1884年，奥的斯生产的电梯和贝西默炼出的钢铁成为詹尼（William Jenny）的需要，他要用这两样东西建起世界上第一座摩天楼——位于芝加哥市、高12层的房屋——国内保险公司大厦（Home Insurance Company）。

参考文献

Aitken, Hugh G. *Syntony and Spark: The Origins of Radio.* New York and London: John Wiley & Sons, 1976.

Ammon, Harry. *The Genet Mission.* New York: W. W. Norton & Co. Inc., 1973.

Baines, Paul. *The House of Forgery in Eighteenth-Century Britain.* Aldershot: Ashgate, 1999.

Baker, Keith Michael. *Condorcet: From Natural Philosophy to Social Mathematics.* Chicago and London: University of Chicago Press, 1975.

Bastin, John. "Memoir of Thomas Horsfield." In *Zoological Researches in Java, and the Neighbouring Islands,* by Thomas Horsfield. Singapore: Oxford University Press, 1990.

Batchelor, George. *The Life and Legacy of G. I. Taylor.* Cambridge: N.p., n.d.

Baugh, Christopher. *Garrick and Loutherbourg.* Cambridge: Chadwyck-Healey, 1990.

Beeson, David. *Maupertuis: An Intellectual Biography.* Oxford: Voltaire Foundation, 1992.

Beik, Paul H. *Louis Philippe and the July Monarchy.* Princeton, N. J.: D. Van Nostrand Company, Inc., 1965.

Bierbrier, M. L. *Who Was Who in Egyptology.* London: Egypt Exploration Society, 1995.

Bierman, John. *Napoleon III and His Carnival Empire.* London: John Murray, 1989.

Borgman, Albert S. *Thomas Shadwell: His Life and Comedies.* New York: New York University Press, 1928.

Brock, William H. *Justus von Liebig: The Chemical Gatekeeper.* Cambridge: Cambridge University Press, 1997.

Brown, Frederick. *Zola : A Life.* London: Papermac, 1997.

Burnett, Graham D. *Masters of All They Surveyed: Exploration, Geography and a British El Dorado.* Chicago and London: University of Chicago Press, 2000.

Cashin, Edward J. *Governor Henry Ellis and the Transformation of British North America*. Athens and London: University of Georgia Press, 1994.

Chandler, S. B. *Alessandro Manzoni: The Story of a Spiritual Quest*. Edinburgh: Edinburgh University Press, 1974.

Childs, Virginia. *Lady Hester Stanhope: Queen of the Desert*. London: Weidenfeld & Nicolson, 1990.

Church, Leslie F. *Oglethorpe: A Study of Philanthropy in England and Georgia*. London: Epworth Press, 1932.

Cikovsky Jr., Nicolai. *George Inness*. New York and London: Praeger Publishers, 1971.

Cohen, Ernst. "Jacobus Henricus van't Hoff." In *Great Chemists*. Edited by Eduard Farber, New York: Interscience Publishers, 1961.

Costello, Peter. *Jules Verne: Inventor of Science Fiction*. London: Hodder & Stoughton, 1978.

Crickmore, Paul F., and J. Alison. *F-117 Nighthawk*. Osceola: MBI Publishing Company, 1999.

Crosland, Margaret. *Louise of Stolberg, Countess of Albany*. Edinburgh and London: Oliver & Boyd, 1962.

de Marly, Diana. *The History of Haute Couture, 1850–1950*. London: B. T. Batsford Ltd., 1980.

Demers, Patricia. *World of Hannah More*. N.p., 1996.

Dick, Steven J. *Plurality of Worlds: The Origins of the Extraterrestrial Life Debate from Democritus to Kant*. Cambridge: Cambridge University Press, 1982.

Dunbar, Janet. *Peg Woffington and Her World*. London: Heinemann, 1968.

Dwyer, T. Ryle. *Eamon de Valera*. N. p., 1980.

Edgerton, Harold E. & James R. Killian, Jr. *Moments of Vision: The Stroboscopic Revolution in Photography*. Cambridge, Mass.: MIT Press, 1979.

Eisen, Cliff. "Salzburg under Church Rule." In *The Classical Era: From the 1740s to the End of the 18th Century*. Edited by Neal Zaslaw. London: Macmillan, 1989.

Feinstein, Elaine. *Pushkin*. London: Weidenfeld & Nicolson, 1998.

Field, Kate. *Kate Field: Selected Letters*. Edited by Carolyn J. Moss. Carbondale and Edwardsville: Southern Illinois University Press, 1996.

Fitzlyon, April. *The Price of Genius: A Life of Pauline Viardot*. London: John Calder, 1964.

Fitzsimons, Raymund. *Barnum in London*. London: Geoffrey Bles, 1969.

Fothergill, Brian. *The Cardinal King*. London: Faber and Faber, 1958.

Gardner, Martin, ed. *The Annotated "Night Before Christmas."* New York: Summit Books, 1991.

Gervaso, Roberto. *Cagliostro: A Biography*. London: Victor Gollancz Ltd., 1974.

Gittings, Robert, and Jo Manton. *Claire Clairmont and the Shelleys,*

1798-1879. Oxford and New York: Oxford University Press, 1992.

Giustino, David de. *Conquest of Mind: Phrenology and Victorian Social Thought.* London: Croom Helm, 1975.

Glendinning, Victoria. *Trollope.* London: Hutchinson, 1992.

Goebel, Julius. *The Struggle for the Falkland Islands: A Study in Legal and Diplomatic History.* New York and London: Kennikat Press, 1927.

Gold, Arthur, and Robert Fizdale. *The Divine Sarah: A Life of Sarah Bernhardt.* London: HarperCollins Publishers, 1992.

Gosling, Nigel. *Nadar.* London: Secker & Warburg, 1976.

Gutman, Robert W. *Mozart: A Cultural Biography.* London: Secker & Warburg, 2000.

Hardwick, Mollie. *Emma, Lady Hamilton.* London: Cassell, 1969.

Hodges, Sheila. *Lorenzo da Ponte: The Life and Times of Mozart's Librettist.* London: Granada, 1985.

Hopkins, Graham. *Nell Gwynne.* London: Robson Books, 2000.

Horowitz, Joseph. "Dvorak and the New World: A Concentrated Moment." In *Dvorak and His World.* Edited by Michael Beckerman. Princeton, N. J.: Princeton University Press, 1993.

Howarth, William D. *Beaumarchais and the Theatre.* London and NY: Routledge, 1995.

James, Patricia. *Population Malthus: His Life and Times.* London: Routledge & Kegan Paul, 1979.

James, T. G. H. *Howard Carter: The Path to Tutankhamun.* London and New York: Kegan Paul International, 1992.

Jenkins, Elizabeth. *The Shadow and the Light: A Defence of Daniel Dunglas Home, the Medium.* London: Hamish Hamilton, 1982.

Jensen, Ronald J. *The Alaska Purchase and Russian-American Relations.* Seattle and London: University of Washington Press, 1975.

Johnson, Douglas. *Guizot: Aspects of French History, 1787-1874.* London: Routledge & Kegan Paul, 1963.

Joll, James. *The Anarchists.* London: Eyre & Spottiswoode, 1964.

Jones, George Fenwick. *The Salzburger Saga: Religious Exiles and Other Germans along the Savannah.* Athens: University of Georgia Press, 1984.

Keates, Jonathan. *Purcell: A Biography.* London: Pimlico, 1995.

Kelly, Linda. *Juniper Hall: An English Refuge from the French Revolution.* London: Weidenfeld & Nicolson, 1991.

Keynes, Milo, ed. *Lydia Lopokova.* London: Weidenfeld and Nicolson, 1983.

Knif, Henrik. *Gentlemen and Spectators: Studies in Journals, Opera and the Social Scene in Late Stuart London.* Helsinki: Finnish Historical Society, 1995.

Leppmann, Wolfgang. *Winckelmann.* London: Victor Gollancz Ltd., 1971.

Lewis, Lesley. *Connoisseurs and Secret Agents in Eighteenth-Century Rome.* London: Chatto & Windus, 1961.

Longworth, Philip. *The Art of Victory: The Life and Achievements of Generalissimo Suvorov (1729–1800).* London: Constable, 1965.

Lynch, Kathleen M. *Jacob Tonson, Kit-Kat Publisher.* Knoxville: University of Tennessee Press, 1971.

Mabberley, D. J. *Jupiter Botanicus: Robert Brown of the British Museum.* Braunschweig: Verlag von J. Cramer; London: British Museum, 1985.

Mack, John E. *A Prince of Our Disorder: A Life of T. E. Lawrence.* Cambridge, Mass., and London: Harvard University Press, 1998.

Mackaness, G. *Fourteen Journeys over the Blue Mountains of New South Wales, 1813–1841.* Sydney: N.p., 1950.

Mackay, Thomas. *The Life of Sir John Fowler, Engineer.* London: John Murray, 1900.

Maestro, Marcello T. *Cesare Beccaria and the Origins of Penal Reform.* Philadelphia: Temple University Press, 1973.

Manton, J. *Mary Carpenter and the Children of the Streets.* London: Heinemann, 1976.

Marshall-Cornwall, James. *Marshal Massena.* London: Oxford University Press, 1965.

McCarthy, John A. *Christoph Martin Wieland.* Boston: Twayne, 1979.

Mehren, Joan von. *Minerva and the Muse: A Life of Margaret Fuller.* Amherst: University of Massachusetts Press, 1994.

Miller, F. Fenwick. *Harriet Martineau.* London: Kennikat Press, 1972.

Moore, Walter. *A Life of Erwin Schrodinger.* Cambridge: Cambridge University Press, 1994.

Morgan, Augustus de. *Newton: His Friend and His Niece.* London: Dawsons, 1969.

Murphy, Antoin E. *John Law: Economic Theorist and Policy-Maker.* Oxford: Clarendon Press, 1997.

Murray, Alexander, ed. *Sir William Jones, 1746–1794: A Commemoration.* Oxford: Oxford University Press, 1998.

Neeley, Kathryn A. *Mary Somerville: Science, Illumination, and the Female Mind.* Cambridge: Cambridge University Press, 2001.

Nokes, David. *John Gay: A Profession of Friendship.* Oxford: Oxford University Press, 1995.

Oldroyd, David R. "Geological Controversy in the Seventeenth Century: Hooke vs. Wallis and Its Aftermath." In *Robert Hooke: New Studies.* Edited by Simon Schama. Hampshire: Boydell Press, 1989.

Oman, Carola. *Nelson.* London: Greenhill Books, 1996.

Orton, Diana. *Made of Gold: A Biography of Angela Burdett Coutts.* London: Hamish Hamilton, 1980.

Palmer, Alan. *Metternich*. London: Weidenfeld & Nicolson, 1972.

Piggott, Patrick. *The Life and Music of John Field, 1782–1837, Creator of the Nocturne*. London: Faber and Faber, 1973.

Pole, William, ed. *Life of Sir William Fairbairn, Bart*. Newton Abbot: David & Charles Reprints, 1970.

Posner, Donald. *Antoine Watteau*. London: Weidenfeld & Nicolson, 1984.

Ralph, Robert. *William Macgillivray*. London: HMSO, 1993.

Read, Donald. *Feargus O'Connor: Irishman and Chartist*. London: Arnold, 1961.

Reich, Nancy B. *Clara Schumann: The Artist and the Woman*. London: Victor Gollancz Ltd., 1985.

Richardson, Joanna. *Baudelaire*. London: John Murray, 1994.

Robbins Landon, H. C. *Haydn: The Years of the Creation, 1796–1800*. London: Thames and Hudson, 1977.

Robertson, Alec. *Dvorak*. London: J. M. Dent & Sons Ltd., 1964.

Ross, Ian Simpson. *The Life of Adam Smith*. Oxford: Clarendon Press, 1995.

Ross, Michael. *The Reluctant King: Joseph Bonaparte, King of the Two Sicilies and Spain*. London: Sidgwick & Jackson, 1976.

Ross, M. J. *Polar Pioneers: John Ross and James Clark Ross*. Montreal and London: McGill-Queen's University Press, 1994.

Rowe, F. M. "The Life and Work of Sir William Henry Perkin." *The Journal of the Society of Dyers and Colourists* 54, no. 12 (December 1938): 551–562.

Royde-Smith, Naomi. *The Double Heart: A Study of Julie de Lespinasse*. London: Hamish Hamilton, 1931.

Russell, Colin A. *Edward Frankland: Chemistry, Controversy and Conspiracy in Victorian England*. Cambridge: Cambridge University Press, 1996.

Salaman, Redcliffe N. *The History and Social Influence of the Potato*. Rev. ed. Cambridge: Cambridge University Press, 1985.

Sayre, Anne. *Rosalind Franklin and DNA*. New York: Norton, 1975.

Shepherd, John. *The Crimean Doctors: A History of the British Medical Services in the Crimean War*. Vols. 1 and 2. Liverpool: Liverpool University Press, 1991.

Shionoya, Yuichi, ed. *The German Historical School: The Historical and Ethical Approach to Economics*. London and New York: Routledge, 2001.

Slaughter, M. D. *Immortal Magyar: Semmelweis, Conqueror of Childbed Fever*. New York: Henry Schuman, 1950.

Soltau, Roger H. *The Duke de Choiseul*. Oxford: B. H. Blackwell, 1908.

Sowell, Thomas. "Sismondi: A Neglected Pioneer." In *Henry Thornton (1760–1815), Jeremy Bentham*

(1748– 1832), James Lauderdale (1759– 1839), Simonde de Sismondi (1773– 1842). Edited by Mark Blaug. Aldersh: Edward Elgar Publishing Limited, 1991.

Stark, Tony. *Knife to the Heart: The Story of Transplant Surgery.* London: Macmillan, 1996.

Steinlen, A. *Charles Victor de Bonstetten.* Lausanne, N.p., 1860.

Stevenson, Robert Louis. *Memoir of Fleeming Jackson.* London: Heron Books, 1969.

Stewart, J., Douglas. *Sir Godfrey Kneller and the English Baroque Portrait.* Oxford: Clarendon Press, 1983.

Strakosch, George R., ed. *The Vertical Transportation Handbook.* New York and Chichester: John Wiley & Sons, 1998.

Tarling, Nicholas. *The Burthen, the Risk and the Glory: A Biography of Sir James Brooke.* Oxford: Oxford University Press, 1982.

Thomson, Alice. *The Singing Line.* London: Chatto & Windus, 1999.

Thrasher, Peter Adam. *Pasquale Paoli: An Enlightened Hero, 1725– 1807.* London: Constable, 1970.

Todd, Janet. *The Secret Life of Afra Behn.* London: Pandora, 2000.

Travers, Morris W. *A Life of Sir William Ramsay.* London: Edward Arnold (Publishers) Ltd., 1956.

Troyat, Henri. *Turgenev.* London: W. H. Allen & Co., 1991.

Turner, Paul V. *Joseph Ramee: International Architect of the Revolutionary Era.* Cambridge: Cambridge University Press, 1996.

West, Richard. *The Life and Strange, Surprising Adventures of Daniel Defoe.* London: Flamingo, 1998.

Whitworth, Rex. *William Augustus, Duke of Cumberland.* London: Leo Cooper, 1992.

Williams, John R. *The Life of Goethe: A Critical Biography.* London: Blackwell, 1998.

Witte, William. *Schiller.* Oxford: Basil Blackwell, 1949.

Wright, Helen. *Explorer of the Universe: A Biography of George Ellery Hale.* New York: American Institute of Physics, 1994.

Yeo, Richard. *Encyclopaedic Visions: Scientific Dictionaries and Enlightenment Culture.* Cambridge: Cambridge University Press, 2001.

Yuknis, Anthony D. *Thaddeus Kosciuszko: The Champion of Freedom.* N.p.: J. K. Tautmyla, 1966.

Zachar, G. Pascal. *Endless Frontier: Vannevar Bush, Engineer of the American Century.* Cambridge, Mass.: MIT Press, 1999.

Twin Tracks:
The Unexpected Origins of the Modern World
by
James Burke
Copyright © 2003 by London Writers
Simplified Character Chinese edition copyright © 2020 by
Shanghai Scientific & Technological Education Publishing House Co., Ltd.
Simplified Character Chinese edition arranged with Simon & Schuster, INC.
ALL RIGHTS RESERVED.